Making a small garden

素敵に彩る

小さな庭づくり

ガーデニングの基本からDIYまで

監修
E&Gアカデミー
芦川美香／有福 創／大嶋陽子／小林裕子

西東社

part 1

小さな庭の楽しみ方

part 2 庭づくりのポイント

part 3

庭に映えるアイテムづくり

part 4 覚えておきたいガーデニングの知識

part 5 小さな庭に使いやすい植物カタログ

part

1

小さな庭の楽しみ方

小さい庭とはどんな庭でしょうか?
通路や日陰の場所、土のないところも庭として楽しめます。
家の回りにある限られたスペースに目を向けてみましょう。
楽しく美しく庭を楽しんでいる人たちの実例を紹介します。

小さな庭ってどんな庭？

条件に合う草花を配置すれば、限られた空間も素敵な庭になります

庭づくりは、広いスペースがないと楽しめないというものではありません。日本では昔から、小さな植栽スペースで植物を愛でる坪庭という空間があるように、限られたスペースでも美しい庭をつくることができるのです。

手入れの行き届いた庭は素敵ですが、広い面積になると手間をかける時間と労力が必要です。その点、小さな庭なら、管理も手入れもさほど無理なくできるはず。とくに庭づくり初心者は、小さな場所からスタートするのがおすすめです。

たとえば、コンクリート敷きのガレージと隣家との境界塀の間に奥行き10㎝ほどの土の空間があれば、そこに植物を植えられます。自宅の敷地を探してみると、見逃していた空間があるのではないでしょうか。狭いから、日が当たらないからと考えずに、条件に合う植物をみつけて小さな空間の庭づくりにトライしてみましょう。

極小スペース

奥行きが狭い場所、敷石のすき間など、わずかな土のスペースにも緑を植えられます。➡ P20

門扉まわり

最近はシンプルな門柱だけのお宅も増えています。門柱の足元やポストの上などに、草花を飾る場所があります。➡ P13

家のまわりの通路

建物と塀などの間の通路です。見えにくい場所ですが、限られた空間なので意外に管理がしやすい場所です。
➡ P16

日陰や半日陰の場所

日陰向きの植物もたくさんあります。上手に選ぶことでシックなシェードガーデンが楽しめます。
➡ P18

デッキや壁

デッキの柱や屋根には、つる性の植物を誘引してみましょう。壁にはフェンスを添えることで、ハンギングバスケットなども楽しめます。
➡ P24

メインガーデン

敷地内でいちばん広い空間ですが、面積は関係ありません。家族がなごむ空間をつくりましょう。
➡ P26

道路に面した場所

家の前を通る人がいちばん目にする場所です。見られることを意識して植栽を考えてみましょう。
➡ P10

玄関までのアプローチ

敷地に入ってから玄関までのエリアです。段差や曲線を生かせると、期待感の高まる空間がつくり出せます。
➡ P14

玄関まわり

土のない場所なので、寄せ植えの鉢などを立体的に置くと華やかになります。
➡ P22

エリア別に見る
スペースの生かし方

スペース1
人目につくところ

自分だけが楽しんでいると思っている庭も、 案外、 人の目に触れているもの。
花が多くなる時期、 家の前を通る人に
「素敵ですね」 などと声をかけられるガーデナーも少なくないようです。
家を訪ねてくるお客さま、 近所の人、 通りすがりの人など、
まずは人目につきやすい場所を確認してみましょう。

道路に面した場所

道路と敷地の境界エリアは
道ゆく人の視線が集まる場所。
ゆるやかなオープンスタイルが
いまどきの主流です。

小さいスペースでも
シンボルツリーで主張を

1畳弱ほどのスペースにシンボルツリーのヒメシャラと草花を配置。限られたスペースでも樹木と草花を組み合わせることで、立体的な空間が生まれます。（I邸）

カラーリーフを利用して**花以外の季節も明るく見せる**

道路から見たエントランスの様子です。さまざまな形、色のカラーリーフで立体感のある演出。植物の種類が多くても、赤い葉のコルディネリのように、中心となるものがあると空間が引き締まります。(金沢邸)

低木を並べて**ほどよい目隠しに**

道路に沿って植えた樹木が、ちょうどよい目隠しになっています。生垣などで完全に隠してしまうのではなく、通りを歩く人にも庭が見え隠れする絶妙なバランスです。(金子邸)

つるバラを絡めたパーゴラは家族の多目的空間

道路からは少し奥まったお宅ですが、植栽豊かな様子は遠くからでも目を引きます。パーゴラの下は子どもたちの遊び場であり、自転車置き場でもあります。グリーンの中にサフィニアのハンギングバスケットが引き立ちます。(大谷邸)

斑入りの低木や明るい色のカラーリーフが北向きの花壇を彩ります

道路に面した北向きの花壇も、色の美しい植物を選ぶことで、明るく鮮やかに演出できます。玄関前の樹木の根元は、盛土でやわらかなフォルムをつくり、動線を考え草丈の低いタマリュウと斑入りフッキソウを植え込んでいます。(渡辺邸)

庭づくりアドバイス

column

お客さまを意識した玄関まわり

人目に触れる場所は花を植えて明るく演出すると素敵です。植えっぱなしでOKの宿根草を多めにし、部分的に一年草・二年草を植え替えればそれほど手間もかかりません。

ジギタリス、サルビア、エキナセアなど背の高くなるものは奥のほうに植えましょう。ガーベラなど開花期の長いものもおすすめです。一年草でもインパチェンス、ペチュニア、パンジーなどは開花期が長く、華やかさが長続きます。

植物の高低差を強調して迫力のある花壇に

あふれるように咲いた見事なペチュニア。奥にはジギタリス、ガーベラ、バラなど背の高い植物が植えられ、迫力いっぱいの花壇です。(近藤邸)

門扉まわり

門扉まわりは
家や庭の雰囲気を印象づける
スペースでもあります。
自分らしさを演出しましょう。

モダン住宅の玄関ポーチは グリーンをメインにしてシックに

最小限の植栽スペースにマホニアコンフーサ、西洋イワナンテン、ホスタなど自然樹形のグリーンやコンパクトに収まる宿根草を植え、ローメンテナンスのスペースをつくっています。（S邸）

植物や小物は 門柱のテイストに合わせて選ぶ

アイアン製の表札とポストを設置したダークウッドの門柱。アイビーやセダムのミニ鉢、フレンチカントリー調の小物とは相性がぴったりです。（大谷邸）

寄せ植えハンギングでゲストを迎える

インターフォンのある門は、家を訪れた人が最初にやってくる場所。季節の花を寄せ植えしたハンギングなら華やかな演出ができます。壁掛けハンギングは、四方から植物を植え込み、半球体状にこんもりさせると華やかさがアップします。（里見邸）

大きめの植え枡は 季節の花で 華やかに演出する

バラを中心にして、そのまわりに草丈の異なる宿根草を植えています。花色のトーンを揃えると、種類が多くても落ち着いた印象になります。（吉田邸）

玄関までのアプローチ

玄関までのアプローチは
期待感の高まるスペース。
通行の妨げにならないように
することが大切です。

完成された世界観が見える**ロマンチックな空間**

レンガ敷きの通路に満開の白バラ。童話の挿絵のような世界が垣間見られるロマンチックなアプローチです。(栗原邸)

葉形の違う植物は数が少なくても表情豊か

石を使って円形状のポーチにした玄関前スペース。土の面積はわずかですが、葉形の異なる植物を選ぶことで表情豊かな空間になっています。(大谷邸)

植栽で曲線をつくり**スムーズな動線を確保**

玄関の階段の下には踏み板がカーブを描いています。道路側につくった小さな植栽スペースが、カーブへの誘導をスムーズにしてくれます。(金子邸)

傾斜のあるアプローチは期待感も大

道路から玄関までゆるやかな傾斜のあるアプローチ。傾斜は期待感を高める演出ができる一方で、土が流れやすいというデメリットがあります。花壇の途中に仕切りをつけ段差をつくることで、土の流れを防いだり、コンテナを置くことができます。（金沢邸）

やわらかい印象の草花を植え枡スペースにこんもりと

玄関に向かう階段横の空間を植え枡に。手入れの時間が限られている人は、茎が細く、やわらかな印象の植物を選ぶと旺盛に成長してもうるさくなりすぎません。（I邸）

モダンな印象の乱形石も植物の選び方でナチュラルに

ガレージと玄関をつなぐ乱形石を張った小道です。モダンになりがちな乱形石も、さりげない草花を植えることでナチュラル感が出てきます。（井口邸）

小さくても見せ場をつくると
庭としていきいきする

奥行きの狭い通路も見せ場をつくれば立派な庭です。曲線をもたせた石の花壇は、まっすぐな通路を立体的に見せてくれます。（橋本邸）

家のまわりの通路

細長く、日陰になりやすい
スペースですが、
少しの工夫で
素敵な小道が楽しめます。

スペース2 デッドスペースになりがちなところ

隣家との間の通路や、どうしても日陰になりがちな場所など、植物を育てるのは難しいかなと思うスペースはありませんか。

ふつうならデッドスペースになりがちなところでも、植える植物や目的によっては有効に活用できます。

レンガ風の
ブロックを敷いて
メインガーデンと
一体感を出す

素焼きのブロックを並べた建物裏の通路（右）と、通路のコーナーにしつらえた花壇（左）のスペースは、前庭と裏庭をつなぐ空間でもあります。単なる通路ではなく庭の一部として美しく活用されています。（橋本邸）

鉢置き棚を設置して 見せながら 収納する空間に

通路がいつのまにか道具置き場になっていたという人も多いのでは。鉢台の下をオープン収納にすれば、道具が取り出しやすく、表から見えにくいため、すっきりと片づきます。（K邸）

メインガーデンとは別に苗を管理する場所に利用

アーチをしつらえた通路は、実は草花の控えスペースです。植えつけ前の苗を管理したり、多くなりすぎた植物を植えつけたり。メインガーデンとは違ったナチュラルさがあります。（近藤邸）

庭づくりアドバイス

column

センスがよく見える 庭のポイント

庭のテイストにはいろいろなタイプがありますが、おしゃれにセンスよく見える庭の共通点は統一感があるということです。シャビーな雰囲気のガーデンアイテムも、白を基調としたフレンチシャビーと、ダークウッドのアメリカンシャビーが混在していてはチグハグになってしまいます。同じ白でも、モダンな工業製品とアンティーク調アイテムでは、目指す雰囲気が変わってきます。

色、素材、デザイン選びを意識することで、統一感のある空間ができるでしょう。

また植物の選び方、植栽方法もナチュラルガーデンとモダンガーデンでは異なります。ナチュラルガーデンは、やわらかな印象の草花をめいっぱい使うことが多いですが、モダンな庭やロックガーデンのような男性的な庭では、枝ぶりや葉の個性が強調できるよう植物の数を厳選する場合もあります。

好みの植物、おしゃれなアイテムをただ置くだけではなく、庭をどう見せたいのか明確なテーマを決めておくことが大切です。

コンパクトな空間ながら 曲線の小道で 奥行きを出す

ガレージからメインガーデンへつながる通路です。固まる土舗装で小道をつくり、周辺を敷石、砂利、土などで埋めています。和の雰囲気も感じられ、緩やかなＳ字ラインの小道が奥行きを感じさせます。（西村邸）

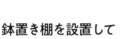

日陰や半日陰の場所

日差しの少ない場所は
植物選びが大切です。
素敵なシェードガーデンを
目指してみましょう。

葉色や葉形の違いを楽しむシェードガーデンに

小道を挟むようにホスタ、ヤブラン、ニューサイランなど日陰に強い植物を大胆に配置。さまざまな植物の葉色や葉形の違いを存分に楽しめるシェードガーデンです。（近藤邸）

高木の下は足元を埋めるように低い草花を

木の根元部分も植栽スペースです。明るめの日陰なら楽しめる花もたくさんあります。あまり背の高くならない、草丈の低いものを植えると自然な雰囲気になります。（近藤邸）

きれいな葉色の植物で明るい印象にする

北側道路で日がまったく当たらないエントランス。明るい葉色のカラーリーフをベースにして、季節ごとに差し色になる植物を植え替えます。背景の壁も白にして、明るさをアップしています。(T邸)

高い位置に誘引することで光をより多く取り込める

屋根のある駐輪スペースの支柱をフェンスにし、半日陰でも育つツルニチニチソウやモッコウバラを誘引して立体的に楽しみます。屋根まで届くモッコウバラは日差しも浴びる時間も多くなります。(大谷邸)

どうしたらいい?

column

Q なんとなく薄暗い場所を明るい空間にしたいのですが、どうしたらよいでしょうか?

A 暗くなりがちな場所は、白をメインカラーにすると明るい雰囲気になります。グリーンは明るめの葉色を選び、白い花の割合を多くします。暗い場所は日陰になっていることも多いので、アスチベル、アナベル、シュウメイギクなど日陰でも育つものを選ぶとよいでしょう。

日陰で植物の根づきが悪い場所は、明るめの色のレンガや石を敷いて小道にしてしまう方法もあります。少しでもよいので、レンガや石の隙間にディゴンドラ、クリーピングタイム、ワイルドストロベリーなどのグランドカバー向きのものを植えるとやさしい印象になります。

個性のある植物で植栽スペースを楽しむ

アメリカツルマサキなどと一緒に、セダムやユーフォルビアなど葉形のユニークなものを植えると、樹木の根元も個性的な空間になります。(里見邸)

極小スペース

少しでも土があるなら
植物を植えてみましょう。
案外、本格的な植栽が
できることもあります。

初心者ガーデナーにおすすめの
極小スペース

庭のすみを探してみると、半端に残された土のスペースはありませんか？　2～3苗植えつけるだけで庭らしくなります。庭づくり初心者には、植物管理の練習の場としてもおすすめです。（上・中／大谷邸、下／西村邸）

限られた場所には圧迫感のない樹木を爽やかに

奥行30cm、幅90cmほどの花壇に、フェンス、シンボルツリー、立水栓まで設置することができます。葉が小さいシマトネリコは、株立ちで葉が茂っても圧迫感を感じさせない樹木です。（大谷邸）

小さくても妥協せずに

バランスのよいミニガーデンが完成

奥行60cm、幅120cm程度の植栽スペース。中心にガーデンライトを設置し、草花をぎっしり詰めました。植物の高低差、カラーリーフの入り方、葉の形の楽しみ方など、とてもバランスのよいナチュラルガーデンです。(井口邸)

乱切り石とグリーンを合わせて石の硬さをやわらげる

石張りのエッジに残した土のスペースにコニファーの苗木を入れ、石の硬さをやわらげます。針葉樹の葉はダークウッドのフェンスとも相性が抜群です。(井口邸)

砂利と少しのグリーンで坪庭的な空間に

建物とフェンスの間にある小さなスペース。砂利を敷いて坪庭的に演出しています。管理しやすいように植物の数は少なめですが、ちょっとした場所でも植物を植えることで、癒しの空間ができあがります。(I邸)

庭づくりアドバイス

column

極小スペースの楽しみ方

花壇にするにはちょっと半端かなと思うようなスペースも、植物を植えてみると花壇らしくなるものです。

狭いスペースなら少しの植物で密度感が出せるので、これから庭づくりをやってみたいと考えている人にはぴったりの練習の場です。小さいスペースで植物の植え方や見せ方、管理の仕方を体験してみましょう。

失敗しても、小さいスペースならやり直しが簡単です。いろいろな一年草や宿根草を試して、その環境にあった植物を見つけるのも自分の庭をもつ楽しみのひとつです。

スペース3

土のないスペース

タイル敷きが多い玄関やコンクリートのガレージ、
デッキや壁面など、 庭の中には土がない場所もたくさんあります。
あえて土の面積を少なくしている人もいるでしょう。
植物の配置を工夫して、 立体的な飾り方を考えてみましょう。

鉢台を設置して 寄せ植え鉢をリズミカルに配置

石を張った壁に雑貨をあしらったカントリー調の雰囲気。石版を渡した鉢台と玄関ポーチに置いた鉢は、手前から奥にいくほど背が高くなり、視線もスムーズに流れます。(橋本邸)

玄関まわり

鉢やコンテナを置くときは
高低差をつけるのがポイントです。
階段などもうまく利用して
明るくゲストを迎えましょう。

大鉢でつくるスモールガーデンは 低木も入れて立体的に

玄関ポーチ脇に置いたのは 17 号ほどのテラコッタ鉢。低木の足下に季節の花を寄せ植えした大作です。鉢の中とは思えない見事なスモールガーデンです。(吉田邸)

シックな色合いの寄せ植えで

上品なコンテナが完成

3本の太枝を脚にしたコンテナは、シックな寄せ植えが似合います。コンテナからこぼれるほど咲くサフィニアも、白を選ぶと上品なたたずまいです。（近藤邸）

ものが多くても

色数をおさえると

統一感が出る

二世帯住宅の2つの玄関ドアを挟むように設置した木製の棚。ドアの色に合わせたブルーの棚には多肉植物が並びます。鉢の形はさまざまですが、全体を白にまとめたことで統一感が生まれています。（金沢邸）

庭づくりアドバイス

column

寄せ植え鉢を楽しむ

土のない場所に便利なのがコンテナや鉢です。ベゴニア、ペチュニア、インパチェンスなどこんもりと育つ花を植えるのもいいですが、せっかくなら寄せ植えを楽しんでみましょう（⇨ P57）。

寄せ植えは小さなスペースで複数の花を楽しめ、季節ごとの植え替えも手軽です。植物の選び方で、シックにもポップにもなるので、その場の雰囲気や気分に合わせて楽しめます。

植物選びに自信がない人は、同じ花の色違いを植えるのもおすすめです。花数は白を含めた3色にして、暖色か寒色かのどちらかに統一するとまとまります。グリーンが基調の寄せ植えはカラープランツを入れるとアクセントになります。

デッキや壁

デッキや壁はフラットな地面より
立体的に庭づくりができます。
鉢植えやつる植物は狭い場所でも
使い方しだいで華やかになります。

ベンチやコンテナを置いて
高低差をつけた空間に

ウッドデッキの上にベンチや大型のコンテナを設置。ベンチには鉢植えを置き、コンテナには低木を植えています。植物に段差をつけた立体的な配置で、奥行きを感じさせます。(齋藤邸)

つる性植物を絡ませて
庭とデッキが自然に調和

ウッドデッキの上に立てたパーゴラに地植えのバラを誘引することで、空間を十分に活用。下の写真は、カーブのあるデッキに沿って立てられたアイアンフェンス。フェンスには植物を絡ませ、庭とデッキが自然に調和しています。(齋藤邸)

お店のように
個性的なグリーンをディスプレイ

お店のように個性的なグリーンをディスプレイ。ダークウッドのデッキには多肉植物や観葉植物。同じデッキの天井からはたくさんのハンギングが吊り下げられています。ショップのような空間で、ユニークな植物を見つける楽しさがあります。(金沢邸)

壁に細い板を取りつけて ディスプレイ空間に

建物の壁に幅の狭い木製の板を等間隔で取りつけ、つるを誘引します。壁と板の間に空間があるので、植物の陰影が立体的に見え、壁も傷みにくい工夫です。板の上に小物もディスプレイできます。(橋本邸)

壁面をキャンバスにして 絵を描くように植物を置く

白い壁面の前に多肉植物の鉢をたくさん並べ、壁そのものにはあえて余白を残します。空白と密の絶妙なバランスで、アートな雰囲気が生まれます。(金沢邸)

生活感の出そうな場所も 植物でナチュラルな空間に

建物の下に花壇をしつらえ、地植えしたバラやクレマチスを壁面に誘引。生活感が出てしまいそうな窓や壁をうまくカバーしています。(橋本邸)

ワゴンを置いて見せ場をつくる

板壁の前にスチール製のワゴンを置いて鉢植えの見せ場にしています。ワゴンの足元が見えないように草花で埋めているのがポイント。ダークな壁面が草花を引き立てます。(ハイジ邸)

庭づくりアドバイス

column

ハンギングを楽しむコツ

ハンギングバスケットは、壁やフェンスに取りつけるタイプと、天井から吊り下げるタイプがあります。どちらも土のない場所を花で飾り、狭い空間も立体的に見せてくれるアイテムです。

ハンギングバスケットを使うときは、茎が下に垂れる植物を入れるとやわらかい曲線や、いきいきとした動きが、豊かな表情をつくってくれます。寄せ植えのときは、上からではなく横からや、やや下からの目線を意識しましょう。

重量を重くしないために、通常の鉢植え用土ではなく、ミズゴケやパームなどを中心にして軽い土を使うのもポイントです。ミズゴケやパームは乾燥しやすいので、通常の鉢よりも水やりは多めにすることを心がけましょう。

メインガーデンは テーマを決めて

ごくわずかなスペースでも、植物を配すれば小さな庭になりますが、やはり憧れるのはメインガーデン。オーナーのこだわりが詰まったエリアです。庭の面積や形、方角、周辺の環境などマイナスに考えがちな制約があっても、折り合いをつけて生かすことができれば、どんな場所でも素敵な庭になります。また、工夫しだいで、実際の大きさ以上に広く見せることも可能。重要なのは庭のテーマを明確にすることです。

フェンスに誘引したバラは季節によって花を見せなくなりますが、庭のすみに木製の花台を置き、そこに寄せ植えを置くことでアクセントに。つねに花を楽しめる工夫です。

ウッドデッキのある庭

神奈川県・I邸

リビングから繋がるデッキを中心に
バラなどの色とりどりの花や
グリーンを楽しむ庭です。

ウッドデッキとレンガ敷きの間に細長い花壇スペースを設置。季節ごとに花を植え替え、庭に色みを添えています。

庭に手をかける時間がなかなか取れないというI邸では、土の面積をできるだけ少なくする工夫をしています。水やりなどの日常的な作業のほかは、限られたスペースの季節の草花の植え替えと寄せ植え鉢の手直し、庭木の剪定などを年2～3回ほど。自分で管理できる範囲を把握することも、美しい庭を保つ秘訣です。

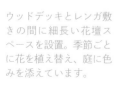

デッキから芝生に降りる階段の横は、コンテナ類の台として利用。高低差があるため、庭に立体感が出てきます。

リビングから出られるウッドデッキは、庭の三分の一ほどの面積を占めています。デッキの南側と西側には、デッキの縁に沿って奥行き15cmほどの細長い花壇が設けられています。

建物の壁には腰の高さまでの木製フェンスを設置し、ジャスミンやクレマチスを誘引。フェンスの下にはレンガで囲った植栽スペース、上部にはネットを張ってブドウのつるを這わせています。ブドウは緑のカーテンにもなり、2階ベランダの木製の手すりとも調和しています。

デッキを降りると芝生が広がっています。手前にコニファー、その横にソヨゴ、奥にイロハモミジが配され奥行きが出ています。芝生内の石をちりばめた土舗装の小道が、和風のテイストも感じさせます。

階段のある庭

千葉県・橋本邸

アーチや装飾を活用し、
狭さを逆手にとって
ロマンティックな庭に。

ガレージスペースを飾りつけたフロントガーデンを抜け、建物の西側の通路へ向かうと、そこには、通路とは思えない見事な庭が展開されています。

階段の通路は森の中を散策するような感覚で花や緑を堪能でき、穏やかな気持ちにさせてくれます。通路を下りコーナーを曲がると、建物の裏側にロマンチックな空間があらわれ、その世界観に圧倒されます。

裏庭へ降りる階段を下から見上げると、バラをからませたアーチと足元の緑が一体となり、花のついた緑のトンネルのようで魅力的です。通路の狭さを意識させない効果が出ています。

白い木組みの下に配置されたアジサイ。緑があふれる中、アジサイの紫がアクセントとして映えています。

階段を降りたコーナー部分に置かれた水盤。人を迎えるかのように切り花が浮かべられ、花壇とは違う演出で庭に魅力を加えています。となりの白い花はミツデイワガサ。水盤の雰囲気と美しく調和しています。

庭奥のフェンスは低めにし、できるだけ光と空気が通るようになっています。アンティーク風の鳥カゴや花台、飾り棚には雑貨や鉢植えなどがあり、ストーリーを感じさせてくれます。

地面はサイズの異なる石とレンガで覆われており、壁面の白い飾り棚にはポットやカップなどが置かれています。作業の合間にひと休みできるカフェのようなイメージがあります。

通路と裏庭を一体化させた庭は、半日陰になる部分も多いシェードガーデン。植栽スペースも限られていますが、つる性植物をうまく誘引した立体的な空間で、狭さを感じさせないよう演出されています。

花があふれる庭

埼玉県・吉田邸

庭全体がひとつの
イメージで統一され
どこにいても花を楽しめます。

ジギタリス、デルフィニウム、バラなどをメインに、サルビア、ダイアンサス、オルラヤなど、たくさんの種類の色鮮やかな花々が一斉に開いた見事な庭です。

絵画から飛び出たような風景の庭は、地植えスペースの植栽と調和が取れるように、寄せ植え鉢が随所に配され、どこにいても花があふれています。

奥には背の高いもの、手前には背の低いもの。庭づくりの黄金ルールで花を配置しているので、それぞれの花のよさが際立ち、立体感も出ています。ジギタリスやバラがまるで印象派の絵のように引き立っています。

メイン花壇の裏側のほうは日差しも弱くなります。ホスタなど日陰に強い植物のほか、日当たり側に明るい花色のナスタチウムを置いて、暗くなりがちなコーナーを明るく保っています。

玄関横のサブガーデンにもさまざまな花があふれるように植えられています。

花壇前には常緑の山スミレがぎっしり。みどり色のボリュームが大きくなると、花壇にある色とりどりの花がさらに映え、引き立ちます。

地面に砂利を敷いた場所は、鉢植えで飾ります。大鉢は植え込んでしまうと移動が大変なので、置き場に設置してから寄せ植えなどを楽しむとよいでしょう。

和のテイストで長年楽しんだ庭を樹木メインのシンプルな庭にリニューアルした例です。サルスベリ、ウメ、モクセイなど、もとからあった木を生かしつつ、ウッドデッキと枕木を利用したテラスがとてもモダンな雰囲気です。

ウッドデッキの先の植栽スペースはリビングからちょうどよい眺めになっているほか、庭の前にある公園から聞こえる人の声や視線を遮る役目もはたしています。

樹木がメインの庭

神奈川県・西村邸

幾何学模様に敷いた枕木と緑豊かな庭木でつくられたくつろぎのモダンガーデン。

枕木と天然石を固まる土舗装でつないだ広々とした平場のエリア。庭の前には公園があるので、その緑も活用して木陰をつくることができます。

デッキの高さと合わせるように土を入れた花壇部分。四季咲きのモクセイは、もともと植えられていたものを残しています。

室内からデッキに出てきたワンちゃんが、花壇の土を掘り起こしてしまうのを防ぐために設置されたアイアンフェンス。ときどきフェンスを外して穴を掘ってしまうのはご愛嬌です。

長さ2メートルの枕木の古材をタマリュウとあわせてグランドカバーに。幾何学的に並べることで、地面に動きをつけて奥行きをもたせています。

庭のコーナーにあるサルスベリはこの庭がリニューアルされる前からあったもの。庭のシンボル的な存在でもあり、花の時期には道ゆく人の目も楽しませてくれます。

本来は芝生を固定するための樹脂製の芝どめ資材を、小道と花壇の境界仕切りとして活用。やわらかい素材なので、好きな形に曲げることができます。主張しすぎずさりげなく使えるところもメリットです。

縁側のある庭

東京都・井口邸

扉つきのゲートの先は
縁側のある
なごやかな空間です。

扉をあけてバラのアーチをくぐると、縁側が設けられた小さな庭がありました。おしゃれな木製のフェンス扉は上部がパーゴラのようになっていて、小さなイングリッシュガーデンと日本の縁側が違和感なく調和した癒しの庭です。

縁側に腰掛けて、涼をとったりお茶を楽しんだり。家族には欠かせない存在となっています。

庭の奥から入口のフェンス扉を見たところ。右側にしつらえた縁側はベンチシートのように使え、道路からの視線もほどよく遮られているのでリラックスできる空間になっています。

玄関の横にあるカントリー調の木のフェンス扉は、上下左右が緑に囲まれており、訪れる人をガーデンへと誘うための雰囲気が出ています。庭のつきあたりは木のルーバーで風が通り抜けます。

縁側と対面する花壇。フェンスを完全に遮らないように背の低いカラーリーフが使われ、足元を明るく演出しています。

ガーデン奥のコーナー。道路との境界を完全に覆ってしまうと閉塞的になるため、間隔が広めのルーバーで適度に光と風を通しています。角にはアオダモを植えてシンボルツリーに。

ウッドデッキは家族の憩いの場。デッキのあるところには板壁を立てており、隣家からの視線も気になりません。タケやカエデなど日本的な植栽と退色したハードウッドの組み合わせが、モダンな印象です。

北向きの庭

神奈川県・大谷邸

北向きを逆手にとった
プライベート感たっぷりの
クローズガーデンです。

玄関横の通路を抜けると、緑あふれる細長い庭が登場します。北向きの立地を逆手にとり、花よりもグリーンの割合を多くしているため､森の中にいるような雰囲気が味わえます。タケ、シダ、カエデなど、木漏れ日が映える植物が満載です。

限られた空間ながらウッドデッキも備え、大人のモダンガーデンの風情が感じられます。

建物の裏側にある細長い空間の庭。円弧を描く敷石が上品な雰囲気で、その上をあふれるように緑が覆いかぶさっています。隣家との境界にはフェンスを立て、側面も緑がいっぱいです。

レンガの敷石は遊びの要素を加えて渦巻きに。右にはアジサイ、左にはワイルドストベリーやヤブコウジが植えられています。

庭の入り口には、鉄線を格子に組んだフェンスを門柱のようなイメージで設置しています。奥にあるウッドデッキが見え隠れし、庭への期待感が高まるアプローチです。

小さな庭にも自然がたっぷり
庭が教えてくれる四季の移ろい

植物は時間の経過とともに絶えず生長し、季節によって姿形が異なります。そのため、同じ庭でも季節ごとにメインとなる植物や、観賞するポイントが変わってきます。

東京都内にある金沢邸は、オープンガーデンのアトリエを兼ねた庭。樹木やグリーンが多めですが、季節を問わず人が訪れるため、一年を通して何かしらの花が咲いているよう工夫しています。限られたスペースながら、植物がめいっぱい息づく金沢邸の庭を季節ごとに追いました。

原種系チューリップのクルシアナ・レディジェーン（右）と八重咲きのチューリップ（左）。背景の紫色はストック。

春

4 月

明るいグリーンの隙間から見える春の花は小さいボリュームながら鮮やかさが目を引く

樹木やグリーンが多めの庭。春は日差しが明るく、花色も鮮やかです。グリーンの色には濃淡があり、花は少なめですが、彩りが豊かに感じられます。

ラッパ状の花を下向きにつけるキルタンサス。品種により、冬咲き種と夏咲き種がある。

細長い茎にユニークな形の花を連ねるケマンソウ。タイツリソウとも呼ばれる。明るい日陰を好む。

ヒメリンゴの花。最初は薄いピンクがさしているが、満開時には真っ白な花になる。剪定の仕方によってコンパクトに育てられるので、小さな庭にもおすすめの樹木。秋には小さなリンゴの実をつける。

4～5月に開花するナツグミの花。5～6月に実が赤く熟す。

ピンクの可憐な花をつけるカリン。10月ごろに実が収穫できる。

春の庭とガーデン作業

　3月ごろから少しずつ気温が高くなり、冬の間休眠していた植物が活動をスタートさせます。チューリップやスイセン、クロッカスなど秋に植えつけた球根が開花し、樹木も新芽を展開させます。

　暖かくなり病害虫の被害が出始めるので、病害虫予防、花後の手入れなどが日常作業です。春植え球根の植えつけ、夏咲き一年草の種まきを行うのもこの時期です。夏剪定が必要な樹木は、6月ごろが適期です。

春らしい宿根草は、ウィンストン・チャーチルという名前のスイセン（上）と原種系チューリップのクルシアナ・クリサンタ（下）。

マルバノキの根元には、カタバミ（左）と多肉植物のデロスペロマ（右）。グリーンの中で際立つ。

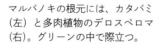

夏～秋

10月

夏を経てグリーンの密度が大きくなり、花の代わりにカラーリーフが彩りを添える

夏～秋の庭は春よりもグリーンの色が濃くなります。秋も後半になると冬を迎える準備が始まりますが、日によってはまだ暑さを感じることも。春にはなかった小屋が建ち、庭がグッと引き締まった印象です。

細い茎に白い小花がつく斑入りミズヒキ。夏の終わりから秋に半日陰～日陰でよく育つ。繊細な姿形が秋草らしい雰囲気。

オキザリス・トリアングラリス（左）とタマスダレ（右）。どちらも花期が長いが、オキザリスは葉だけでも観賞価値がある。

夏の庭とガーデン作業

高温多湿の夏が苦手な植物は多いですが、近年は夏でも元気に花をつける品種が多くなっています。株が蒸れないように、切り詰め剪定を行なったり、可能なものは日陰に移動させて風通しがよくなるように工夫します。

夏は地植えの植物も水やりが必要です。朝のうちに水やりを済ませ、状況によっては夕方にも行ないます。

下草には、ポップな花色のランタナ。開花期が長いので、暑い夏から晩秋まで花が絶えない。

細い茎の先に花をつけるシュウメイギクは、秋の花として人気。切り花にもよく使われる。

観賞用のトウガラシは、ひとつの株にさまざまな色の実をつける。実の形や大きさの違う品種がたくさんある。

開花期が長く初夏から晩秋まで花をつけるジュズサンゴは、花と実の時期が重なるため、両方を一緒に楽しめる。

ツリバナは夏から秋にかけて赤い実をつけ、熟すと実が割れてタネが顔を出す。冬に落葉すると、吊り下がった実が際立つ。

秋の庭とガーデン作業

夏の暑さがやわらぐと、植物にとっても過ごしやすい時期になります。開花期の長いものは、夏から10月ごろまで咲き続けるものがあります。

宿根草、多年草の植え替えや株分けはこの時期がよいでしょう。花が終わった一年草を抜いて、秋植え球根の植えつけ、秋まきの種の種まきを行います。台風が多い時期なので、風対策も必要です。

冬の庭と ガーデン作業

冬は休眠する植物が多い時期です。草花は少なくなりますが、シクラメンやストック、クリスマスローズなど冬でも開花する花を楽しみましょう。

花の少ない花壇は、春に向けて土づくりをしておくのもよいでしょう。落葉樹の剪定は葉が落ちた冬に行うと、枝を選別しやすいです。バラの誘引作業は剪定と一緒に行います。

初冬

12月

気温が下がると落葉樹は姿を変える 草花の葉色も移ろってシックな雰囲気に

12月上旬の様子です。落葉樹の葉が残り少なくなり、葉物の葉も冬色に変わってきます。樹木の枝ぶりを鑑賞するのも落葉樹のよさのひとつ。花がなくても趣のある庭が楽しめます。

右／花が少なくなる冬に重宝するストック。濃い紫はシックな印象で枯葉のある冬庭にも合う。中／寒さに強いガーデンシクラメン。水栓に絡まる斑入りアイビーとのバランスがちょうどよい。左／冬の本番に向けて少しずつ色づくキンカン。

part

2

庭づくりのポイント

庭づくりに正解はありませんが、
庭の基本的な考え方や植物の性質などを知っておくと
初心者でも美しい庭をつくりあげることができます。
9つのルールを確認しながら、理想の庭を目指してみましょう。

ナチュラルに見える庭の要素を知る

美しい庭ルール 1

花だけでなく、さまざまな要素の植物を組み合わせる

ナチュラルな庭とは、どんな庭でしょうか。自然界では、つねにすべての植物の花が咲いているわけではありません。花の開花期は短く、花が咲いていない時期のほうが長いものです。また、花が印象的な植物もあれば、花は目立たないけれど樹形や草姿が魅力的な植物もあります。

初心者は花の組み合わせに気を取られがちですが、個性的な花を規則的に並べただけでは、人工的な印象が強くなってしまいます。ナチュラルな庭は自然の景色のように、さまざまな植物の組み合わせで構成されます。実際には鮮やかな花よりも、グリーンがずっと多いものなのです。

ここでいうグリーンとは「みどり色」のことではなく、葉が美しいカラーリーフ（⇨P52）のこと。花とカラーリーフを上手に使うことで、ナチュラルな庭の景色をつくり出せるのです。

ひとくくりに花やグリーンといっても、種類はさまざまです。庭づくりに欠かせない植物の要素、種類なども確認しておきましょう。

ナチュラルさはグリーンがポイント

グリーンはカラーリーフとも呼ばれ、 庭の中でもたくさん使われます。
花の種類だけにとらわれず、 グリーンを上手に使うことがナチュラルな庭を演出するポイントになります。

花壇手前のカラーリーフは白斑入りのエゴポディウムと細い葉の斑入りヤブラン。後方には白や青、茶系などシックな色の花を配置しています。（近藤邸）

同じ花壇の夏。宿根草（⇨P43）のカラーリーフはそのままに、春と夏とで花をチェンジ。季節ごとに庭全体の植物を植え替えるのは大変ですが、ベースとなるカラーリーフ以外を植え替えれば楽。

庭を構成する植物の要素

庭を構成する植物にはいろいろな種類、性質のものがあります。

ナチュラルな庭をつくるには、花がない時期や寿命も考え、さまざまな種類の植物を組み合わせるのがコツです。

（栗原邸）

一年草

タネをまいてから、一年のうちに花が咲き、枯れてしまう植物。寒さに弱く冬に枯れる春まきと、寒さに強い秋まき一年草がある。（写真❶）

二年草

タネをまいてから二年越しで花が咲く植物。株がある程度生長してから冬の寒さを経験すると花が咲く。

多年草

生育に適した環境であれば、株が枯れずに長年生育を続ける植物。冬になると根は残るが地上部が枯れるもの、冬も地上部が枯れずに残るものがある。その植物の自生地では多年性であっても、日本の気候では一年草として扱われる植物もある。（写真❷）

宿根草

多年草の中でも、冬になると地上が枯れるもの。ただし園芸では、多年性の植物全般を総称して「宿根草」と呼ぶことが多くある。「宿根草ガーデン」と呼ぶ庭の多くは、地上部が枯れる植物と枯れない植物が混在している。（写真❸）

球根植物

多年草のうち、球根ができる植物。球根とは、葉や茎、根の一部が養分を蓄えて肥大したもの。おもに春植え、夏植え、秋植えに分類される。

ほふく性植物

地面を這うようにして育つ植物。グランドカバーに向く。（写真❹）

つる性植物

ほかのものに巻きついたり、巻きひげを出してよじ登るようにして育つ植物。（写真❺）

落葉樹

樹木のうち、寒くなると葉が落ちるもの。春の新芽、夏の新緑、秋の紅葉、冬枯れ姿と、四季折々変化して楽しませてくれる。（写真❻）

花木

常緑樹や落葉樹の中で、とくに花が美しいもの。（写真❼）

常緑樹

樹木のうち、年間を通じてみどりの葉があるもの。葉姿が美しいマツ科やヒノキ科などの常緑針葉樹はコニファーとも呼ぶ。

果樹

常緑樹や落葉樹の中で、実を食べることを楽しめるもの。

樹木は目的と生長する姿を考えて選ぶ

樹木は自然の姿が偲ばれ 庭に趣と立体感を加える

庭に樹木があるだけで、自然の風情を感じさせてくれます。背の高い樹木は、見る人の視線を上に上げ、庭に立体感をプラスし、広がりを感じさせる効果があります。

樹木は、植えつけのときには苗木の状態でも、その後は大きく生長していきます。５年後、10年後と、長い期間の変化の様子を思い描き、樹種や植えつけ場所を考えます。

樹種を選ぶときは、植える目的、庭の日当たりや排水性などの環境、雰囲気が庭に合うかなどを検討しましょう。また、樹種によって、大きくなるスピード、病害虫の被害、落ち葉かきや剪定など日々の手入れが異なる点も把握しておき、どれくらい手をかけられるかを考えておく必要があります。

ナチュラルな庭の演出に役立つのは、野趣に富む雑木です。小さな庭に雑木を植える場合は、幹が細く葉の小さめな樹種を選び、密植を避けます。定期的な間引き剪定（⇨Ｐ１５４）で、枝を少なめにしておくと管理もしやすくなります。

目的に合わせた樹種を選ぶ

小さな庭にたくさんの樹木を植えるのは難しいもの。
四季を楽しみたい、目隠しにしたい、果樹を味わいたいなど目的を絞り、
それに応じた樹種を選ぶようにしましょう。

目的1 シンボルツリー

その庭のシンボルとなる樹木です。遠くからでも見える高木や印象的な花の花木などが向いています。

向いている樹木

- ヤマボウシ
- アオダモ
- エゴノキ
- アオハダ
- ハナミズキ
- ミモザアカシア
- カエデ類　など

目的2 目隠しや生垣

こんもり茂る、刈り込みに耐える、欲しい高さまで生長するものを。基本は常緑ですが、条件によっては落葉でも OK です。

向いている樹木

- イヌツゲ
- アベリア
- レンギョウ
- マサキ
- ヒイラギナンテン
- トキワマンサク
- クレマチス　など

目的3 香りを楽しむ

香りが強いものは、窓からの風で部屋まで香りが届きます。季節に香りが漂う花木のほか、葉や幹が香るものもあります。

向いている樹木

- キンモクセイ
- ユーカリ
- クチナシ
- バラ
- ハゴロモジャスミン
- ジンチョウゲ
- ハニーサックル　など

目的4 料理やクラフトに利用

庭で切ったあとすぐに、料理やリースづくりなどに利用できるほか、乾燥させて保存できるものもあります。

向いている樹木

- 月桂樹（ローリエ）
- ローズマリー
- ユーカリ
- オリーブ
- ヒイラギ
- コニファー類
- サンショウ　など

目的5 果実を収穫

長く少しずつ収穫できるベリー類など、果実を味わえる果樹は育てる楽しみが倍増します。

向いている樹木

- ブルーベリー
- ユズ
- ラズベリー
- キンカン
- イチジク
- ザクロ
- ナツミカン
- カリン
- ジュンベリー　など

目的6 四季の移ろいを堪能

早春にほかの花に先駆けて咲く花木、美しく紅葉する落葉樹など、季節の到来をいっそう感じられる樹木があります。

向いている樹木

- カエデ類
- モクレン
- カイドウ
- マメサクラ
- ハナミズキ
- ヒメシャラ
- ヤマボウシ
- ウメ
- コバノズイナ　など

植えつけは生長した姿を思い描いて考える

樹木は植えつけてから5年後、10 年後の姿を思い描いて植えつけ場所を選びます。
植えつけるときに考えておくべきポイントを知っておきましょう。

ポイント 1

樹形を考えて組み合わせる

樹木が育つ姿を樹形といいます。樹種によって違いがありますが、同じ樹種でも仕立て方によって変わってきます。同じ樹形で同じ高さの樹木を並べるより、異なるタイプを組み合わたほうが変化が生まれます。また、奥行きの狭い庭は、敷地の奥に大きなものを、手前に小さなものを配植すると、遠近感によって広がりが強調され、すっきりとした印象になります。

ポイント 2

樹木の生長するスペースを考慮

樹木全体の空間のボリュームを樹冠といい、樹冠は生長するごとに形も大きさも変わります。葉が生い茂ると、そのひと回り外側のスペース（樹冠範囲）まで雨が落ちます。この部分に植える低い草花を下草と呼び、樹木の美しさを引き立てます。葉の陰になって直射日光が遮られる部分でもあり、組み合わせる植物選びには配慮します。

ポイント 3

季節によって姿が変わることに留意

落葉樹は、季節によって姿が変わります。夏は強い日差しを遮りますが、冬は葉が落ちて日が当たりやすくなります。周囲の日当たりにも影響するので注意しましょう。

ポイント 4

動線の確保が大事

樹木の配置は、敷地をどのように使うかを考える上で重要なポイントです。樹木は大きく生長してから移動するのが難しいので、生長後も動線を確保できるように配慮しましょう。

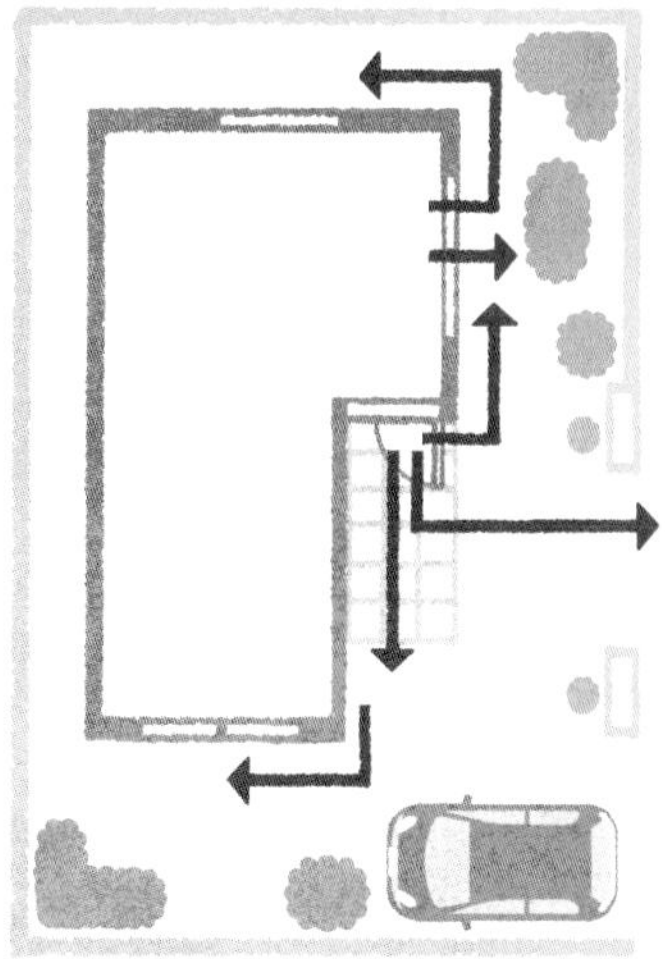

花壇は年間計画を立てて楽しむ

植物の生育パターンの違いを知り年間プランを立てる

花壇を上手に管理するには、まずは植えつける植物の組み合わせを考えることが重要です。咲いている花を目の前にすると花色や草姿の好みで選びがちですが、その植物が生長する様子を思い描いて選ぶことが大切です。

たとえば一年草は、花が終わったら枯れるので、花後は抜き取り、次の花を植えつけなければなりません。逆に言えば、同じスペースをシーズンごとに違う花で彩ることができます。一方、宿根草は数年間はそのままでよく、花後の植え替えの手間がかかりません。ただし、花が咲いていない時期も、スペースを占領してしまいます。こうした点も考慮し、季節ごとのローテーション計画を立てましょう。

花壇を美しく保つには花がら摘みや切り戻し、病害虫対策など日々の手入れが欠かせません。花後に次々と別の花に植え替えるとつねに賑やかな花壇になりますが、その分、手間も予算もかかります。自分がどのくらいの時間と予算をかけられるかによって、植え替え頻度を決めることも大切です。

ポイント 1

育てたい植物の花期や寿命を知る

育てたい！　と思う植物があったら、まずはその植物がどんな植物なのかを知りましょう。自分の庭の環境に適した植物か？　日当たりなどの好む環境は？　花はいつまで咲いている？　寿命はどのくらい？　など、育てたい植物の基本的な情報を知ることが、花壇計画の第一歩です。

たとえば……

育てたい花

↓

生育サイクルは?

宿根草(多年草)

花が咲いたあとも、環境が合っていれば株が生き続ける。冬に地上部が枯れるもの、枯れないものがある。

切り戻しなどの手入れをする

一年草

多くは苗の植えつけ後、約半年楽しめる。咲いている花が咲き終わったら株の寿命。

抜き取って、新しい苗を植える

ポイント 2

自分の花壇の植栽計画を立てる

自分の花壇にどんな植物を植えたいか、まずは図に描いて「植栽図」をつくるのがおすすめです。植物カタログ（⇨ part5）などを見て、花色や草丈、開花期や生育サイクル（寿命など）、手入れ適期なども記載しましょう。自分がどのくらいのコストをかけられるかによって、一年草と宿根草の組み合わせのバランスや、植え替え回数も考慮した具体的な植栽プランを練ります。

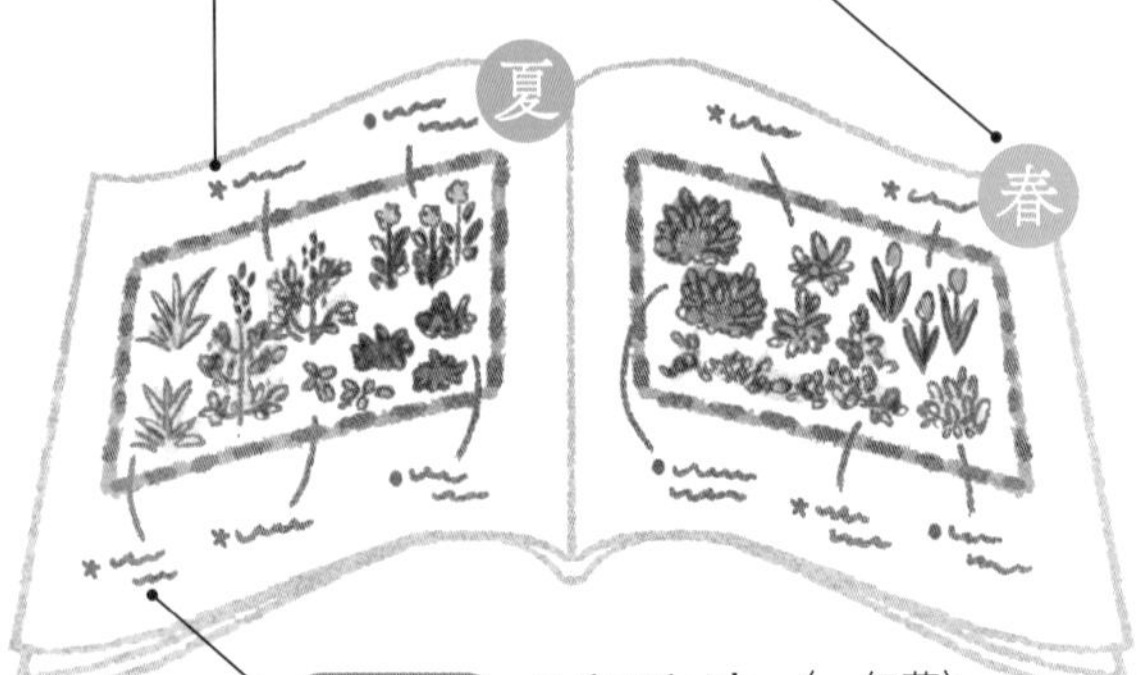

一年草と宿根草の区別をするとわかりやすくなります。
パンジーやビオラなどが中心の春花壇は、ゴールデンウイークを目安に植え替えます。
夏
春

記載例

ニチニチソウ　〈一年草〉
苗の出回り時期／４月～８月ごろ
定植予定／５月初旬
開花期／４月～ 11 月ごろ
ワンポイント／早めにピンチして分枝を増やす。 花がら摘みをまめに。 追肥を忘れずに。

ポイント 3

暮らしに合わせ計画を立てる

家族のお祝いごとや人が集まる時期など、庭の植物を堪能したいイベントがある場合、その日に花のピークが過ぎていたら残念です。そのころに花の盛りを迎えるよう植物を選び、生長期間を逆算して植えつけることがポイントです。また、植物をすべて入れ替えるのは大変ですから、ベースとなる宿根草はそのままに、一年草をチェンジするのが基本です。

春

満開のバラや色とりどりの草花が咲き溢れ、庭全体を明るく彩ります。この庭では、ゴールデンウイークから5月中旬に多くの友人が訪れます。そのため、それぞれの花がちょうどその時期に見ごろになるように花の種類を組み合わせ、前年秋に早めに一年草を植えつけるなどの配慮をしています。（近藤邸）

冬

寒さに強いカラーリーフなどを楽しみつつ、早めに春花壇の準備。パンジー＆ビオラなどの冬花壇を堪能すると、5月には花の見ごろが終わりがちです。この庭では5月の開花を堪能するため、冬花壇の楽しみは控えめにして準備の期間としています。

夏～秋

夏の日差しに負けず、こんもりとボリュームアップ。夏から秋にかけてはシックな彩り。カラーリーフの多くはそのままですが、春とは違った個性の花を組み合わせることで、庭全体ががらっと変わった印象です。

さまざまな植物の生育サイクル

植物のタイプ別に、一年間の生育サイクルを表した表です。
季節ごとの植物の状態を知って花壇のローテーション計画を立てましょう。

	1月	2月	3月	4月	5月	6月	7月	8月	9月	10月	11月	12月
春まき一年草			タネまき		生長期	開花期				枯れる		
秋まき一年草	開花期				枯れる		タネまき			生長期	開花期	
二年草				タネまき		生長期						
				開花期			枯れる					
春咲き宿根草	休眠期		生長期	開花期		生長期				休眠期		
秋咲き宿根草	休眠期		生長期				開花期		生長期		休眠期	
春植え球根	休眠期		植えつけ		生長期		開花期			休眠期		
秋植え球根	生長期	開花期			休眠期				植えつけ		生長期	

※分類や生長時期は目安。栽培環境や気候などによって変化する場合もある。

草花を植えるときの配置を考える

美しい庭ルール 4

**小さな庭で大切なのは
テーマに沿った統一感**

花屋の店先で気に入った花を見つけると、つい育ててみたくなるもの。庭の空いたスペースにそうした花を無作為に植えていくと、しだいに雑然としてきてしまいます。

小さな庭づくりで大切なのは、庭全体の要素がなじみあって統一感があること。あれもこれもとたくさんの要素を盛り込みすぎると、まとまりのない印象になってしまいます。まずは、

①テーマを決める
②日当たり、風通しなど環境に配慮し、全体のデザインを考える
③生長する姿を考え、お互いの植物が引きたて合うよう配置する

という順番で取り組んでみましょう。

最初に、その庭でいちばんやりたいことを決めます。花いっぱいの彩りあふれる庭、パステルカラーの花を集めた庭、小花がふんわり揺れる野趣あふれる庭、雑貨小物を組み合わせた庭など、できるだけポイントを絞ります。限られたスペースですから、テーマ以外の要素はできるだけシンプルに考えるのがポイントです。

ポイント 1

育つスペースを空けて植えつける

植えつける株と株の間を株間（かぶま）といい、適した株間は植物に応じて異なります。植えつけたときには小さな苗でも、しだいに大きく育ちます。生長後の姿を思い描き、生長するために十分な株間を取って植えつけましょう。

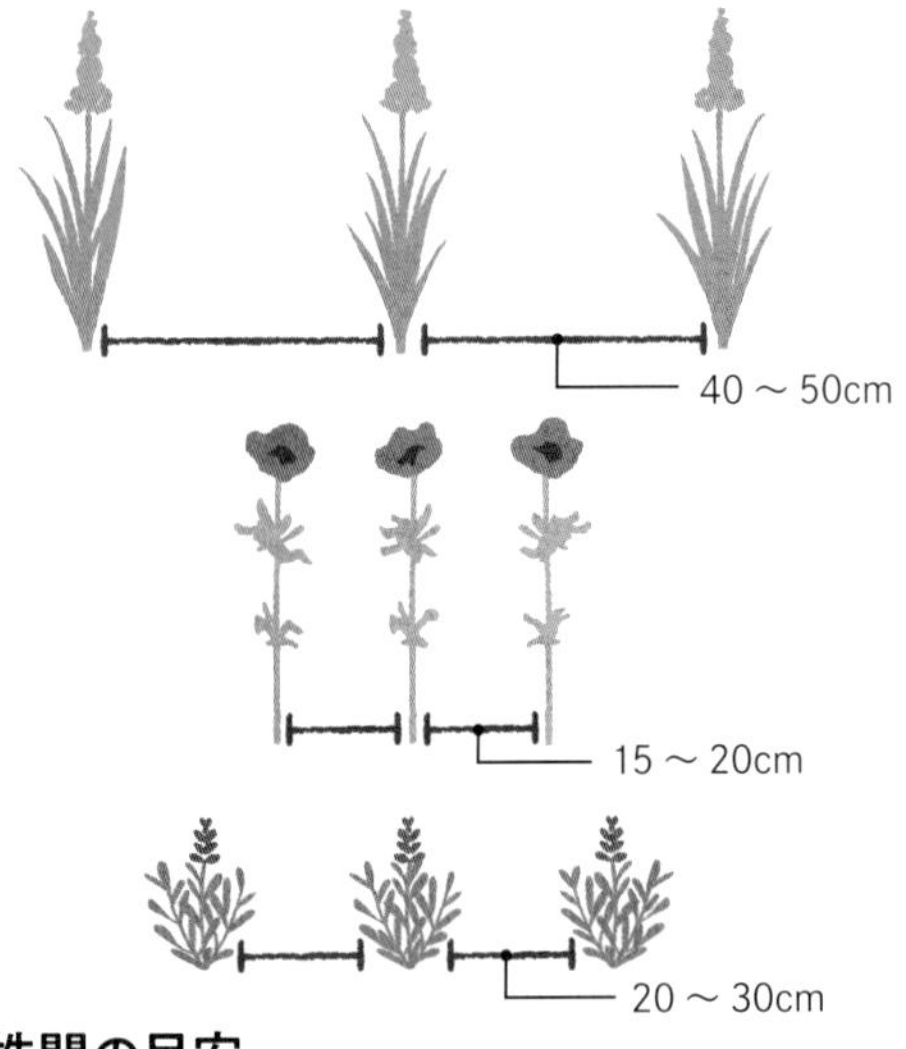

株間の目安

一般的には 20 ～ 30cm 程度を目安に株間を取ります。茎の分岐が少ないすらりとした草姿のカラーリーフや小球根は 15 ～ 20cm、大型になるものは 40 ～ 50cm 程度が目安です。そのスペースにどれくらいの株数を植えられるかわからないときは、あらかじめ空き鉢などを並べてイメージしてみるのもひとつの方法です。

ポイント 2

等間隔ではなく少しずつずらす

どの植物も自然になじむように植えるには、株を直線的に配置するより、ジグザグにしたり、アンバランスにしたり、その両方を取り入れたりしながら配置するのがおすすめです。

NG

株を直線に等間隔に並べると、整いすぎて画一的な印象になります。

OK

不規則にに配置すると自然になじみ、奥行き感も生まれます。

ポイント 3

生長する姿を意識して組み合わせる

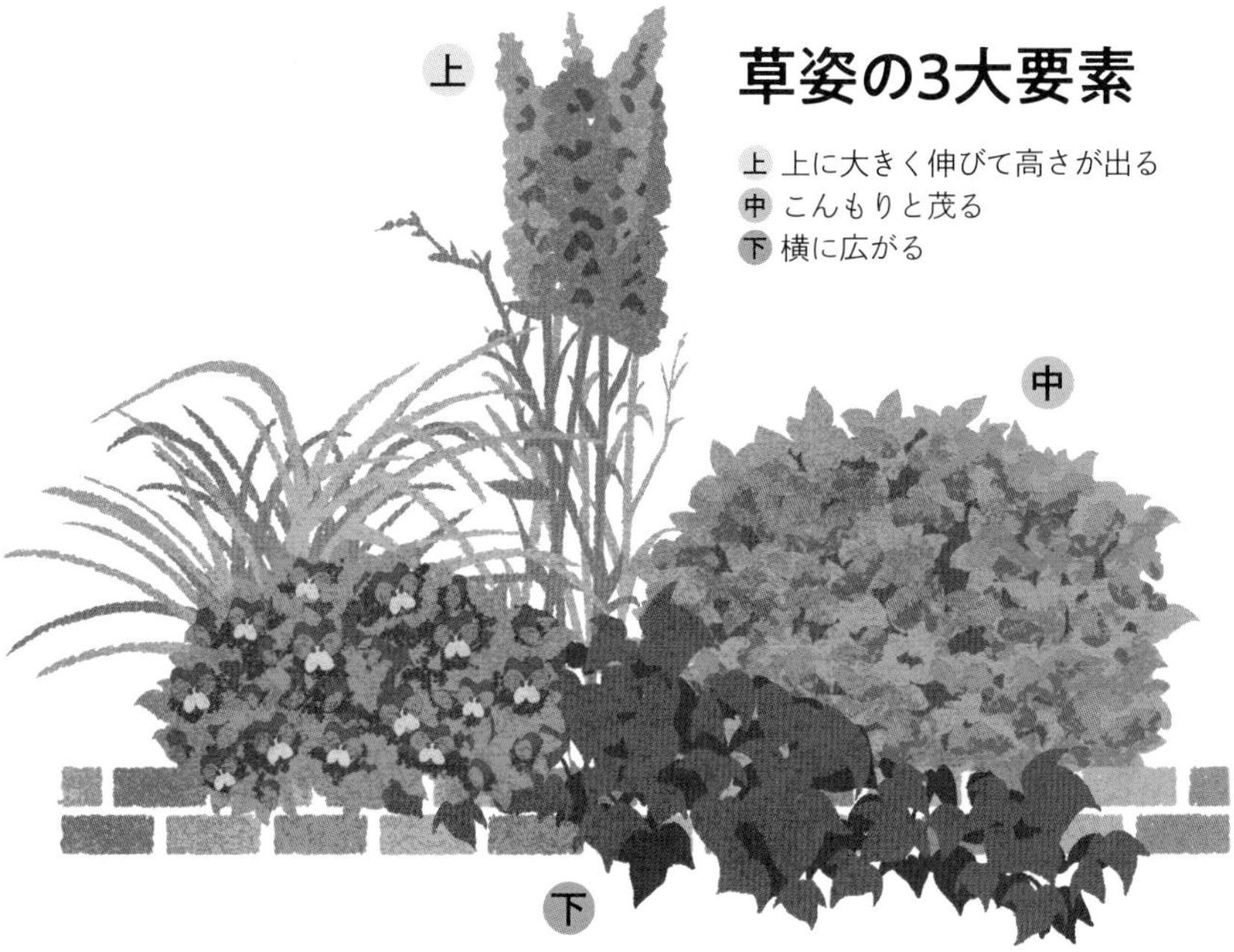

草姿の3大要素

上 上に大きく伸びて高さが出る
中 こんもりと茂る
下 横に広がる

植物によって、生長する草姿、ボリューム感が異なります。うしろに植えた植物より前に植えた植物が大きく茂ると、見栄えが悪いだけでなく育ちも悪くなります。お互いの植物がよくなじみ、バランスよく生長するには、草姿を考えて組み合わせること。育ったときに上、中、下の空間がバランスよく埋まるように配置します。

草姿のシルエットパターン

すっと細く長く育つ

- ジギタリス
- カンナ
- グラジオラス
- ルピナス
- デルフィニウム　など

大きくこんもり育つ

- マーガレット
- ラベンダー
- ランタナ　など

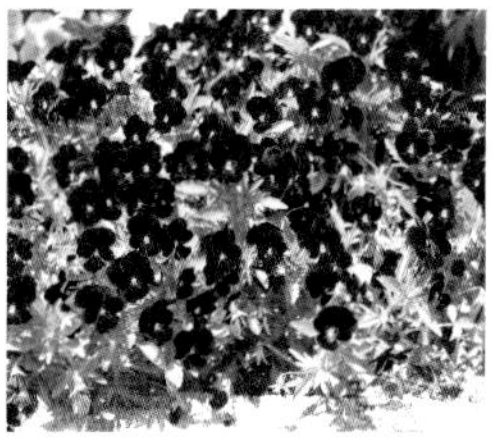

低くこんもりと育つ

- パンジー
- ペチュニア
- ビオラ
- インパチェンス
- マリーゴールド　など

這って伸びる

- ヘデラ
- グレコマ
- クリーピングタイム
- シバザクラ　など

細くカーブする

- シラン
- グラス類
- ニューサイラン　など

ふわふわと育つ

- ガウラ
- オルラヤ
- カスミソウ　など

column

庭づくりアドバイス

あえての「自然の妙」も味わって！

庭づくりで大切なのは、あらかじめデザインプランを立てること。とはいっても、ときには「偶然のお楽しみ」を味わうのも庭づくりの醍醐味です。

こぼれダネから育つ楽しみ

「こぼれダネ」とは、植物が結実して自然にこぼれたタネのこと。庭の植物から落ちたタネが、思いがけない場所から芽を出し大きく育つ姿は、ガーデナーへのラッキープレゼントといえるかもしれません。その場所の環境に合った植物でもあり、育てやすいのも利点です。

こぼれダネで増えやすい花

ノースポール

ワスレナグサ

ニゲラ

ネモフィラ

球根を投げ、落ちたところを植え場所に

春にチューリップやスイセンなどが、草花の間からぴょこぴょこと顔を出す姿は愛らしいもの。このように球根を植えたいときは、偶然に任せるのも手です。

いっぺんに3～5個の球根を投げ、落ちたそれぞれの場所に植え穴を掘って植えつける方法です。ハナニラなどの丈夫な小球根は、落ちた球根の上に堆肥や腐葉土をかけておくだけでもOKです。チューリップ、クロッカス、ムスカリなど、いくつかの種類を混ぜてやってみるのも楽しいものです。

スタイル別植栽例

小さな庭だからこそ、植栽を工夫して
いろいろな植物を楽しみたいものです。
庭のスタイル別に草花の植栽の
配置を見てみましょう。

ボーダーガーデン

基本は境栽に設えた花壇のこと。生垣や塀、隣家との境などに、細長く長方形につくる花壇です。後方に草丈の高い植物、その前に中位のもの、手前に草丈の低いものを配置します。

❶ ヒメサボンソウ
❷ オンファロデス
❸ フウロソウ
❹ シザンサス
❺ エキウム・ブルーベッター

フウロソウやサボンソウなどピンク系の花色と、エキウム・ブルーベッターやオンファロデスなどのブルーを絶妙な分量で配置。クリサンセマム・ムルチコーレは、パステルカラーの花色をチョイスしたことで、明るくやさしい雰囲気とよく調和しています。（近藤邸）

中段のエキウム・ブルーベッターは花期によってブルーからピンクへと色が変化し、花壇全体が美しいグラデーションを描きます。前段や中段に配置した白い小花やふんわりとしたグラス類は、組み合わせた花色をなじませる効果のあるお役立ち植物です。（近藤邸）

❶ シレネ
❷ リクニス
❸ エキウム・ブルーベッター
❹ トリフォリウム・バニーズ
❺ ロシアン スターチス

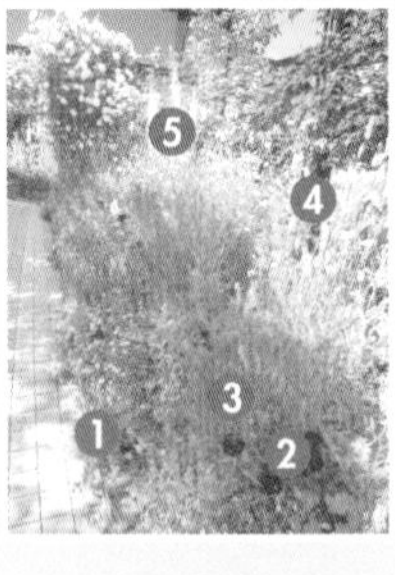

前段のコンボルブルス、中段のエキウム、後段のリナムなどがパステルブルーのリレーをし、ピンクや白のやさしい花色がバランスよく配置されたボーダー花壇。ところどころに配置された銅葉色のシックなダイアンサスが、印象的な差し色となってリズム感をプラスします。（近藤邸）

❶ コンボルブルス
❷ ダイアンサス（黒花ナデシコ）
❸ エキウム・ブルーベッター
❹ リナム ペレンネ（宿根アマ）
❺ ジギタリス

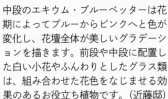

宿根草ガーデン

宿根草を中心としたガーデン。植物が時を経て自然となじみ、ナチュラルな雰囲気を醸し出します。花の時期以外は落ち着いた風情があります。

前段のところどころに配置された銅葉のヒューケラが、全体の引き締め効果を担っています。後段のジギタリスはブロッチのない色合いをチョイスしているので、軽やかな印象。明るいライムカラーのメギ・オーレアが、コーナーを明るく引き立てます。宿根草ガーデンは、花が咲いていない時期も楽しめるよう、葉色や株姿を吟味して組み合わせることがポイントです。(近藤邸)

❶ヒューケラ
❷メギ・オーレア
❸カレックス
❹ダイアンサス（黒花ナデシコ）
❺オルラヤ
❻ジギタリス

球根ガーデン

季節を感じさせる球根植物を中心にデザインしたガーデン。コルチカムやムスカリなどの小球根は数年は植えっぱなしでよいですが、チューリップなどは毎年植えつけます。

パンジーはブロッジ(目)の目立たないタイプを選んでいるので、チューリップを引き立てる効果も。チューリップの花が終わる頃には、パンジーがいっそうボリュームアップし、後列のヘメロカリスが花を咲かせます。(福田邸)

❶ チューリップ
❷ パンジー
❸ ヘメロカリス

ウィンドウガーデン

窓辺を彩るガーデン。奥行きが狭い場所に合わせて、すっと伸びる草姿で、大きく茂らない植物がおすすめ。

ホワイトの窓枠に合わせた純白のオルラヤが優雅さを演出。窓の高さと植える植物の生長後の高さを考えて選ぶと、バランスがよく、互いが引き立ちます。オルラヤは開花期が長く、バラとの相性も抜群。繊細な見た目によらず丈夫で育てやすく、こぼれダネでもよく増えます。(栗原邸)

❶ オルラヤ
❷ バラ

カラーリーフをセンスよく使う

美しい庭ルール 5

上手に使いこなすことが庭全体のセンスアップに

葉色が美しく、花よりも葉に高い鑑賞価値がある植物を、カラーリーフ（またはリーフ）と呼びます。なかでも、大型のニューサイランなど個性的で鑑賞価値の高い植物を、オーナメンタルプランツと呼ぶこともあります。また、ほふくして地面を覆うように育つ植物を、グランドカバー（またはグランドカバーリーフ）と呼びます。

近頃はたくさんの種類が出回っているので、色やフォルムを吟味して選び、上手に組み合わせましょう。店に並ぶ苗の姿では少し地味な印象かもしれませんが、使い方しだいで庭全体がぐんとセンスアップします。多くは丈夫で長く楽しめる植物なので、手入れの手間がかからないのも利点です。

どう使ったらよいか悩むときは、

①花と花の間に、アクセントとして
②庭の土が見えているところを覆う
③狭いスペースの奥に大きく育つもの、手前に低いものを植え、遠近感を強調する

などというように、目的ごとに用いることから始めてみましょう。

カラーリーフが生み出す効果

ナチュラルな庭づくりには欠かせないカラーリーフ。
庭に個性をプラスする、手間が軽減できる、紅葉するものは季節感をもたらすなど
上手に取り入れると、さまざまな効果が生まれます。

効果 1 庭に立体感を出す

奥にボリュームの大きなものを、手前に小さなものを植えることで、奥行き感を強調。庭を立体的に演出し、小さなスペースを広く見せます。

効果 2 植物同士をつなぐ

花と花の間を埋め、花同士をなじませる効果や、背景として大きな空間に一体感を生む効果があります。姿や色の違うものを組み合わせ、変化とアクセントをプラス。

効果 3 人工物と植物を調和させる

レンガやコンクリートなどの人工的な素材と合わせることで自然になじみ、庭全体をナチュラルな雰囲気に調和させます。

効果 4 主役としても万能

日当たりが悪くても元気なものが多く、シェードガーデンでは主役になります。印象が強い大型種は、庭のシンボルにも使えます。

カラーリーフを使うときは要素を分解して考える

たくさんあるカラーリーフ。どんなものをどのように組み合わせたらよいか迷ったら、
カラーリーフの「要素」に注目してみましょう。

形

ここに注目!

生長する姿によってボリューム感やイメージが異なります。その植物が持つ個性を引き出すよう、植えるスペースを選びましょう。

大きく茂ってボリュームアップする

細いシャープな葉がすっと伸びる

細かい切れ込みの葉がふんわり重なる

こんもりとボリュームアップする

地面を這うように伸びて広がる

色

ここに注目!

ひと口にグリーンといってもさまざま。葉色の中に一部違う色が入るものを、斑（ふ）入り植物と呼びます。

みどり

庭の中でいちばんベーシックなみどり色は、多くの花の葉茎の色でもあり、花色をナチュラルに引き立てます。同じみどりでも多様な色合いがあります。

斑入り

葉の周囲に斑が入る覆輪（ふくりん）、細い葉に縦に入る縞斑（しまふ）など、入り方によって呼び名があります。

印象的なカラー

表面が細かい白い毛で覆われて銀色に見える銀葉（シルバーリーフ）や、銅葉（ブロンズカラー）、明るいライムカラーなど。

組み合わせ方のコツ

こんもり育ってボリュームアップした株と株の間にシャープな葉を組み合わせるなど、異なる要素同士を組み合わせると変化が生まれます。逆に葉色は、ブロンズカラーの植物とブロンズカラーの斑入り植物など、似た要素を持つものをバランスよく配置すると、全体に統一感が生まれます。

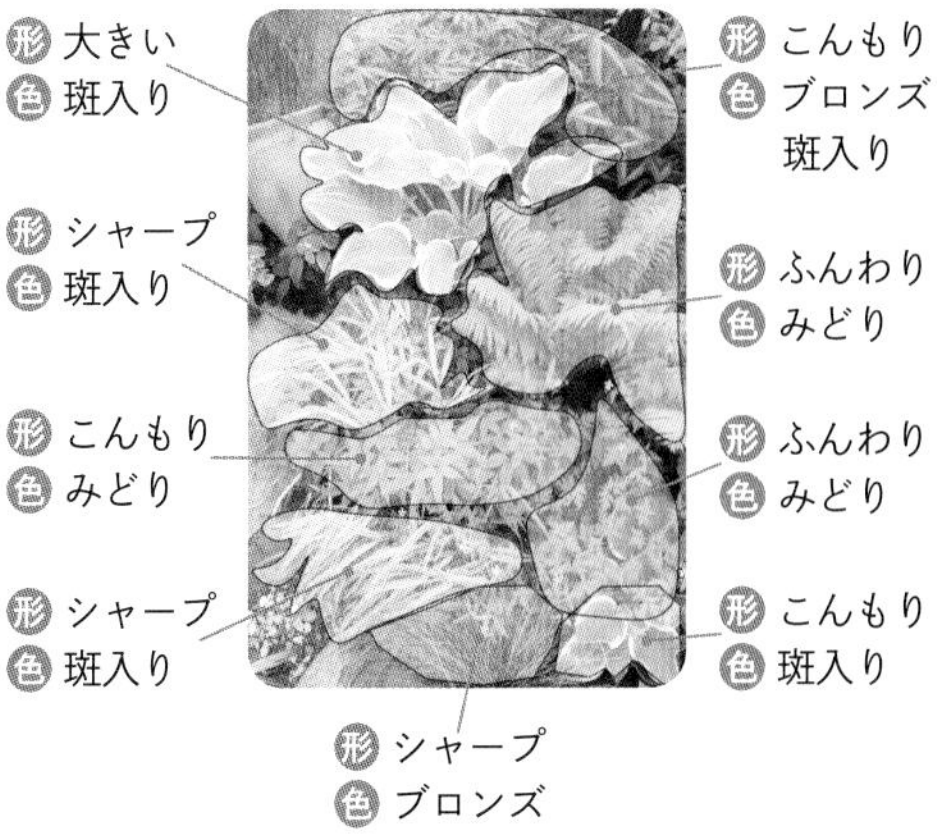

形 大きい
色 斑入り
形 シャープ
色 斑入り
形 こんもり
色 みどり
形 シャープ
色 斑入り
形 こんもり
色 ブロンズ斑入り
形 ふんわり
色 みどり
形 ふんわり
色 みどり
形 こんもり
色 斑入り
形 シャープ
色 ブロンズ

column

どうしたらいい?

Q カラーリーフが増えすぎてきました。どうしたらいい?

A 伸びすぎると下葉が落ちたり枯れ込んだり、草姿が乱れてきます。ボリュームが大きくなりすぎると、周囲の植物とのバランスも乱れます。

全体を切り詰めたり、枝数を間引いたりしてコンパクトに仕立て直しましょう。グラス類は半分～3分の1程度に切り揃え小さくします。ホスタなど葉が大きめのものは枚数を減らします。株元から分かれる植物は春や秋に株分け（⇨ P151）を行います。

カラーリーフの役割いろいろ

ナチュラルな庭づくりでは、カラーリーフの存在は欠かせません。どのように植えたらよいか悩んだら、まずは役割に沿って考えてみましょう。植えつけたばかりのときは少し心もとない印象かもしれませんが、時間がたつとしだいにしっくりと馴染み、ナチュラルな景色を描きはじめます。

形に注目！

花の草丈に合わせて、葉色や葉姿がさまざまなリーフを彩りに添えて。ほふく性のタイムなどが園路に溢れ出るように広がり、植え込み部分と園路の境を馴染ませる効果も。（近藤邸）

こんもりと茂る

たとえば…

- ロータス・ブリムストーン
- シロタエギク
- モクビャッコウ

シャープな葉姿で曲線を描く

たとえば…

- カレックス
- ヤブラン
- フウチソウ
- ニューサイラン

這うように広がる

たとえば…

- クリーピングタイム
- アジュガ
- ダイコンドラ

大きめの葉が広がる

たとえば…

- ホスタ
- ヒューケラ
- ツワブキ
- アカンサスモリス

色に注目！

カラーリーフの葉色と周囲の花色がグラデーションをつくります。

グラデーション

❶ コリウス
❷ サルビア・スプレンデンス（花）
❸ コリウス
❹ トレニア（花）
❺ ヤブラン（花）

グラデーション

❻ コリウス
❼ コリウス
❽ ショウジョウソウ（サマー・ポインセチア）

お互いに引き立て合う草花とのコンビネーション

花だけの姿も美しいけれど、変化に富む葉姿を組み合わせることで、美しさがいっそう引き立ちます。

夏から秋の庭に、葉色の魅力的なコリウスを主役に。合わせるサルビアもボルドーカラーをチョイスして、コーナーの一体感を演出しています。シックになりすぎないよう、斑入り種を組み合わせて軽やかさをプラス。（近藤邸）

個性的な姿のカラーリーフは主役としても活躍

とくに印象が強いカラーリーフをオーナメンタルリーフと呼ぶことも。おなじみの種でも、サイズが大きなものや植えるコンテナを選べば、庭の主役に。

大型のホスタを足つきコンテナに植えてダイナミックに演出。庭の中程にしつらえたミニウォールの前に置いたことで、おなじみの顔が主役級に。（里見邸）

個性的なカラーリーフ

たとえば…

ユーフォルビア

コリウス

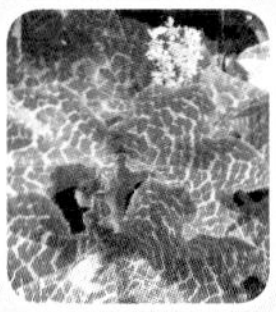

ミルクシスル

タカノハススキ

丈夫で手入れも楽 ローメンテナンスのコーナーづくり

メンテナンスにあまり時間をかけなくてもよいのが、カラーリーフの利点のひとつ。庭のメインからはずれた場所も、手間を省きつつ多彩に演出。

半日陰でもOK

たとえば…

ミツバシモツケ

ヒトリシズカ

ナルコユリ

オドリコソウやツワブキ、ヤブランなどの仲間は日本の気候にもよく合い、半日陰でも旺盛に生育します。野趣あふれる雰囲気で手間いらず。（近藤邸）

❶ オドリコソウ
❷ ツワブキ
❸ ヤブラン

庭づくりアドバイス

column

野菜やハーブの売り場にも注目！

お店で購入するときは、「カラーリーフ」として売られている葉ものコーナーだけでなく、さまざまな売り場を見渡してみましょう。

注目したいのは、野菜やハーブの売り場。葉色が美しいリーフレタスなどの葉もの野菜、香りも楽しめるハーブなどは、丈夫で生長が早くカラーリーフとしても重宝します。

ガーデンソレル（ルメックス）

タデ科のスイバの仲間で、葉脈が赤い。シュウ酸が含まれ独特の酸味がありますが、サラダやソースなどとして食用にも。

パセリ

おなじみの葉がカールしたパラマウント種や、葉が平坦なイタリアンパセリ、近縁のコリアンダーなどがあります。

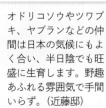

美しい庭ルール 6

コンテナ栽培は庭のアクセントに

土がない場所でも楽しめ 庭に高低差を演出

コンテナ栽培とは、植木鉢やプランターなどのコンテナ（器）を使った楽しみ方です。コンクリートやレンガ敷きなど土のない場所、荒れて栽培に適さない土の場所でも、すぐに植物栽培が楽しめることが第一の利点です。

地植えスペースがあっても、コンテナ栽培は楽しめます。手持ちの服にアクセサリーをプラスすると違った表情が楽しめるように、コンテナを置くことで効果的に庭を演出できるのです。

たとえば、いくつかの植物を組み合わせる寄せ植えは、コンテナの中にも小さな庭の景を楽しむことができます。地植えよりもコンパクトに植物が育つので、同じスペースで多くの植物を育てられます。庭の雰囲気に合ったコンテナを選べば、コンテナそのものが庭のアクセントになります。また植物を高い位置に見ることで、庭に立体感をプラスします。

小さな庭では、コンテナをフォーカルポイントにしてもいいでしょう。ちょっとした空間にさりげなく置くと、おしゃれな雰囲気になります。

コンテナの管理ポイント

コンテナ栽培の植物は地植えとは違った管理が必要になってきます。
美しい姿をできるだけ長く保つために、管理のポイントを覚えておきましょう。

ポイント 1 目的に合わせて置き場を変える

花が咲いている間だけ目立つ場所に飾る、日当たりに合わせて季節ごとに適した場所に移動するなど、目的や環境に合わせて置く場所を考えましょう。植物が好む栽培環境に合わせて移動できるので、暑さや寒さが苦手な植物を育てやすいメリットがあります。大型コンテナなら樹木を植えることも可能です。土がない場所でも、育てられる植物の幅が広がるのもコンテナの利点です。

ポイント 2 水やりと肥料は適切に

限られた土で生長するため、水分と肥料の補給は、地植えよりも配慮が必要です。土の表面が乾いたら、鉢底から流れ出るまでたっぷりと水を与えるのが基本です。肥料は、植え付けたときに施した元肥の効果が切れるころに、追肥を施します。花が次々と咲くものは、水やりのタイミングで即効性の液肥を施すのもよいでしょう。

ポイント 3 定期的に植え替えを

一年草は花が終わったら枯れるので、早めに抜き取り、次のシーズンを楽しむ植物を植えましょう。宿根草は毎年植え替える必要はありません。ただし長く育てると、しだいにコンテナの中に根が生長する場所がなくなって根詰まりを起こします。また、土もしだいに劣化します。それまで元気に育っていてもだんだん生長が悪くなってくるので、定期的に植え替えましょう。

舗装したエントランスに、テラコッタの大型コンテナを配置。植物も大型のカラーリーフを中心にして、メインのバラの庭を引き立てています。（栗原邸）

コンテナの寄せ植え 基本のつくり方

コンテナを使って寄せ植えをつくってみましょう。
コンテナ栽培用の培養土を利用すれば手間なく楽しむことができます。

用意するもの

- 植物
- 鉢（コンテナ）
- 鉢底ネット
- 鉢底石（軽石など）
- 市販の培養土（肥料入り）

1 鉢に鉢底ネットを敷いて、鉢底石を入れる。

2 根鉢の高さがいちばん高い苗に合わせて、鉢に土を入れる。

3 ポットに入った状態の植物を鉢の中に仮置きし、植える位置を確認する。背の高いものは奥のほうに、手前には背の低いものや垂れる性質のものを置くとバランスが取れる。

4 奥に配置する植物から植える。ポットから出した根鉢は崩さず、根鉢の高さがそろうように土を追加しながら植えつける。

5 すべての植物を植えたら、すき間を埋めるように土を入れる。

6 細い棒で土をさし、沈んだら土を加える。水やり後に土が沈まないよう、すき間までまんべんなくしっかりと入れる。ウォータースペースを確保するため、土を入れるのは鉢の縁から2～3cm下までにする(⇨P151)。

7 土を入れ表土を整えたら、鉢底から水が流れ出るまで、たっぷりと水やりします。

その後の管理

寄せ植えは、限られた量の土でいくつもの株を育てるため、養分が不足しがちです。必要に応じて追肥をしましょう。回数、量は肥料の記載を確認してください。花がら摘みや切り戻しなどを行い（⇨ P148）、半年ほどたったら一年草を植え替えるとよいでしょう。

下から見上げて
見ることで
高低差を強調

高い位置に飾る

高い位置にコンテナを飾ると、視線が上に向き、空間を立体的に彩ることができます。

土が乾きやすいハンギングバスケットは、多肉植物と相性抜群。落ち着いた葉色のヘンリーヅタは、秋に紅葉も楽しめます。（近藤邸）

いろいろなコンテナの楽しみ方

小さな庭では、ぜひコンテナにも植物を植えて楽しみましょう。
見慣れた庭の景色が、違った表情に変化します。
目を引くコンテナを飾ることでアクセントになり、
庭を立体的に演出する効果もあります。

ガーデンの入り口、バラのアーチの足元にコンテナを並べてお出迎え。同じ花色を効果的に配置して、庭の内側に視線を誘います。（田口邸）

視線を誘う

インパクトのあるコンテナは、庭を訪れる人の視線を誘います。ウェルカムの気持ちをこめて、コンテナを飾りましょう。

アプローチの先にシンメトリーに配置した、ヒューケラのコンテナが印象的。エントランスへの視線をコントロールし、奥行き感も生まれます。（栗原邸）

視線を
誘う

視線を誘う

空間を埋める

小さな庭をいっぱいに楽しむなら、縦の空間を意識しましょう。コンテナなら、高低差をつけて植物を演出できます。

下の空間にコンテナを飾る

メインツリー

高木樹の下に大型コンテナを配置。タイルレンガをずらして重ねた上に置くことで、見た目のインパクトを強めつつ洗練された印象に。(栗原邸)

カンナ

下の空間にコンテナを飾る

カンナのようにすっと高く伸びる花は、その下の空間が間延びしがちです。オレンジの花色と銅葉の濃淡が美しいカンナにあわせてチョイスした寄せ植えを飾って彩りをプラス。(近藤邸)

開花を楽しむ

一年草を植えつけて、花が終わったら次々にチェンジ。にぎやかに花の盛りを楽しみましょう。

冬 春 **パンジー**

春 夏 **ペチュニア**

花が終わった順に入れ替えやすい

秋の終わりに植えつけたビオラやパンジーは、花のピークが過ぎた順に引き抜いてペチュニアなど次シーズンの植物と植え替えます。(池澤邸)

定位置に置いたコンテナで季節感を演出する

おしゃれな寄せ植え見本帖

埼玉県・近藤邸

コンテナにぎゅっと季節を詰め込んで、ガーデンのアイキャッチにした庭です。地植えで育てるより植物がコンパクトに育つので、小さなスペースで季節感がたっぷり味わえます。

春

春の明るい日差しに溶け込むような清楚なイメージ

うしろは純白のペチュニアと、シルバーの葉茎が繊細な印象のローダンセマムの寄せ植え。手前にはふんわりとしたトリフォリウムと、パステルブルーのオンファロデスを合わせて軽やかさを演出。

1. ローダンセマム
2. 栄養系ペチュニア
3. オンファロデス
4. トリフォリウム・バニーズ

夏～秋

シックな色合いが秋空に映えて

ブラキカム～アンゲロニア～バーベナの紫の花色リレーが、ふたつの寄せ植えに統一感を与えます。コリウスやトウガラシなど赤紫～黒色のグラデーションの手前には、紅葉を始めたメキシカン スイートハーブの白い花が垂れ下がり変化をプラス。

1. ゴシキトウガラシ・ブラックパール
2. アルテルナンテラ
3. コリウス
4. ブラキカム
5. アンゲロニア
6. バーベナ
7. ユーフォルビア・ダイヤモンドフロスト
8. メキシカン スイートハーブ

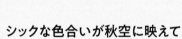

column

ここに注目!

コンテナを飾る「お立ち台」を設置してアイキャッチに

小さな庭では思いつくままに寄せ植えをつくって飾るのではなく、最初から飾る場所を決めておき、季節ごとに植物の入れ替えをするのがおすすめです。庭全体の景のアクセントとして、その場所がいちばん季節感を味わえるように寄せ植えを設置するのです。舞台でスポットライトが当たるように、庭の中で目を引く場所になるよう高めの位置に飾るのがポイントです。

春

花色の数を絞るとすっきり上品な寄せ植えに

春はさまざまな色の花が咲きあふれる季節。つい、たくさんの色を組み合わせたくなりますが、色数をぐっと抑えるのもよいものです。どっしりとしたコンテナの質感に合わせてチョイスしたコルジリネが引き締め役に。

❶ 丁子咲きマーガレット
❷ アリッサム・フロスティナイト
❸ ペンステモン・エレクトリックブルー
❹ ネメシア
❺ コルジリネ

夏〜秋

暑さに負けないビビッドな花色を組み合わせて

夏は強い日差しに負けないビビッドな花色が似合います。公園花壇などでおなじみのジニアやダリヤも、組み合わせ方次第でこんなにおしゃれな寄せ植えに。縁から垂れ下がるタイムやシャープな曲線を描くカレックスが、リズミカルに演出。

❶ ガーデンダリア
❷ ダリア咲きジニア
❸ ジニア・プロフュージョン
❹ アリッサム・フロスティナイト
❺ クリーピング タイム
❻ カレックス

紅葉を思わせる秋色植物を組み合わせて

脇役として使われがちなボルドーカラーのペニセタムを主役扱いにして、秋色の草花を合わせたシックな寄せ植え。コリウスは生育が旺盛で寄せ植えのバランスを崩しやすいので、まめに切り戻してボリュームを調整します。

❶ ペニセタム
❷ コリウス
❸ インパチェンス

見せたくないものは上手に隠す

美しい庭ルール 7

小さな庭では、人工物と植物を上手に組み合わせて

オープン外構の家が増えて庭が開放的な空間になった一方、周囲からの視線が気になることもあるでしょう。また庭づくりをするうえで違和感のある、エアコンの室外機やゴミ箱などは隠したいアイテムです。見せたくないものは上手に隠す方法を考えましょう。

小さな庭で気をつけたいのは、圧迫感のないデザインで、庭の植物となじむものを考えること。塀や壁で囲ってしまうと風通しが悪くなりがちなので、向こうの景色が多少透けて見えるものを選ぶのが基本です。

視線を完全に遮断したい場合も、風が通るルーバーラティスや隙間の狭い目隠しフェンスなどがおすすめです。植物を這わせると庭の景色にもなじみやすく、草花の背景として引き立て効果もあります。ただし、バラなどの落葉植物は、季節によって目隠し効果が薄れますので留意しましょう。

庭の中にデザイン的な小さな壁（ミニウォール）をつくるのも人気です。周囲の景を隠す効果と庭のアクセントとして雰囲気アップに役立ちます。

小さな庭に合う隠し方

庭の中で見せたくないものを隠す方法は大きく２つ。
小さい庭では、植物と人工物をうまく組み合わせて隠すのがポイントになります。

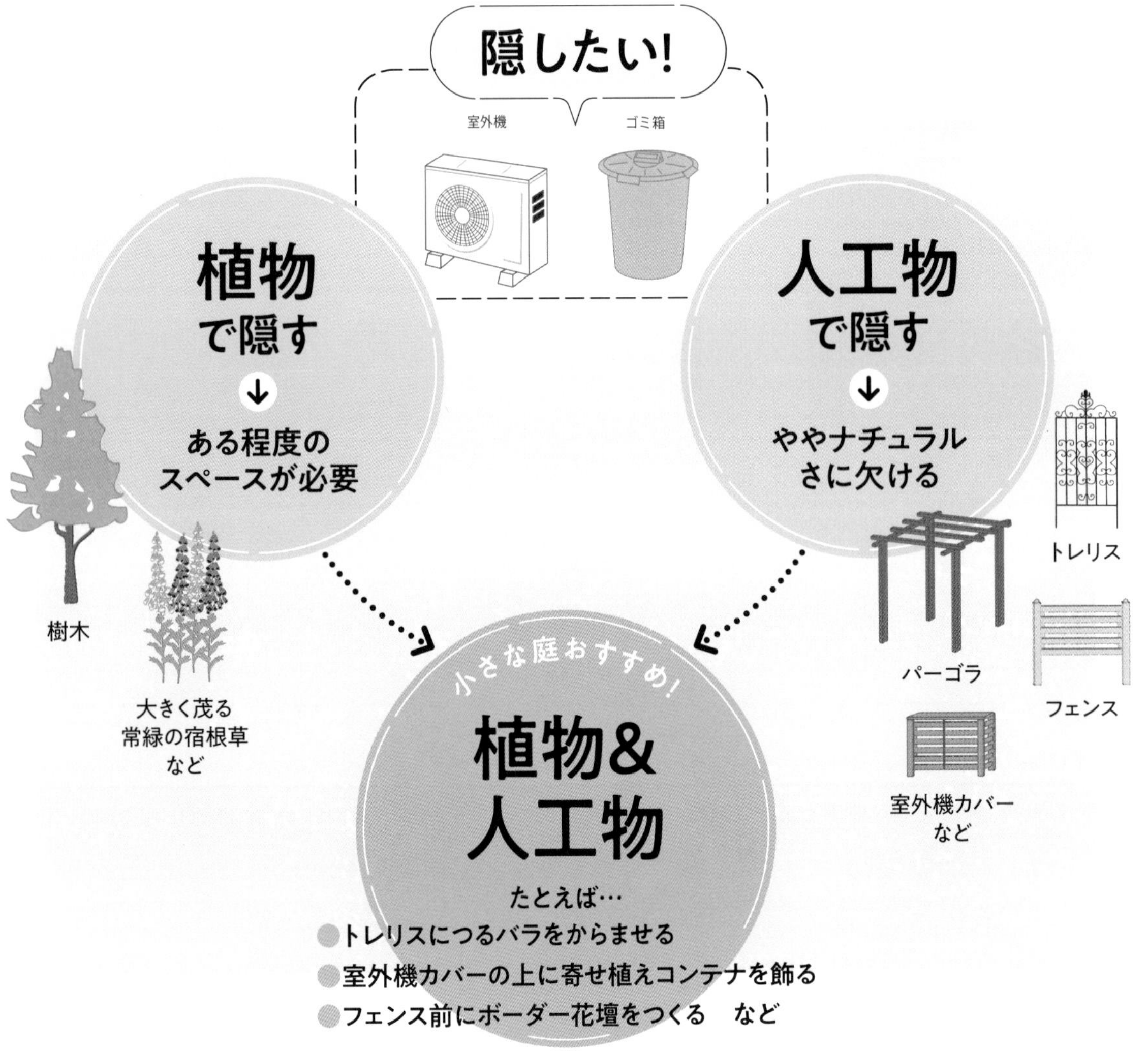

隠す&印象をやわらげるテクニック例

植物をうまく組み合わせることで、
庭になじませながら上手に隠せます。

無機質な雨戸サッシをシャビーシックな白壁で隠す

目隠し役のフェイクの壁をオフホワイトでペイントし、雰囲気のある飾り棚を吊って小さな鉢の定位置に。植物を視線に近い高い位置でも楽しめて、おしゃれ度アップ。水やりなどの手入れもしやすい方法です。（齋藤邸）

面積の広い木製フェンスを植物で飾る

ナチュラルカラーの木製フェンスも、面積が広いと圧迫感が生まれがちです。額仕立ての寄せ植えタブローなどを飾って賑やかに鮮やかに演出。（栗原邸）

殺風景なブロック塀をハンギングバスケットで飾る

ブロック塀はそのままだと無機質な印象になりがち。額装絵画風にハンギングバスケットを飾れば、センスよく組み合わされた草花に視線が集まり印象もやわらぎます。（Y邸）

パーゴラの鉄製柱につる性の植物を這わせる

頑丈な鉄製パーゴラの柱などは、直接植物をからめることが難しいですが、あらかじめ麻布（ここでは根巻き用麻テープ）を巻いておけば、植物を傷めず楽に巻きつけることができます。（近藤邸）

バックヤードの入り口を格子状のスイングドアで隠す

育苗中の植物や空鉢などが並ぶバックヤードは、メインのガーデンからは隠しておきたいもの。出入りの邪魔にならない腰位置までのスイングドアで視線を遮っています。（近藤邸）

小物も庭づくりの要素として活用

美しい庭ルール 8

テーマに合った小物は見せ場のアクセントに

小さな庭を自分らしく楽しむためには、植物以外のアイテムも大事な要素になります。ちょっとした小物を空間に飾るだけで、雰囲気がぐっと変わるでしょう。

石像など大きなオブジェは、視界の中にひとつかふたつに絞ったほうがすっきりとした印象になります。小さなブリキのジョウロなどの雑貨は、いくつか似たテイストのものを飾ると雰囲気に統一感が生まれます。近頃人気なのは、庭に小ぶりの家具やフェイクの壁などを配し、植物や小物を飾って目を引くポイントにする方法です。

また、植物を育てる上で水やりは欠かせませんが、それを楽しく感じられるように水道も庭のアクセントとして役立ててみましょう。おしゃれなデザインの立水栓は、毎日の庭作業のモチベーションを上げてくれるはずです。

いずれも、庭のテーマに合う小物、デザインを選ぶことが大切です。ただし、庭に合うからとたくさんの要素を詰め込みすぎると、雑然とした印象になりかねないので気をつけましょう。

小物を上手に活用するための法則

庭に小物を取り入れるときのポイントです。
さまざまなテーマの庭に共通する法則を覚えておきましょう。

法則

1 雑貨のエイジングを揃える

ナチュラルな庭と相性がよいのは、自然の中で風化したように見える、ちょっと古びたアンティーク雑貨。真新しい雑貨は、わざとペンキを剥がしたり錆をのせたり、エイジング加工を施してから仲間入りさせるのも手です。

法則

2 基本の色数を抑える

基本の色

ナチュラルな庭にあってなじみやすいのは、いわゆるエコロジーカラーと呼ばれる色たち。落ち着いた色合いの、大地の茶色、植物のみどり色、空の青色などです。加えて、どんな色ともなじむ万能の白、目立たない黒を足した色が、ナチュラルな庭にあって違和感がない基本の色といえるでしょう。

法則

3 フェイクで上手に演出

舞台の大道具のように、フェイクの背景をしつらえれば、ストーリーを演出できます。ハンギングバスケットを飾ったり、コンテナを配したり。雑貨も植物も同じ目線で、インテリアのひとつのようにディスプレイする楽しみが広がります。

アプローチ沿いに置いた木製の小さなベンチ。腰かけるには少し頼りないですが、花台にはぴったり。

見せ場

小ぶりの家具で植物を飾る定位置をつくる

見せ場

吊り下げるだけで雰囲気アップの万能アイテム

庭に鳥を呼ぶために使うバードフィーダー（餌台）。高さ調整には長めのＳ字フックが便利です。

鳥カゴはヤシマットを敷いて多肉植物を植えつけたり、小さな鉢植えをそのまま入れたり。

小物で演出する見せ場のつくり方

小物の使い方で庭のおしゃれ度もアップします。実例から選び方・使い方のヒントを探りましょう。

愛らしい猫のガーデンプレートがアイキャッチに。ハンギングバスケットのシルバーリーフや白い小花のスイートアリッサムとも雰囲気がマッチ。（米田邸）

見せ場

プレートやガーデンピックで視線を集める

ニワトリのシルエットがクールなガーデンピック。センスのよいガーデンピックは、花が少ない時期のアクセントになります。（近藤邸）

クレマチスなどつる性の植物を這わせたトレリスを、植え込みの中に設置。華奢な印象の黒いアイアン製を選ぶと、圧迫感がなく植物を生かせます。（近藤邸）

見せ場

植物が主役の組み合わせ

見せ場

ユニークなヴィンテージグッズで道具類を収納する

庭仕事に必要な道具類も、おしゃれなものを選べば置いておくだけで雰囲気がアップ。錆びた古道具は自然の中にうまく溶け込むアイテムです。（齋藤邸）

おしゃれな水場づくりのアイデア

庭の水道はこだわりの庭の見せ場のひとつです。
アイキャッチとなる立水栓、バードバスなど、
おしゃれな水場まわりの実例を紹介します。

蛇口を2つ設けて おしゃれと実用を両立

小鳥の蛇口とブリキのバケツがレトロな雰囲気アップにひと役買っています。背景奥にわずかに見えているのは、ホース用の実用的蛇口。実用と半実用を分けて２通り設置することで、おしゃれな雰囲気と機能性を両立しています。（ハイジ邸）

雑貨や家具でストーリーを演出

ブロンズのカエルのハンドルが愛らしい立水栓と、ヴィクトリアン時代を思わせるアンティークキッチン雑貨との組み合わせ。雑貨の色はホワイトとブルーをテーマに、統一感を演出。（齋藤邸）

インダストリアルなデザインで実用的にする

ホースの着脱など実用性を重視するなら、あえて工業的なデザインの水栓にするのも手です。メカニックな様子は、こげ茶の板壁と石の水受けにマッチしています。（大谷邸）

水場のデザインに合わせて周囲を飾る

白壁の前に設置したレンガ仕立ての立水栓。雰囲気にマッチしたウォールシェルフやハンギングボックスなどに植物を飾れば、庭のフォーカルポイントになります。（A 邸）

コンテナの水受けは花壇の中でも違和感なし

壁面に取りつけた水栓の下に、大きなテラコッタのコンテナを設置して水受けに。花壇の中にあっても違和感がなく、鉢底に小石を敷いているので水跳ねも緩やかです。（I邸）

自然の中に溶け込むようなデザインを選ぶ

枕木風の立水栓は手を洗うのに低くしゃがまずに済む、ほどよい高さ。実用的で目立ちすぎず、庭の景ともナチュラルになじみます。（栗原邸）

バードバスは花を飾る舞台にも

小鳥が水浴びをするためのバードバスに、盛りを過ぎたバラの花を浮かべてアイキャッチに。あふれ咲くバラが水面にも映えて、スペースをいっそう華やかに彩ります。（栗原邸）

ペイビングで水場の存在を強調する

ペイビング材（敷材）を放射状に敷き詰め、シンプルな立水栓を際立たせています。水跳ねを防ぐバケツは、水が溜まったら作業にも使えて合理的です。（金子邸）

奥まった場所にある中庭に立つと、まるで秘密の花園のよう。隣家との境には手づくりのレンガ塀がしつらえられ、写真にはない手前側はトレスリなどを利用して、空間が仕切られています。

中庭

パーゴラがしつらえてあるのは、中庭より一段高い位置のガーデンテラス。境には大型のコンテナやクレマチスを絡めたオベリスクを配してアクセントに。見る角度によって、さまざまな表情が楽しめます。

美しい庭ルール 9

空間を区切って見どころをつくる

コーナーをたくさんつくり 庭を何倍にも楽しむ

小さな庭だからアーチやパーゴラなんて大げさかも……と思っていませんか。実は小さな庭だからこそ、立体的な庭づくりを意識するのがおすすめです。庭を区切って場面転換を演出すれば、実際のスペース以上に、多様な活用ができます。樹木や花壇の配置に気を配ることで、お気に入りのコーナーがいくつもつくり出せるでしょう。

門扉からメインの庭まで、わざと視界を遮った演出も楽しいものです。園路をカーブさせたりトレリスやフェイク壁で見通しを悪くすることで、先にある景色への期待感が生まれます。

庭の中に傾斜や小さな階段をつくり、コーナーごとに高低差をつけるのもよいでしょう。違った視点から植物を眺めることになり、あらたな表情も楽しめます。

オープンガーデンで人気の近藤邸は、限られたスペースに、たくさんの見所を配しています。近藤邸の庭を例に、空間の区切り方のコツを確認してみましょう。

庭の全体図

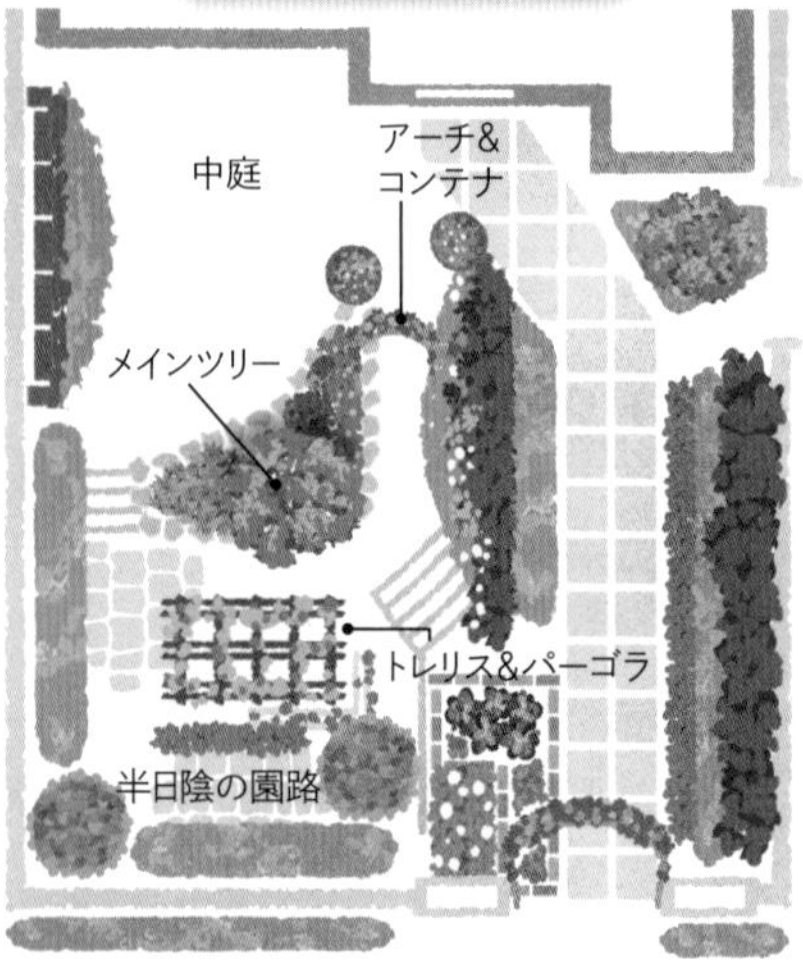

【近藤邸の場合】

庭には２カ所のミニ階段があり、門から玄関までのアプローチ（⇨ P47、P50-51）、中庭、パーゴラエリアはそれぞれ高低差があります。カーブした通路や花壇で、空間をいくつにも区切り、それぞれに見せ場をつくり出しています。

メインツリー

視線を高く導くメインツリーのヤマボウシ。やわらかい印象で、白い花、秋の果実や紅葉も楽しめます。枝に絡めた満開のバラが、華やかさをプラス。

アーチ&コンテナ

母屋側から見たバラのアーチの下には、さまざまなカラーリーフが鮮やかに。アーチを抜けた奥は、左手がミニ階段で右手がパーゴラエリアです。短い距離でもカーブをつくることで、次の空間への期待が高まります。

アーチ下の個性的なコンテナは、アイキャッチの役割も。アーチをくぐるか、中庭へ向かうかの別れ道です。

半日陰の園路

パーゴラとトレリスで目隠しされている奥には、秘密の森のような小道があります。ノコンギク、アジュガ、ヒマラヤユキノシタ、ツワブキの仲間など、古くから日本で親しまれてきた植物たちは半日陰で育つものも多く、しっとりとした風情を感じさせます。

トレリス&パーゴラ

バラを絡めたパーゴラの下はやさしい木陰で、ひと休みにちょうどよい心地よさ。アイアンの華奢なトレリスは、ご主人製作のオリジナルデザイン。背景をほどよく隠しつつ、立体的に植物を演出します。

ゼロからのガーデン計画の立て方

お気に入りの庭をつくる

庭を仕切ったり段差をつけて立体的な空間を意識する

理想の庭をつくるには、思いつきだけではうまく進みません。お気に入りの庭をつくるための第一歩は、自分なりの庭のイメージをまとめることです。どのような庭が好きか、どのような庭ならくつろげるのか、手入れにどのくらいの時間や手間をかけられるのか、まずは、ゆっくりと見つめなおしてみましょう。

日当たり、面積、立地など自分の庭の環境を把握し、庭でどんなことができそうか、どんなアイテムがあったら楽しそうか、大きな枠組みづくりから取り組むのもおすすめです。雑誌やインターネットなどで好みの庭を探してみるのもよいでしょう。

庭づくりを上手に進めるためのポイントはいくつかあります。ただし、必ず、それに従わなくてはならない決まりはありません。なぜなら、「お気に入りの庭」は、ひとりひとり異なるからです。庭の環境や、手入れにかけられる時間も異なります。そのため、ガーデン計画の立て方も、実は、ひとりひとり異なってきます。

スタートはコンセプトをまとめることから

どのような庭をつくりたいかを考えてみましょう。
庭でしたいこと、 庭の目的などできるだけ具体的に考えておくほうが、
あとでなにかに迷ったときの指針になります。

緑の多い雑木の庭で
癒されたい

隣家との境は
できるだけ目隠ししたい

メインツリーの
木漏れ日の下で
お茶を飲みたい

など

花の季節には
近所の人と楽しみたいから
テーブルセットを置きたい

いつでも
花が咲いている
花壇がほしい

バラをメインにした
庭にしたい

など

寄せ植えが好きなので、
コンテナを飾れる場所が欲しい

普段はあまり管理できないから、
植栽スペースは少なくていい

など

ガーデン計画の手順

コンセプトを決めたあとは、 設計図を描くのがおすすめです。
同時に植物の手入れ方法や季節ごとの作業内容なども確認しておくと、
現実的な庭の姿が見えてくるでしょう。

手順 1 作業内容を把握しておく

◎日々の手入れを知る

水やり、花がら摘み、施肥、植え替えなど、草花を育てるためには日々の手入れが必要です。樹木の場合は剪定や落ち葉かきが必要です。どれだけ手をかけられるかを検討し、庭のプランニングに反映しましょう。

◎季節ごとの作業を知る

年間を通じて、どんな作業を行うか把握しておきましょう。植物の植えつけ、病害虫対策などその時期ならではの手入れを事前に確認しておくことで、1 年を通したプランニングができます。

手順 2 設計図を描いてみる

◎実寸の縮尺で描く

実際の庭の寸法を測り設計図を描くと、イメージがまとまりやすくなります。樹木を植える場所、花壇スペース、通路など、想像がふくらむ作業です。植物の特性、生長具合などもチェックしておくと、適した植え場所などが見えてきます。

◎希望と現実を盛り込む

コンセプトに沿った設計図にしますが、庭作業にかけられる手間も検討しながら、できるだけ現実的な設計図を描いてみましょう。

手順 3 庭の大枠をつくってみる

◎植え込みスペースを区切る

実際の庭づくりのスタートは、植栽スペースの位置を決めることからです。花壇枠の設置や土留めなどを施したり、アプローチの整備などを行いましょう。庭のおおまかなレイアウトが見えてきます。

◎大きな構造物を設置する

庭のレイアウトが決まったら、フェンスやアーチなどの構造物、ガーデンファニチャー、石像など大きなアイテムを設置します。庭が立体的な空間になっていきます。作業道具を置く場所も考えておきましょう。

◎土づくりをする

植栽スペースになる土地を耕し、育てる植物に適した土づくりを行います。土壌改良（⇨ P140）を行う場合は時間がかかることもあるので、数カ月ほどかけて計画を立てるのがよいでしょう。

手順 4 大枠の中を飾りつけしていく

◎植物を選び植えつけていく

庭に植えつける植物を決めて、植えつけ作業を行います。植物の生長した姿を想像しながら植えつけていくのがポイントです。

◎雑貨やオーナメントで演出する

庭ができ上がってきたら、おしゃれな小物、小さな寄せ植えなどで彩りをプラスしましょう。飾るだけでなく、見せたくないものを隠すということも必要です。

庭づくりアドバイス

column

このページではガーデン計画の手順を紹介していますが、実際には庭づくりの方法に正解はありません。最初から綿密な計画を立てて進めるのもよいでしょう。作業をしながら少しずつ、理想の庭に近づけていくのもよいでしょう。どこから取り組むか悩んだら、まずは小さなコーナーづくりから始めるのも手です。手入れをするうちに、自分なりの庭とのつき合い方がわかってくるはずです。

素敵な庭のオーナーは、 どのように庭づくりを進めているのでしょうか。
次ページからは、 違った視点でプランニングした、 おふたりの庭づくりの進め方を紹介します。

庭づくり 実例1

わずか15cmの植え込み部分

植えつけた植物は、レンガ部分も覆うほど、こんもりと茂りました。わずかなすき間ですが、しっかりと大地に根をはった植物たちは元気に生長しています。

駐車場を舗装する前にはモルタルで基礎を固めますが、既存のレンガの外壁から約 15cm 離したところから施工してもらうことに。つまり、このすき間部分が地植えスペース！

小さなスペースを見逃さない

奥行き15cm 駐車場を囲む 雑貨ガーデン

神奈川県・ハイジ邸

ハイジさんのガーデニングは、玄関先にコンテナを飾ることから始まりました。愛らしい小物や雑貨が好きで、それと一緒に植物をセンスよくアレンジすることが楽しみに。

「主人が仕事で使っていたカメラを譲り受けて、写真も撮り始めました。記録のつもりでしたが、ブログにアップすることにしたんです」とハイジさん。すると、手入れの行き届いた植物と雑貨のおしゃれな写真が注目を集めて人気ブログに。しだいに、もっと広い場所が欲しい、地植えでも楽しみたい、と思うようになりました。

当時、玄関の外は無機質な印象の駐車場で、ナチュラルな雰囲気の庭づくりはできそうにありませんでした。そこで、レンガ敷きにリフォームすることに。決心を後押ししたのは、ハイジさんのブログの評判でした。

「主人はそれまで庭に興味がなかったのですが、ブログの読者が増えたことで気にかけてくれたようです(笑)。」

あらかじめしっかりしたものを設えて長く楽しみたいからと、施工は業者に依頼しました。地植え用に確保したのは、玄関先の花壇と、駐車場を囲む、奥行き約15cmのほんのわずかなスペースです。植えつけ後には植物がふんわり広がって、一見するとそれほど小さなスペースに感じられない素敵なガーデン空間になりました。

ブログ「ハイジの玄関先ガーデン」https://haizigarden.exblog.jp/

ハイジ邸の庭づくり

大掛かりな作業は、業者に依頼してリフォーム。
車と人の導線に配慮しつつ、
メインの花壇枠をレイアウト。
駐車場の周囲にも、植物を植えられるように
無舗装部分を確保しました。

バラが見ごろのハイジ邸。玄関わきやメインの花壇に咲きあふれるバラをはじめ、実はほとんどコンテナ植えです。ハンギングバスケットにも、ミニバラを。玄関わきのオレンジ色のバラがアイキャッチになって視線を高く導き、高低差を強調することで、スペースに広がりが生まれています。

レンガ敷きでナチュラルに

舗装を掘削し、コンクリートで基礎を固めてから、ナチュラルテイストのレンガで舗装。レンガひとつひとつの色合いが微妙に異なり、やさしい雰囲気。

フロントガーデンの花壇は、人と車の出入りの邪魔にならないよう、カーブをつけたデザインに。

目隠しフェンスの設置

隣家が近いこともあり、目隠し効果の高い、がっしりと安定感のあるフェンスを設置。距離がありますが、万一強風にあおられても安心です。

「スペースが限られていると樹木を諦めがちですが、小さな庭だからこそ、樹木を植えたいと思ったんです」とハイジさん。ナチュラルな雰囲気づくりには、樹木の存在が欠かせません。メインツリーの地植えのオリーブがほどよく茂って庭に立体感をプラスし､広がりを感じさせます。

樹木スペースは、広めに確保

樹木を植えるスペースは、あらかじめ広めに確保。「樹木が育つためのスペースはもちろん、下草を植えてナチュラルに演出したいと考えました。」

植えつけたばかりのオリーブの苗木。これからの生長が楽しみ。

切り戻しなど まめな手入れで 草姿をキープ

すべての植物がほどよく茂り、絶妙なバランスのボーダーガーデン。

手前から奥にかけて草丈が高くなり、奥行き感を演出します。どの植物ものびのびと育っていながら、ほどよいバランスなのは、込み入った部分をすいたりバランスを崩す株を切り戻したりしているから。日ごろのまめな手入れのたまものです。

日当たりが悪い場所は 雑貨との組み合わせで

オリーブの日陰になる場所に、ブルーのフェイク扉を設置しました。ガーデンにしつらえると妖精が出入りすると信じられている「フェアリードア」です。背景効果で、オリーブも引き立ちます。

花壇のエッジに、愛らしい花をたくさん咲かせたエリゲロン。

草姿が乱れてきたので、思い切って切り詰めました。四季咲きタイプなので、しばらく休んで再び咲きはじめます。

飾る場所は あらかじめ準備

アジュガの鉢を持ち上げてみると、テラコッタのタイルと鉢台が。飾る場所をあらかじめ決めておき、季節ごとに盛りの花をチェンジさせる方式だと管理も楽。小さな庭では、ぜひ取り入れたい方法です。

大きく茂るものは コンテナで

夏の日差しに負けないペチュニアの仲間たち。大きく茂るのはうれしいけれど、小さな庭ではほかの植物とのバランスを保つのに苦戦しがち。コンテナ植えにして、思いっきりのびのびと育てます。

ニュアンスカラーの栄養系ペチュニアが、サビの出たバスケットとマッチ。

玄関前の飾り棚に、おしゃれな小鉢を並べました。ひとつひとつが個性的な鉢をたくさん並べると雑然としがちですが、テイストを統一して色数を抑えているため、すっきりとした印象です。テーマカラーはブルー。赤いコンテナとアエオニウムのボルドー色が、差し色としてアクセントになっています。

テイストを合わせた雑貨で統一感を演出

ハイジさんのガーデンには、かわいらしいオーナメントやおしゃれな鉢がたくさん。ガーデンの写真を撮るのが楽しみというだけあって、「絵になる」コーナーばかりです。アンティーク雑貨とも相性がよい多肉植物は、小さな鉢でも育てやすいお役立ち植物。

重量制限を気にしなくていい安心フック

コンクリート製の擬木は、がっしり頑丈で腐る心配がありません。ただし、釘を打ったり木ネジで留めつけたりするのが面倒。「施工のとき思い切って業者さんに頼んだら、フックを快く取り付けてくれました。重いハンギングバスケットを吊り下げてもびくともしないので、ストレスがありません。」

誘引は裏から

幅広の格子に直接ひもなどを括りつけると、案外目立つもの。植物を支えるために目隠しフェンスを利用するには、ちょっとしたコツがあります。ヒントは裏側。格子の裏に支柱を立て、表の隙間から顔をのぞかせた支柱部分にひもを括りつけると目立ちません。

裏から見た支柱

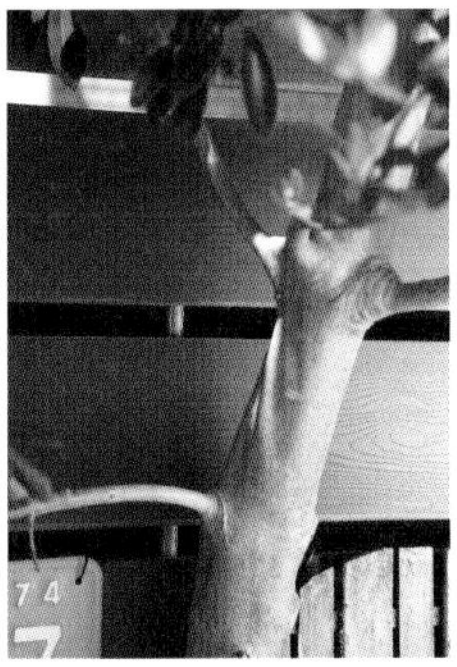

表から見た支柱

庭づくり 実例2

レンガ敷きスペースと正面のレイズドベッドの組み合わせで、サンクンガーデン風に演出。左側は土を盛って築山風にデザインした宿根草＆球根ガーデン。一年草はガーデン手前に配置したり、コンテナに植えたりして楽しみます。

メンテナンスこそ楽しみ

現在進行形で変化し続ける ゼロからのDIYガーデン

神奈川県・金子邸

それまでも戸建ての庭でガーデニングを楽しんでいた金子さん。バラのアーチが見事で、近所でも評判でした。新築の新居への引越しをきっかけに、新たな庭づくりに取り掛かります。

「旅行が好きで国内外さまざまなガーデンを巡るうち、自分でもこんな庭をつくりたい……と思うようになりました。」と、金子さん。すべて自分の手でつくりたいと、ゼロからの庭づくりに挑戦しました。

「業者さんに頼めばきれいに整ったものができるかもしれないけれど、それではおもしろくないと思って。」

　最初に取り組んだのは、残土処理と除草でした。家の建築で掘った残土を

角地に建つ金子邸。写真右の西側が玄関、二階ベランダ下がリビング。手前の道側からはコニファーなどの植栽で目隠しされ、庭が見えないレイアウト。

玄関わきから庭へは、バラのアーチがお出迎え。

金子邸の庭づくり

建築後の残土の山を整地して、
園路の整備、正面のレイズドベッド作成、
手前オープンスペースのレンガテラスなど、
少しずつ作業を進めました。向かって左側の築山は、
土を盛り上げた宿根草&球根ガーデン。

車道側から見た、作業前の庭。残土にブルーシートがかかった状態です。

築山

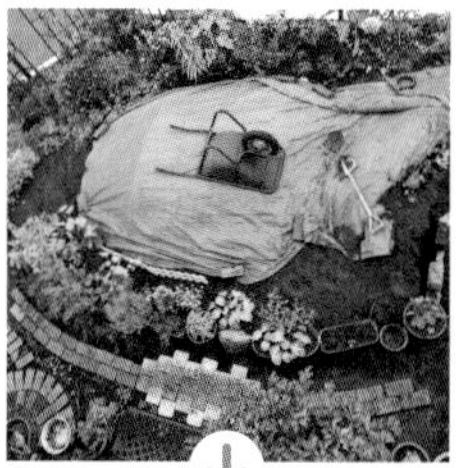

除草と整地作業中は、雨にあたらないようにブルーシートで覆いを。

築山の斜面の土留めは、レンガとコンテナで。白い色は、球根を植えた位置にまいた軽石。

ブルーシートが少しずつ剥がされて、ようやく植えつけ開始！

約１年後、こんなに植物が生長しました。

オープンスペース

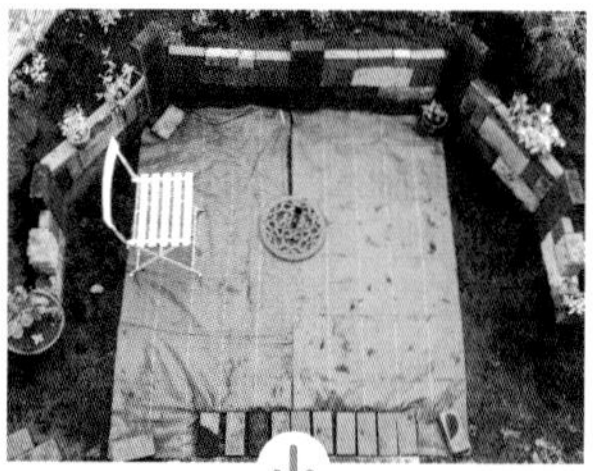

地面をならして固め、雑草が生えにくいように防草シートを敷き詰めます。

スペース中央はレンガ、周囲は大きめのタフステンストーンや擬木を並べて変化を。デザインのアクセントになって、スペースが広く感じられます。

庭づくりのために残してもらったものの、積み上げられた状態。造成前は畑だった土地で土の状態は悪くありませんでしたが、雑草がはびこっていて、すぐには植物を植えられません。

「毎日毎日、スギナ（雑草）との戦い。土を掘り起こしてスギナを抜いて、土を小山に積み上げて……。スギナ駆除だけで、半年はかかりましたね。」

リビングの窓から眺められる庭は、海外で見たサンクンガーデン風のデザインに。一般にサンクンガーデンとは一段低い半地下のような位置に設えた庭園のことですが、金子邸では逆に、周囲に約40cm土を盛ってつくりました。リビングやテラスから眺めると広場が一段下がった位置に見え、まさにサンクンガーデンのイメージです。

レンガなどの資材は、旧宅の庭から運んだものを再利用したり、ホームセンターで売り場を歩きながら見つけたり。綿密に計画を立てて準備するより、思いついたところから少しずつ取り組むのが金子さん流です。

「予定通りにいかないことも多いです。材料を買い足しに出かけたら、売り切れていたり（笑）。でも、それが楽しいんです。今、よい状態のところも、時を経て朽ちてくるかもしれない。そうしたら、やり直す予定です。そうして少しずつ庭をつくり変えていくのも、楽しみなんです。」

神奈川県・金子邸

pick up!

庭の骨格づくり

園路

左側の築山の整地中に園路のレンガ敷きを完成させました。「園路ができて、庭の全体的な骨格ができた気がします。」(金子さん)

時間がたって風格が出てきた園路。周囲の植物たちとも、しっくりなじむようになりました。左側は、土を盛り上げてつくった宿根草＆球根ガーデン。テラコッタのコンテナたちが、土留めの役割もしています。

当初は2列だったレンガを、3列に手直しした園路。「一輪車が通るときの脱輪が少なくなりました。」

家の表情を豊かに彩る

外構

不規則に積み上げた自然風ですが、明るい色の石と目地の色合わせには、かなり吟味を重ねました。

Before

玄関前。斑入りやライムカラーなど明るい葉色の植物を多く配置して軽やかな印象に。中央のローズマリーが大きく茂り、道路から玄関への視線をうまく隠してくれます。あざかやかなヘメロカリスの花色と窓枠のオレンジ色がマッチ。

レイズドベッドを道路側から見た様子。石組み施工は、ご主人によるもの。英国コッツウォルズ風の石をチョイスするため、ホームセンターを巡ったり専門業者を訪ねたり。花壇の排水性にも配慮して、ところどころ水抜き穴も施工してある力作です。

Before

大切なゆとりの空間

オープンスペース

「多くのガーデンを巡って感じたのは、心地よいと思った場所には、必ず気持ちのよいオープンスペースがあるということ。自分の庭にも、そんな空間をつくりたいと思いました。」地面を固め、防草シートを敷き、レンガを並べ……という作業を、ひとりでコツコツ進めました。

見やすい&作業しやすい

レイズドベッド

手持ちのレンガや店で気にいったものを購入して組み合わせ。土の量が増えたら、土留めを高く積み直すのも楽しい作業。

Before

椅子に座ったときに、ちょうど目線の高さになるようにレイズドベッドをデザイン。土留めに使ったタフステンストーンやレンガは、あえて統一せず、ところどころ違ったものを組み合わせました。

レイズドベッドを横から眺めたところ。花の少ない時期でしたが、グリーンの濃淡が美しく、ジニアやサルビアなどが彩りを加えます。

表土が目立つ部分は、オニグルミをまいてナチュルに演出。

「築山風に土を盛り上げたのは、北海道『陽殖園』の小高い山の斜面につくられたガーデンの素晴らしさにヒントをもらって。この築山には、100 球以上の球根も植えています。草丈が低い植物は埋もれてしまいがちですが、ここでは球根植物が見上げる位置に咲くので、見栄えがします。」（金子さん）

築山を登るようにして手入れをするのは大変。一見するとわかりませんが、手入れ用の小道が作られていて、足場にしています。

神奈川県・金子邸

pick up!

タイミングよく。手間をかけすぎず

手入れ

宿根草ガーデンを美しく保つには、茂りすぎたところを切り戻したり間引いたりして、風通しをよくし、ほかの植物とのバランスを調整することも大切。ペンステモンやシャスターデージーなどの宿根草は、花後は思い切って切り詰めます。

築山にあふれ咲く、ピンクのモナルダや白いシャスターデージー。道路に面したつるバラたちも花を咲かせ、道行く人たちの目も楽しませます。

玄関わきからガーデンへの遠路の入り口にはバラのアーチがあり、季節を華やかに彩ります。

モナルダが残り、エキナセアなどが咲き始めた初夏の築山。みどり色のグラデーションが美しく、これからユリなど夏の花が咲き始めるのも楽しみ。

part

3

庭に映えるアイテムづくり

花壇やフェンスなど庭に欠かせないアイテムはたくさんありますが、
それをDIYでつくれたら、庭への愛着もひときわアップします。
はじめてでも挑戦しやすいアイテムのつくり方とアレンジ方法を紹介します。
自分だけのアイテムをつくってみましょう。

レンガのミニ花壇

花壇は季節ごとの草花を楽しむ植栽スペース レンガのミニ花壇で庭の一角を彩りましょう

限られたスペースながら、季節ごとに草花を入れ替えて四季を楽しめるのが花壇の魅力です。

花壇は、つくる場所や大きさ、形によっては庭のフォーカルポイントになり、小さな花壇でも庭を彩る華やかなアクセントになります。

レンガの花壇はナチュラルで素朴な雰囲気があり、洋風の庭にはよくなじむエレメントです。

目地を黒くしてより自然な風合いの出る花壇をつくってみましょう。

レンガの積み方を覚えておくと、小さな仕切りやバーベキューコンロなど、アイデア次第で別のアイテムにも応用できます。

難易度 ★★★★☆

製作時間 1~2日

効果 植栽スペースの確保、季節を感じるスペースづくり、庭のイメージづくり

アレンジ スペースに合わせてレンガを積む高さ、幅などを変える。レンガの並べ方や積み方で、壁やバーベキューコンロなどに応用できる

用意するもの

[資材]

- レンガ……45個（高さ50mm×幅200mm×奥行100mm）
- 砂
- セメント
- メトローズ（モルタル混和剤）
- 墨汁

レンガ

セメント

砂

墨汁

メトローズ

[道具]

・遣り方用の端材（杭と板材）	・金属製メジャー	・バケツ
・透明ホース（水盛用）	・定規	・コテ
・水糸	・えんぴつ	・ブラシ
・水平器	・練りクワ（スコップでもよい）	・スポンジ
		・ハンマー

設計図

仕上がりサイズ…高さ170mm×幅2200mm×奥行520mm

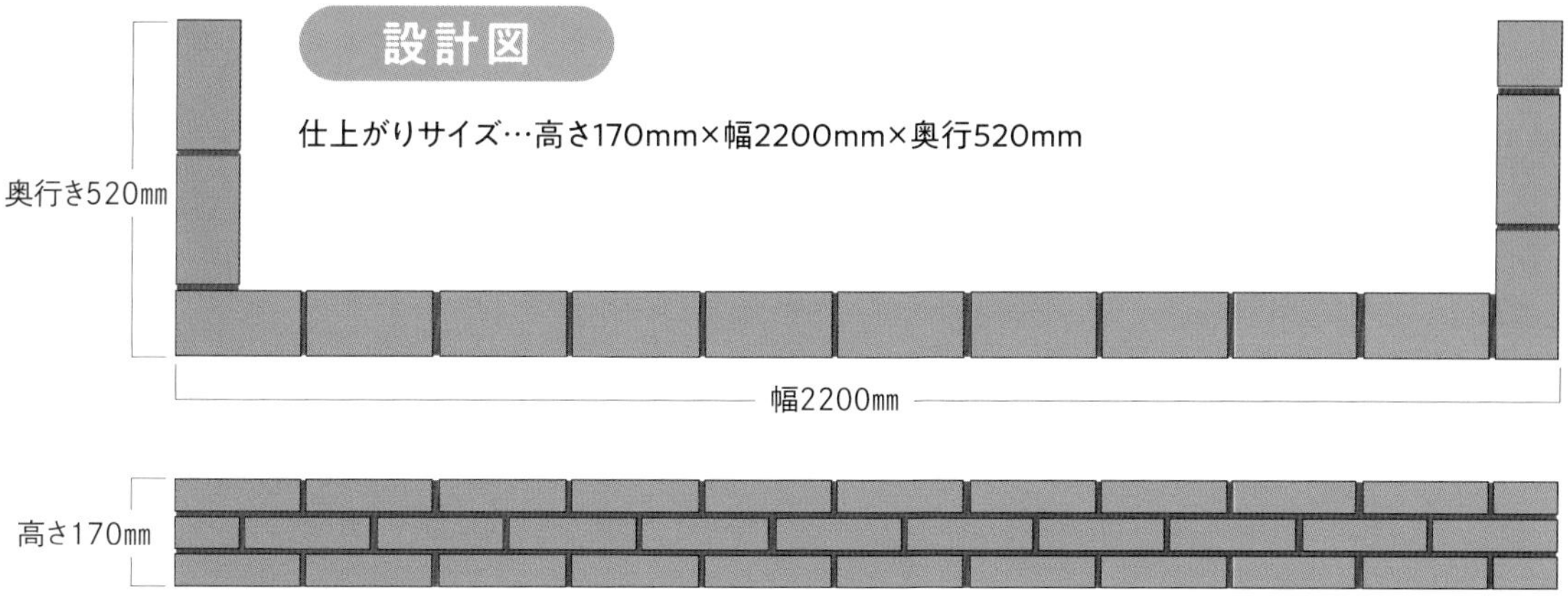

③ 遣《や》り方《かた》のヨコ板を張る

花壇の高さの基準を決めるための「遣り方」を建てる。まずは、板材をヨコにして上辺を杭につけた水位の印に合わせ、クギを軽く打ちつけて杭に固定する。このとき板材の上に水平器を乗せて水平を測るとよい。もう１本杭を立てて、板材に軽くクギを打つ。

ポイント
遣り方は作業終了後に取り外す仮設のもの。クギは軽く留める程度でよい。

手順

① 水平を取る杭を立てる

花壇の側面になる位置にレンガを仮置きし、水平を取るための杭を立てる。反対側の側面にも、だいたい同じ位置に杭を立てる。

② ホースで水平を取る

透明ホースに水を入れ、ホースの片方の口を針金などで一方の杭に固定し、えんぴつで杭に水位の印をつける。印をつけた部分から水位がずれないように確認しながら、もう片方のホースの口も反対側に立てた杭に沿わせ、水位の印をつける。両方の杭に印をつけた位置が水平となる。水とホースを使った水平の取り方で「水盛り」という。

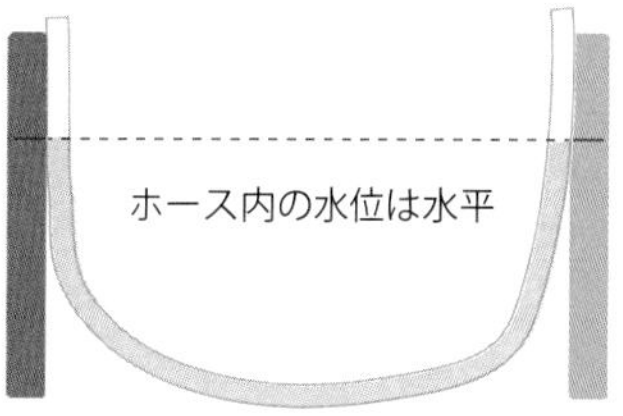

地面の上でホースがたるんでいても問題ない

④ 遣り方のタテ板を張る

板材をタテにして水平器を当て、水平を取ってから軽くクギを打って杭に固定する。花壇のもう一方の側も③、④と同じように遣り方の板を張る。

⑤ 遣り方に高さの印をつける

今回の花壇はレンガ3段積みで、出来上がりは地面から約170mmの高さになる。今回は、水位で水平を取った位置から140mm下がったところが地面から170mmで仕上がりラインとなった。仕上がりラインから60mm（レンガの厚み50mm+目地10mm）ごとに下げて印をつける。花壇のもう一方の側も同じように印をつける。

⑥ レンガ積みの基礎床を掘る

レンガの下（基礎）に、十分な厚み（50mm以上）のモルタルを流すため、基礎床を掘る。⑤でつけた遣り方の一番下の印が、掘った地面から100mm程度の高さになるのが目安。

ポイント
遣り方の一番下の印が地面から100mm程度の高さになるのが目安。

⑦ 水糸を張る

遣り方のいちばん下の印に合わせてクギを打ち、両端の水糸を固定してピンと張る。

⑧ モルタルをつくる

バケツにセメントと砂を1：3の割合で入れ、少量のメトローズを加えてよく混ぜる。よく混ざったら墨汁と水を入れて、クワなどでよく練り、もったりとすくえる程度の状態にする。セメント1袋（25kg）に対し、メトローズ20g程度、墨汁は180cc程度が目安。

DIY ここがポイント

column

レンガの割り方

レンガは強度をもたせるため、積み上げる際には半分ずつ位置をずらして重ねていきます。そのため1個のレンガを半分にカットして使用する場合があります。レンガをカットするときは、ホームセンターなどでも市販されているレンガタガネという道具を使うと便利です。

レンガに対してレンガタガネの歯を直角に当て、ハンマーで軽く叩くと筋ができます。レンガの面を変えてぐるりと1周、筋をつけてから、さらにレンガタガネを当ててハンマーで叩くとレンガがカットできます。強く叩いて一気にカットするのではなく、少しずつ行うのがきれいにカットするポイントです。

9 1段目のレンガを並べる

❻で土を掘ったところにモルタルを流し、水糸で高さと水平を確認しながら1段目のレンガを10mm間隔で並べる。細いコテがあると測りやすい。

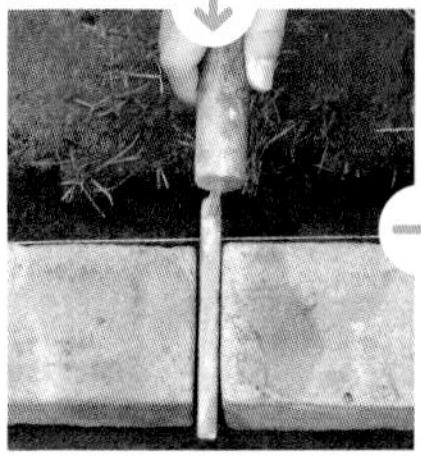

10 目地をモルタルで埋める

レンガとレンガの間にモルタルを入れる。レンガがずれないよう側面も、レンガの半分ほどの高さまでモルタルを塗りつける。1段目が終了したら、水糸を2段目の印に合わせて張り直す。

11 2段目のレンガを積む

1段目のレンガにモルタルを乗せ、水糸で高さを確認しながら2段目を積み、1段目同様、目地をモルタルで埋める。

ポイント

レンガはずらして重ねる。目地はレンガよりも3mm程度へこますように整えると見栄えがよい。

12 3段目のレンガを積む

2段目と同じ要領で、3段目のレンガを重ねる。

13 内側にモルタルを塗る

花壇の強度を増すために、花壇の内側になるレンガにモルタルを塗る。

ポイント

内側に塗ったモルタルをブラシでこすり、なじませる。

14 レンガの汚れを取る

水を含めてしっかり絞ったスポンジで、レンガについたモルタルをぬぐって汚れを取る。レンガの縁についた余分なモルタルは、ブラシでこすってきれいに取り除く。

完成!

一晩おいてから土を入れる。

花壇デザインのいろいろ

花壇のデザインは自由
庭の雰囲気に合うものを検討

季節の草花を楽しむ花壇には、決まったスタイルはありません。

レンガや石で囲いをつくったり、低い柵を設けたりする花壇は、植物のために特別につくられたステージという趣でしょうか。土の面積が少ない庭でも、大きめのコンテナを利用することで、花壇のようなスペースを楽しむことができます。

レンガや木材はナチュラルな花壇に合わせやすい資材です。庭のテイストによっては、アイアンの柵などを組み合わせるのもおすすめです。花壇の位置や大きさは、庭の広さと樹木や建物などの配置バランスを考え検討するとよいでしょう。

最近では、小道や芝生などとの境に特別な区切りをつけず、植栽できる土のスペースがあれば花壇だという考え方も一般的になっています。さまざまなスタイルの花壇を楽しんでみましょう。

レンガの花壇

木材を地面に埋め込み、その間にレンガとタフステンストーン（凝灰石）大谷石を積んだ花壇。モルタルを使っていないため、隙間なく積むのがポイント。

レンガの積み方に動きをつけた花壇。間はモルタルで固定しており、ラフに仕上げても気にならないデザインなので、初心者にも挑戦しやすい。

砂利を敷いた小道の境界にレンガを埋め込んで植栽エリアを確保。花壇を強調せずフラットな仕上がり。

レンガ積みのベーシックな花壇も、レンガの並べ方を変えれば曲線や角度のついた形にできる。大きさも自由なので、しつらえる場所に合わせてカスタマイズを。

花壇をつくる資材

花壇の縁取りに使える資材です。花壇のほかにもペーブメント（⇨ P88）や庭の仕切り、バーベキューコンロなどに使えます。目的に合わせて選びましょう。

レンガ

レンガは粘土をブロック状にして焼いたり圧縮して日干ししたりしたものです。赤茶色のものが一般的ですが、白やベージュ、黒、グリーンなど色のバリエーションは増えています。外国産の輸入レンガや古い建物を解体して再利用するレンガなどは、それだけで味があります。火を使う場所では耐火レンガを、ペーブメントには硬めのレンガを選びましょう。

石

洋風の庭の花壇には、丸みのある川石よりも角のある石のほうがマッチしやすいでしょう。通常、石の形や大きさはバラバラですが、ブロックのように形状を均一に揃えたものもあります。厚みの薄いものは積み上げ花壇がつくりやすく、ペーブメントの敷き物にも使えます。

枕木

枕木は鉄道の線路のレールを支える木材で、古くなったものが再利用されています。使い込んだ木材の風合いに趣があるため、庭づくりによく活用されます。そのままだと 2m 程度の長さがありますが、短くカットしたものも市販されているので、花壇の土留めや柵などに使うには便利です。ある程度の耐久性もあるのでペーブメントに使用するのもおすすめです。

ウッドの花壇

焼き板をタテに並べて柵のような囲いを施した花壇。上部はランダムに段差をつけた。

柱材を倒して土留めに。コンクリートと木材を自然になじませるため、間にタマリュウを植え込んでいる。

土のない場所に木材で組み立てたボックスを設置。DIY すれば、大きさも自由に変えられるので、植え込みのバリエーションも広がる。

石の花壇

板状の石を積み上げ円形に仕上げた花壇。石の大きさにばらつきがあり、石の色みも微妙なグラデーションがあるため、自然な風合いが増している。

縁に石を置いて土留めにしている。ほふく性の植物が花壇から溢れ、ワイルドな印象の石をやわらかな雰囲気にしている。

石を並べたり積み上げたりして花壇をつくります。ゴツゴツした大きめの割栗石は、土に押しつけるように固定しながら並べるだけでも OK。

ペーブメント

庭の小道やアプローチになるペーブメント。つくり方を覚えればデザインは自由に変えられます

ペーブメントとは舗装した歩道のことで、庭の小道もペーブメントのひとつです。

庭の中の小道は、人を誘導しながら庭への期待を高めてくれるアイテムで、植栽スペースとの境界を担う役割もあります。

ここで紹介するペーブメントは、レンガや枕木を配置して真砂土で固めるものです。

レンガや枕木の配置は自由で、配置する資材は石やタイルなどに変えてもOKです。

真砂土は水をかけるだけで固定するため、初心者でも扱いやすく、アースカラーの色合いが自然に調和した仕上がりになります。

難易度	★★★★☆
製作時間	2~3日
効果	歩道、植栽スペースと境界、 庭に奥行きをつけ立体的に見せる
アレンジ	資材の敷き方は自由にできる。 小道のほか、 エントランスやガーデン家具を 置くスペースなどにもおすすめ

ここで紹介するペーブメントと同じ方法で施工した小道（右）やエントランス(左)。時間を経ることで風合いが増していく。

用意するもの

[道具]

- シャベル
- 水糸
- 水平器
- 金属製メジャー
- バール
  (スコップでもよい)
- バケツ
- 練りクワ
  (スコップでもよい)
- コテ
- ハンマー
- 金ブラシ

枕木

レンガ

砂

セメント

真砂土

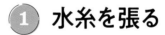

[資材]

- 枕木…4本
  (厚さ150mm×幅200mm×長さ2100mm)
- レンガ…27個
  (高さ50mm×幅200mm×奥行100mm)
- 砂
- セメント
- 真砂土

設計図 仕上がりサイズ…幅830mm×長さ4600mm

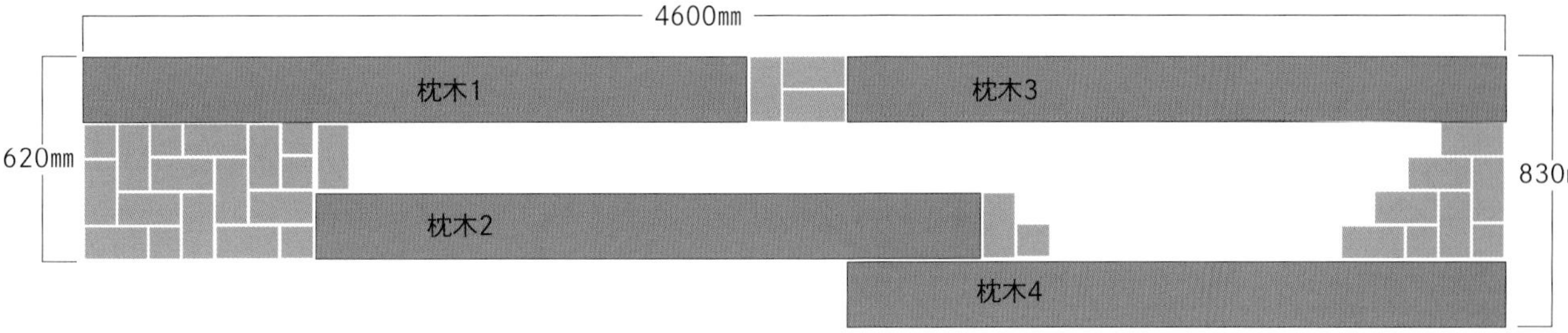

手順

1 水糸を張る

ペーブメントの仕上がりの長さの両端に杭などを立てて、地面の高さに合わせて水糸をピンと張る。水糸の水平は目視でかまわない。

2 土を掘る

設計図の［枕木 1］を置く場所の土を掘る。水糸から深さが約180mm（枕木の厚さ 150mm+敷き砂の分 30mm）程度が目安。

3 枕木を設置する

土を掘ったところに砂を入れ、水糸に沿うように枕木を乗せる。枕木を左右に動かすと、砂が動いて平らに設置できる。

ポイント
砂は中心が高くなる山型にして、3 カ所くらいに置くとよい。枕木の重みで砂が動き設置しやすい。

4 枕木を固定する

③で設置した枕木の下に、さらに砂や土を詰める。枕木が動かないように足で支えながら、バールやスコップで砂や土をついて詰め込み、枕木の下にすき間ができないようにして固定する。枕木の上に水平器を置き、平らになっているか確認しながら行う。

ポイント

枕木の上に乗り体重をかけながら行うと、詰め込んだ砂や土がしっかり固まる。

5 残りの枕木も固定する

残りの枕木3本も、②～④の作業をくり返して同じように固定する。

枕木3
枕木4
レンガ3個分
程度の空き
枕木2
枕木1
レンガ1個分
程度の空き

6 土を踏み固める

レンガと真砂土を乗せる部分の土を足で踏み固めておく。セメントを下に敷くため、レンガを仮置きしたときに枕木よりも20mmほど低くなるようにしておく。

7 レンガを仮置きする

レンガを仮置きして配置をシミュレーションする。写真はヘリンボーン（⇨ P93）というスタイルの並べ方だが、好みの配置でかまわない。

8 セメントと砂を混ぜる

バケツにセメントと砂を1：3の割合で入れてよく混ぜる。

DIY ここがポイント

column

コテを手づくりする

土の表面を平らにならすのに便利なのが長いコテです。市販では見つけにくいですが、端材などで簡単に手づくりできます。

板材にクギを打って持ち手をつけるだけです。ポイントは板材の先の角をノコギリで切り取っておくこと。こうしておくと、土をならすときにひっかからずスムーズに動かすことができます。

9 レンガの下にセメントと砂を敷く

仮置きしたレンガを移動させ、レンガを置く位置にセメントと砂を混ぜたものを敷く。表面はコテなどで整える。

ポイント
直線のペーブメントの場合は、側面に板を設置すると作業がやりやすい。

10 レンガを並べる

⑨の上にレンガを並べる。レンガの上に木の棒や板などを置き、ハンマーで軽く叩いて高さを揃えながら固定する。

ポイント
⑧のセメントと砂に水を加えモルタルをつくり、レンガの側面に塗っておくとしっかり固定される。

11 真砂土を入れる

全体に真砂土を入れ、木の板やコテなどで平らにならす。真砂土がレンガの目地にも入るようにする。

ポイント
真砂土を平らにならす際、レンガがずれてしまうことがあるので、レンガの上には乗らないようにする。

12 水をかける

シャワーノズルがついたホースを使って、全体に水をかける。レンガや枕木の上の土を洗い流すように水をかけ、最後に金ブラシで枕木の汚れを落とす。

完成!

水が乾けばOK。真夏は翌朝にもう一度水をかけて、1日置く。

小道デザインのいろいろ

短い距離でも庭のおしゃれ度がアップ

庭に設ける小道は、長い通路にする必要はありません。２～３ｍでも素敵な小道があると、格段におしゃれな雰囲気になります。短い距離なら直線でいいですが、余裕があるなら曲線をつくると庭に奥行きが出てきます。

地面に敷くレンガなどの資材はペイビングと呼ばれます。小道をつくるうえで大切なのは、くり返し歩いているうちにペイビングが沈んでしまわないよう地面を固めること。とはいっても、ＤＩＹで挑戦するなら、足でしっかりと踏み固めたり、角材などで突き固めたりするだけでも十分です。多少くずれてきた姿も味わい深く感じられます。

ペイビングで模様をつくったり、規則的に並べたりしたい場合は、設計図をつくっておきましょう。準備するペイビング材の数量がおおよそ把握でき、作業もスムーズです。

レンガの小道

正方形のレンガを多用して模様が施された小道。隙間には砂利を詰め、グリーンも少しずつ顔を出している。

道に沿ってレンガをタテに並べ、途中に円形のブランクを設けた。モルタルに小石やタイルを埋め込み、方位盤をデザイン。

直線からやや湾曲する道は、レンガの大きさと敷き方に変化をつけることで歩く楽しさがアップする。

石の小道

大きさの異なるゴツゴツした石を設置。土がむき出しになるところには細かい砂利を敷いて石となじませている。

レンガの並べ方

レンガで小道をつくるなら、レンガの敷き方も意識してみましょう。伝統的なパターンには次のようなものがあります。

ランニングボンド

バスケット

ハーフバスケット

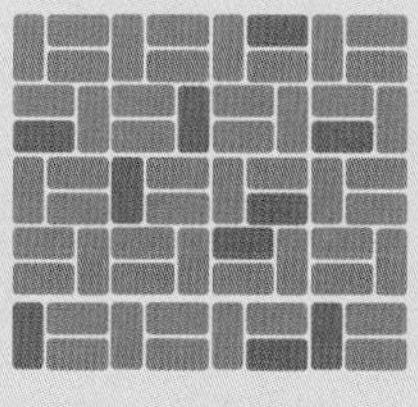

ヘリンボーン

ホウレッド

ウッドの小道

角材を等間隔に並べた小道。わずかに曲線のある道だが、角材を左右にずらして並べることで、実際よりも曲線の効果が大きく表れている。

焼き加工を施した木材をステップに合わせて配置。隙間は土を残して、グランドカバーのグリーンが成長するのを待つ。

四角形のペイビングをパズルのようにはめ込んだ小道。枕木をメインにして、隙間にタイルや石を並べた。

固まる土舗装で道をつくり、円形の石板をランダムに配置。あえて道からはみ出すように石を並べ、動きをもたせた。

庭の奥へ誘導するように、芝生の庭にモチーフ入りの石板を曲線状に配置したアプローチ。

防草シートの敷き方

防草シートを使う場所は庭づくりの計画段階で検討を

どんなに大好きな庭でも、雑草取りが大変になってくると庭での作業が重荷に感じてしまうこともあります。花壇や小道づくりの段階で、防草シートをうまく取り入れることを考えましょう。

砂利を敷く場所には、砂利の間から雑草が伸びないよう必ず防草シートを使いましょう。植栽エリアの場合も、防草シートに穴を開けて植えつけるようにすると、雑草管理が楽になります。ただし、つる性の植物など茎が伸びたところから根を張って成長するタイプや、グランドカバーなどを這わして管理する植物はシートが生長の妨げになります。植物の性質を把握して、防草シートを使う場所を検討しましょう。

防草シートを敷き、植物の植えつけをしたら、砂利やウッドチップなどのマルチング材を置いて、シートを隠します。

用意するもの

[道具]

- ハンマー
- カッターやハサミ

防草シート

Uピン

押さえ穴

[資材]

- 防草シート
- Uピン
- 押さえ穴

手順

1 地面を平らにする

石などを取り除き、シートを敷く地面を平らにする。

2 シートを広げる

巻いてあるシートを転がしながら広げ、必要な大きさにカットする。

3 端からピンを打つ

シートの位置を決めたら、まずはシートの隅にピンを打って固定させる。

ポイント

2枚のシートをつなげるときは、シートを重ねてピンを打つ。シートは地面が出ないようしっかり重ねる。

植物を植えつける場合

1 シートに穴を開ける

植えつける位置を決めたら、ポットの大きさに合わせてカッターやハサミなどでシートを切り取る。地面の露出を少なくするため、ポットよりも少し小さめのほうがよい。

2 地面を掘る

植物を植えつけるために、穴の部分の土を掘る。

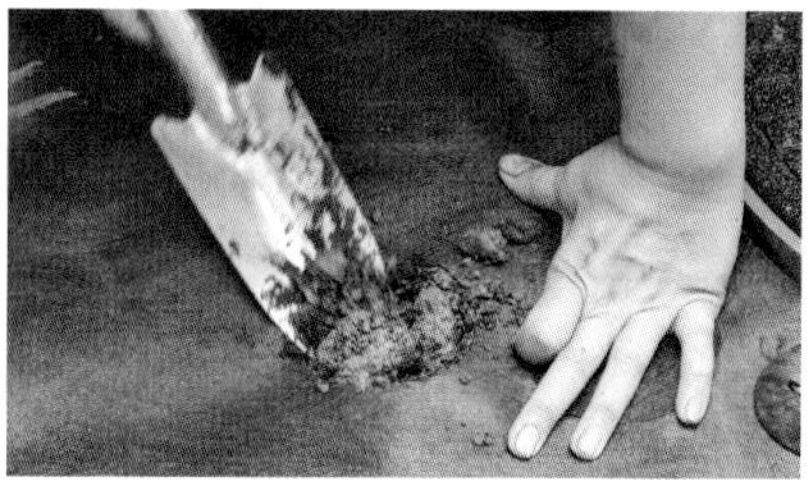

3 苗を植えつける

通常通り苗を植えつける。防草シートは水を通すので、水やりは株元やシートの上から行う。

DIY ここがポイント

column

シートとピンの選び方

防草シートはホームセンターなどで購入することができますが、価格帯はさまざまです。安価なのはポリプロピレン製ですが、一般的に耐用年数が短くなります。耐用年数が短いということは、シートの敷き直しの頻度が高くなるとうことです。長い目で見れば、多少値が張っても、ポリエステル製の織り目が密なものを選ぶのが安心です。

シートを固定するピンは、シートとは別売りです。通常はＵピンの２本足タイプを使いますが、地面に石が多い場合は、１本足タイプのほうが打ち込みやすくなります。地面の状態によって選びましょう。

4 全体をピンで固定する

シート全体をピンで固定する。

ポイント

シートが雑草で持ち上がらないように、30 ～ 50cm 間隔で固定していく。

5 突起物のサイズに穴を開ける

浸透桝などがある場合は、カッターやハサミなどでシートを切り取る。できるだけ、すきまができないよう切り取る。

6 切り取った部分も固定する

切り取った部分にもピンを打って、シートを固定させる。

ウッドフェンス

目隠しに便利なウッドフェンス
板の色を変えれば庭のイメージも一新

ウッドフェンスはプライベートな庭の目隠しとして有効なアイテムです。
通りなどからの直接的な視線を遮ることができますし、
逆に、外部の余計なものを見えないようにすることで
庭の世界観を保つことができます。
フックなどを取りつければ、物を吊り下げて収納したり、
ハンギングバスケットなどを飾ったりすることも。
ひとつあるだけでいろいろと活用でき、
板の色やテクスチャーを変えれば庭のイメージを一新することができます。
大きなアイテムだけに手作りすれば愛着もひとしお。
庭の隅などに設置できるL字型のウッドフェンスをつくってみましょう。

難易度	★★★☆☆
製作時間	2~3日
効果	目隠し、収納、飾り壁、庭のイメージづくり
アレンジ	板の色や高さ・幅などサイズを変える。 L字型ではなく1枚壁にする

用意するもの ✨

［資材］

- 柱材…4本（60 mm角×長さ1800mm）
- 長辺用板材…9枚（厚さ15mm×幅90mm×長さ2400mm）
- 長辺用笠木材…1枚（厚さ15mm×幅90mm×長さ2430mm）
- 短辺用笠木材…1枚（厚さ15mm×幅90mm×長さ600mm）
- 短辺用板材…9枚（厚さ15mm×幅90mm×長さ600mm）
- 接続用の角材…1本（30 mm角×長さ1050mm）
- ステンレスビス 75mm…8本
- ステンレスビス 45mm…93本
- 屋外用の防腐塗料
- 砕石（路盤材）
- 砂
- セメント
- 川砂利

柱材　　板材　　笠木材　　接続用の角材

砕石

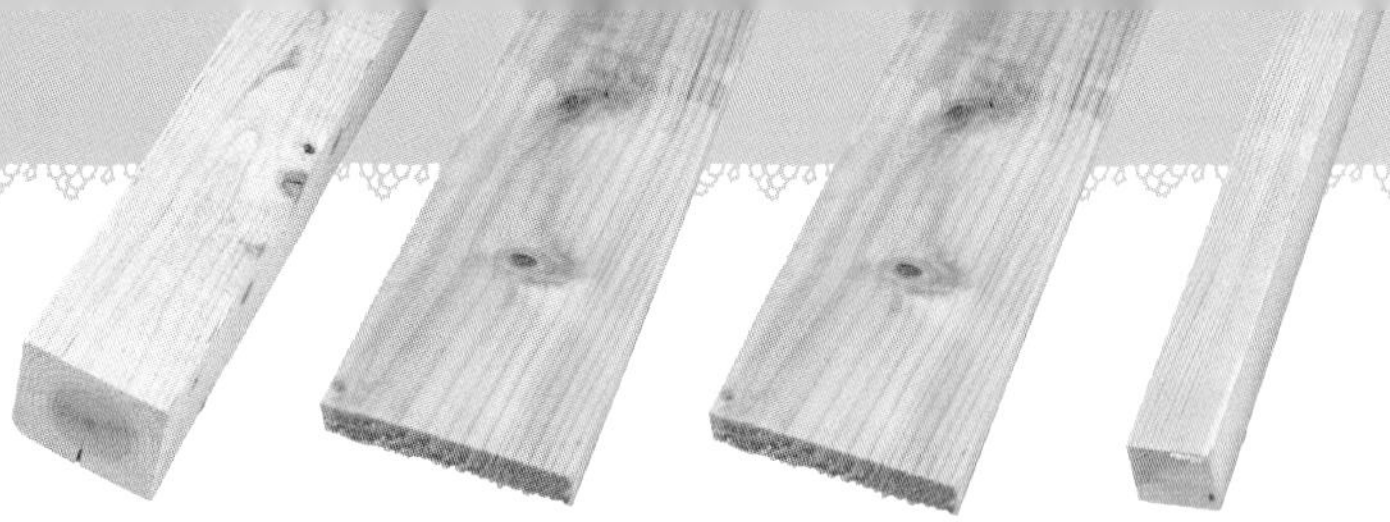

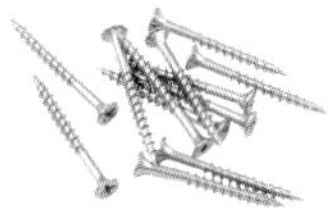

ステンレスビス

砂　　川砂利　　屋外用の防腐塗料　　セメント

［道具］

- 金属製のメジャー
- 穴掘り用スコップ（シャベル、クワでもよい）
- 赤えんぴつ
- スコヤ（定規でもよい）
- ハケ
- 練りクワ（スコップでもよい）
- バケツ
- インパクトドライバー（ドリルドライバー、ドライバーでもよい）
- コテ（スコップでもよい）
- 水平器
- 水糸

DIY ここがポイント

木材の準備の仕方

column

　木材を購入するときは、ホームセンターの工作室サービスを利用しましょう。必要な木材のサイズと数を伝えれば、希望した通りに用意してくれます。

　お店の人に正確に伝えるためには、簡単でもよいので設計図を描くのがおすすめです。そのときにサイズも記載しておきましょう。自分の設計図に自信がないときには、どんなものを作りたいのか相談すれば、アドバイスしてくれます。上手に利用しましょう。

設計図

仕上がりサイズ…高さ1400mm×L字長辺2400mm×L字短辺600mm

板材2400mm
笠木材2430mm
板材・笠木材600mm
笠木15mm
板90mm
目地30mm
接続用の角材1050mm
30mm角
柱材1800mm
60mm角

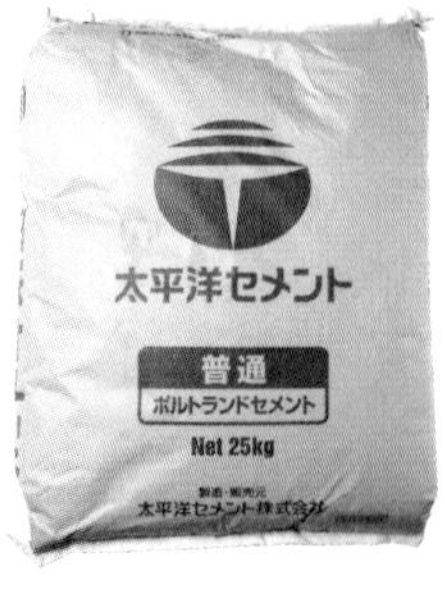

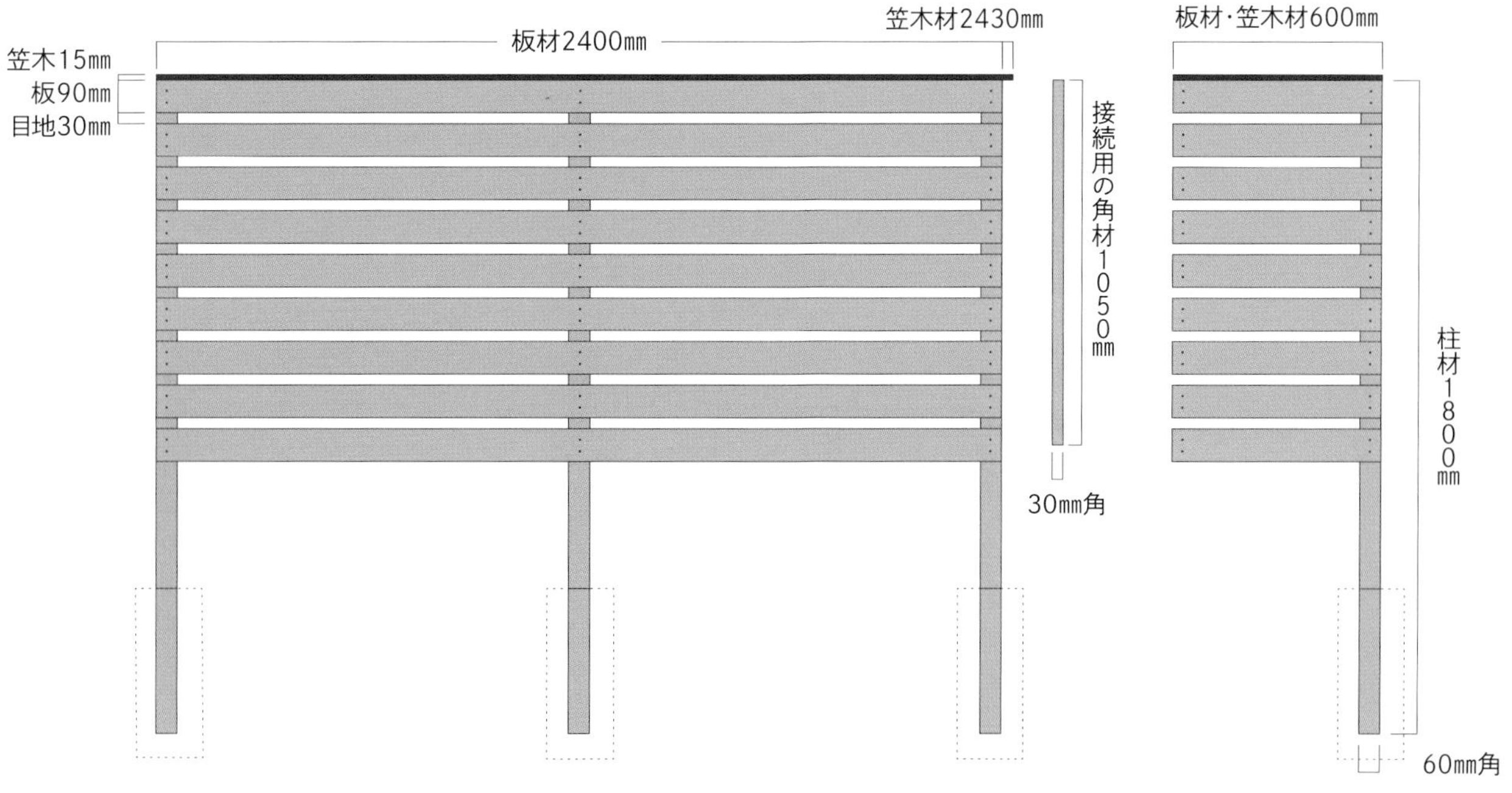

手順

① 木材に防腐塗料を塗る

使用する木材すべてに屋外用の防腐塗料をハケで塗り、乾かす。

> **ポイント**
> 小さい面も残さずに塗る。

図1

- 120mm
- 板材 90mm＋目地 30mm
- 400mm

② 柱材に印をつける

柱材に板を張る場所と地面に埋め込む分の位置に赤えんぴつで印をつける。⇨ 図1

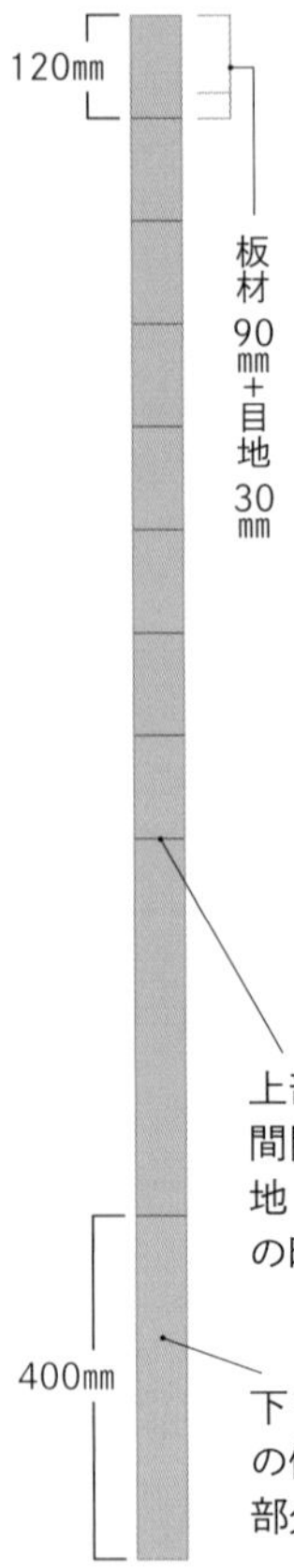

上部の端から、120mm間隔（板幅90mm＋目地30mmの分）で、8本の印をつける。

下部の端から400mmの位置（地面に埋め込む部分）に印をつける。

③ 板材に印をつける

ビスを打つ位置に赤えんぴつで印をつける。⇨ 図2

端から1200mm（板材の中心）の位置で、上下それぞれから30mmの位置にビス用の印をつける。

端から30mmの位置で、上下それぞれから30mmの位置にビス用の印をつける。もう一方の端も同じようにつける。

図2

- 30mm
- 30mm
- 30mm
- 1200mm
- 長辺用板材 2400㎜
- 30mm
- 30mm
- 30mm

柱材（60mm角）の中心

- 30mm
- 30mm
- 短辺用板材 600㎜
- 30mm
- 30mm

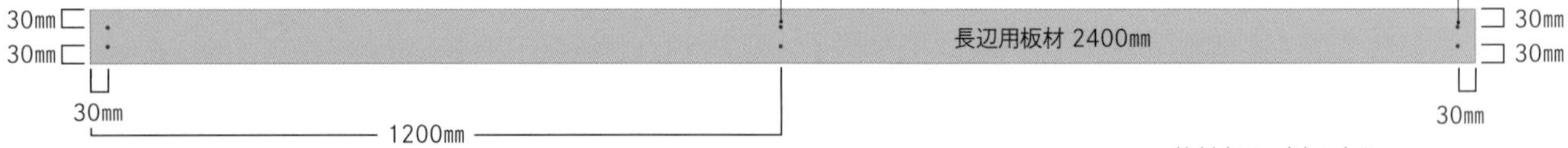

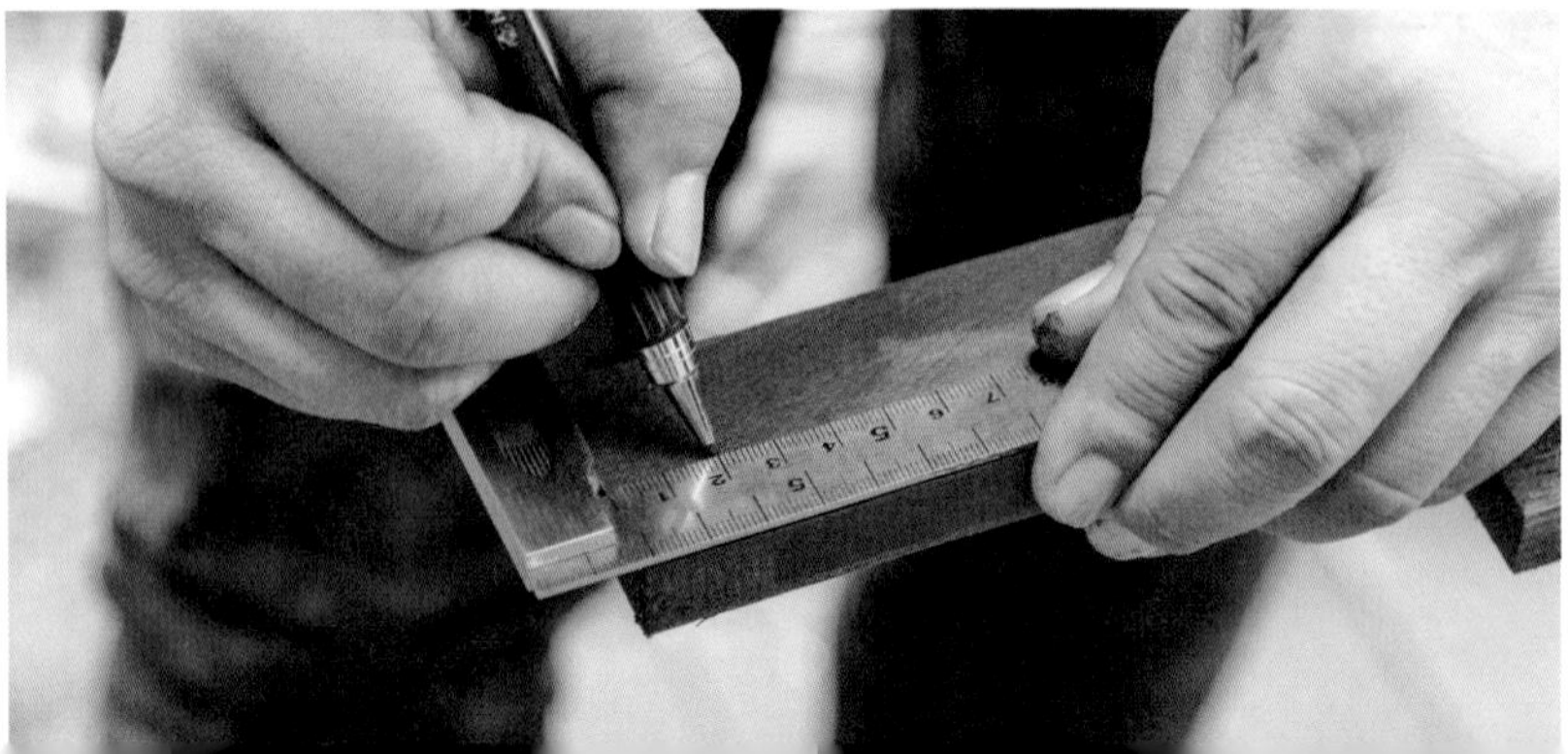

4 設置する位置を決める

幅 2400mm をメジャーで測り、長辺の両端と中心に立つ柱の位置を確認する。

5 穴を掘る

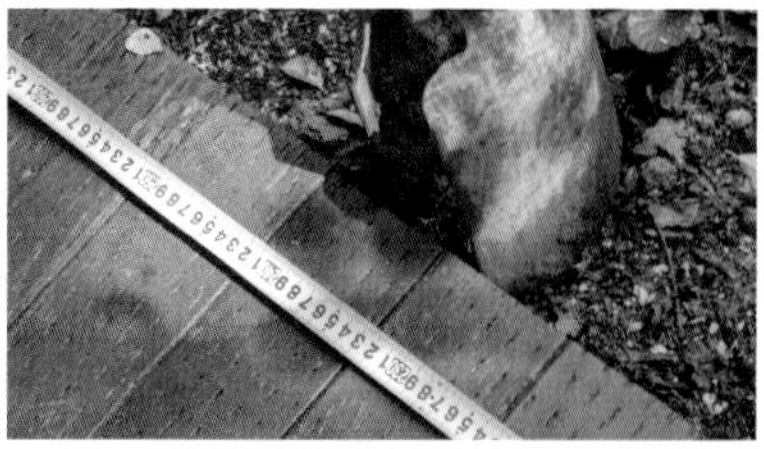

柱を立てる穴を 3 カ所掘る。今回は柱材を 400mm 埋めるので路盤材を入れるスペースを足して、地面から 500mm 程度の深さの穴にする。

ポイント
深さを確認しながら掘る。シャベルやスコップでは、穴の直径が大きくなりがちだが、あまり土を崩さず、できるだけ小さくおさめる。

6 穴の底を固め、砕石を入れる

棒などを突いて穴の底を押し固める。そのあと、砕石を 100mm ほど入れる。

7 モルタルをつくる

バケツにセメントと砂を 1：3の割合で入れ、よく混ぜる。よく混ざったら水を入れて、練りクワなどでよく練る。水は様子を見ながら少しずつ入れて、もったりとすくえる程度の状態にする。

8 両端2本の柱を立てる

一方の端の穴にモルタルを少し入れ、柱材を立てる。柱材につけた 400mm の印が地面（ここではデッキの床面）の高さになるよう調整しながら、モルタルを穴の半分程度の高さまで入れて柱材を自立させる。もう一方の端も同様に柱を立てる。

9 柱をまっすぐにする

両端の柱の外側に軽く打ちつけたクギに水糸をくくりつけ、まずは目視で高さを揃えて水糸をピンと張る。水平器を柱の側面に当てて両手で垂直（角度）を調整する。

ポイント
水糸はできるだけ柱材の端を通るように張ると、柱の高さと位置が取りやすい。

DIY ここがポイント

column

モルタルの処分について

モルタルやコンクリートが残ってしまうと、処分が大変です。基本は自治体のゴミ出し方法に従いますが、処分量や地域によっては産業廃棄物として有料になることもあります。面倒でも様子を見ながら少しずつつくり、足りなければ少しずつ追加するのがよいでしょう。最後はどこかで使い切るのがベストです。

コテやバケツなどの道具は、作業終了後すぐに水で洗い流します。時間を置くとセメントが固まり、道具が使えなくなってしまいます。

⑩ 中心の柱を立てる

中心の穴にも同じようにモルタルを入れ、垂直を取った両端の柱に高さと位置を合わせて柱を立てる。

⑪ いちばん上の板を張る

柱材と板材の上部、端を合わせて、印をつけた位置にビス（45mm）を打つ。まずは3本の柱のうち、両端の2本だけにビスを打つ。ビスを打つときは、木材の端同士をしっかり揃える。

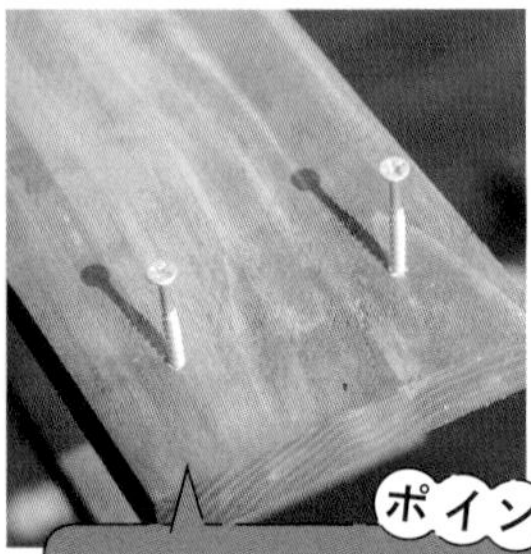

ポイント
ドライバーを使う前に、手でビスの先端を少し埋めておくと作業がしやすい。

⑫ いちばん下の板を張る

柱材のいちばん下につけた印に板材の上部を合わせて、両端の柱にビスを打つ。

ポイント
柱材と板材の端をしっかり揃える。どうしても端が合わない場合は、穴の中のモルタルの量を調整し直して、木材同士の端がきちんと揃うようにする。

⑬ 残りの板を張る

上から順番に板を張っていく。柱材に120mm間隔でつけた印に、板材の上部を合わせて、両端の柱にビスを打つ。

⑭ 真ん中の柱にもビスを打つ

真ん中の柱も印をつけた位置でビスを打つ。1枚壁ができたら柱を固定しているモルタルが乾くのをまつ。L字にせずに1枚壁に仕上げたい場合は、⑲に進む。

⑮ 接続用の角材をつける

1枚壁の端に、接続用の角材をビス（75mm）で打ちつける。上下と真ん中あたりの3カ所で固定する。

⑯ 穴を掘る

接続用の角材から600mmの幅のL字になる位置に、⑤〜⑥の要領で穴を掘り、砕石を入れる。

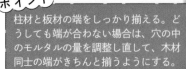

⑰ 柱を立てる

⑦～⑧の要領でモルタルを穴の半分ほどまで入れながら、柱を立てる。水平器で測りながら、柱をまっすぐに自立させる。

⑱ 板を張る

接続用の角材と⑰の柱に板を張る。１枚壁のほうの横板と⑰の柱につけた印とを揃えてビス（45mm）を打っていく。

ポイント
いちばん上といちばん下の板を張ってから、残りを張る。木材同士の端がきっちり揃うようにする。

⑲ 笠木をつける

柱の上に笠木材を乗せてビス（75mm）で固定する。

ポイント
L字の接続部分は、角が合うように短い方の笠木をカットして調整する。

⑳ コンクリートをつくる

バケツにセメント、砂、川砂利を１：３：６の割合で入れ、よく混ぜ合わせる。よく混ざったら水を加え、全体がまとまるまで練りグワなどで再度よく混ぜる。

㉑ 柱を固定する

穴の中にコンクリートを入れ、柱を固定する。コンクリートは押し固めながら、地面の高さまで入れる。

㉒ モルタルで仕上げる

コンクリートの上にモルタルを乗せて、コテなどで山型にする。

ポイント
モルタルは、雨が流れるように地面より高い位置に仕上げる。

完成!

ポスト&レール

ポスト&レールはシンプルな柵のこと。アレンジ次第で使い方の幅が広がる注目アイテム

最小限の柱（ポスト）と桟（レール）を
組み合わせたポスト&レールは、
フェンスほどはっきり目隠ししたくないけれど
最低限のラインを主張したいときや、
植栽エリアの保護などの目的で使われます。
やわらかなフォルムの植物に対して
水平の細いレールは美しいコントラストを生み出します。
また、桟のサイズを変えれば
ベンチやちょっとした飾り棚にもでき、
フックでものを吊り下げたりすることもできます。
素材によって印象が変わるので、
ここでは木製のものと鉄の棒を使ったものの2種類を紹介します。

木製のポスト&レール

鉄棒のポスト&レール

難易度	★★★☆☆
製作時間	各1日
効果	外部との境界線、エリア分けの仕切り、植栽スペースの確保
アレンジ	高さ・幅などサイズを変える。 桟の奥行きを広げてベンチにする。 桟の数を増やしてフェンスにする

木製のポスト&レール

用意するもの ✦

[資材]

- ・柱材…3本（60 mm角×長さ800mm）
- ・板材…1枚（厚さ15mm×幅50mm×長さ2400mm）
- ・笠木材…1枚（厚さ15mm×幅90mm×長さ2440mm）
- ・ステンレスビス 45mm…18本
- ・屋外用の防腐塗料
- ・砕石（路盤材）
- ・砂
- ・セメント
- ・川砂利

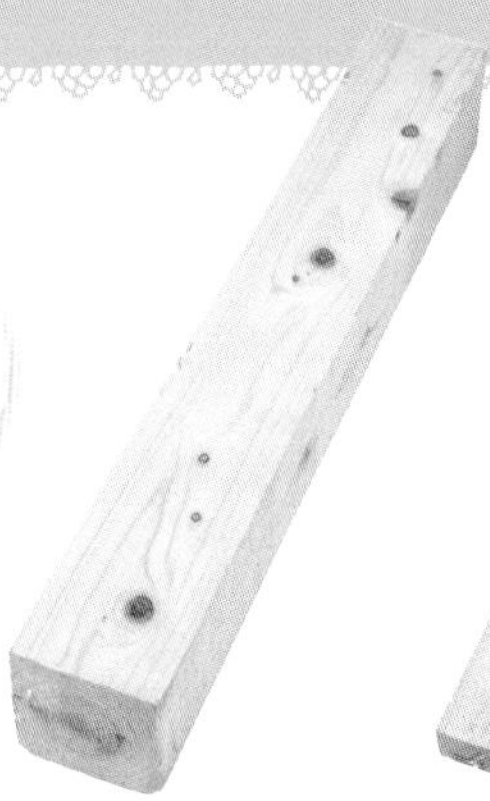

柱材　　板材　　笠木材

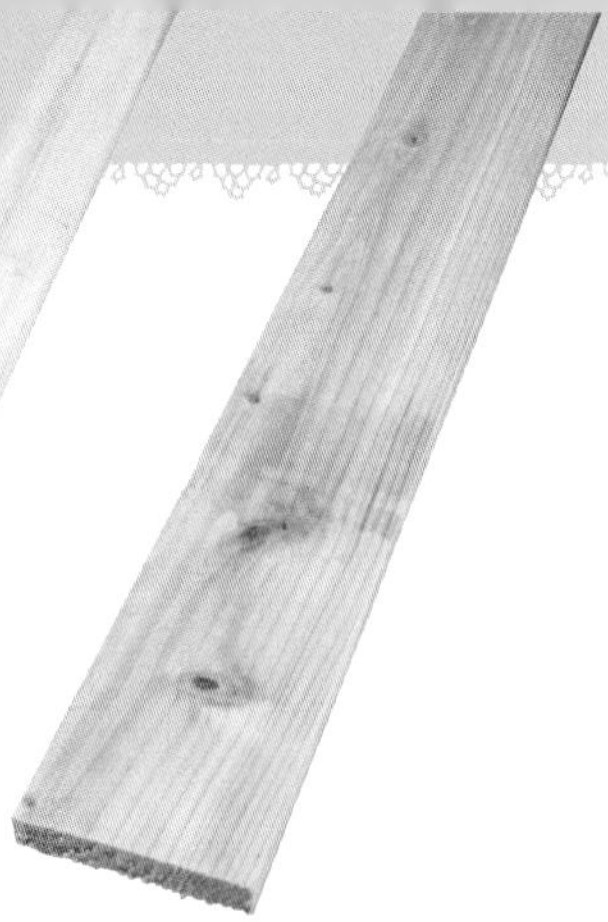

砕石　　屋外用の防腐塗料　　ステンレスビス

[道具]

・ハケ	・インパクトドライバー
・スコヤ（定規でもよい）	（ドライバーでもよい）
・赤えんぴつ	・バケツ
・穴掘り用スコップ	・練りクワ（スコップでもよい）
・金属製のメジャー	・コテ（スコップでもよい）
	・水平器

川砂利　　砂　　セメント

設計図　　仕上がりサイズ…高さ515mm×幅2440mm

笠木材2440mm
板材2400mm
笠木材15mm
135mm
笠木材50mm
柱材800mm
300mm
60mm角

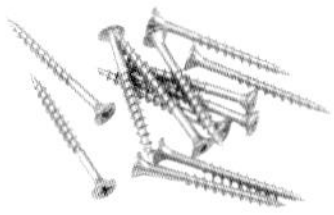

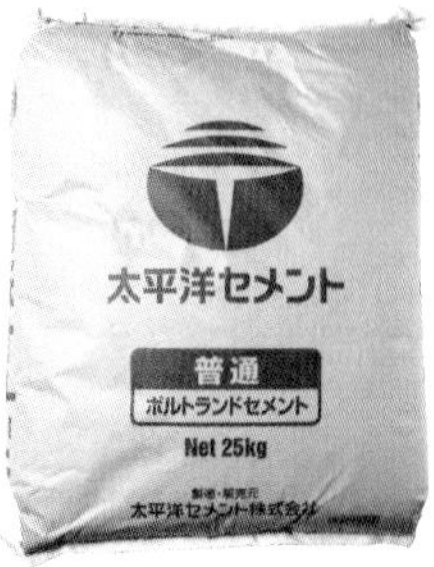

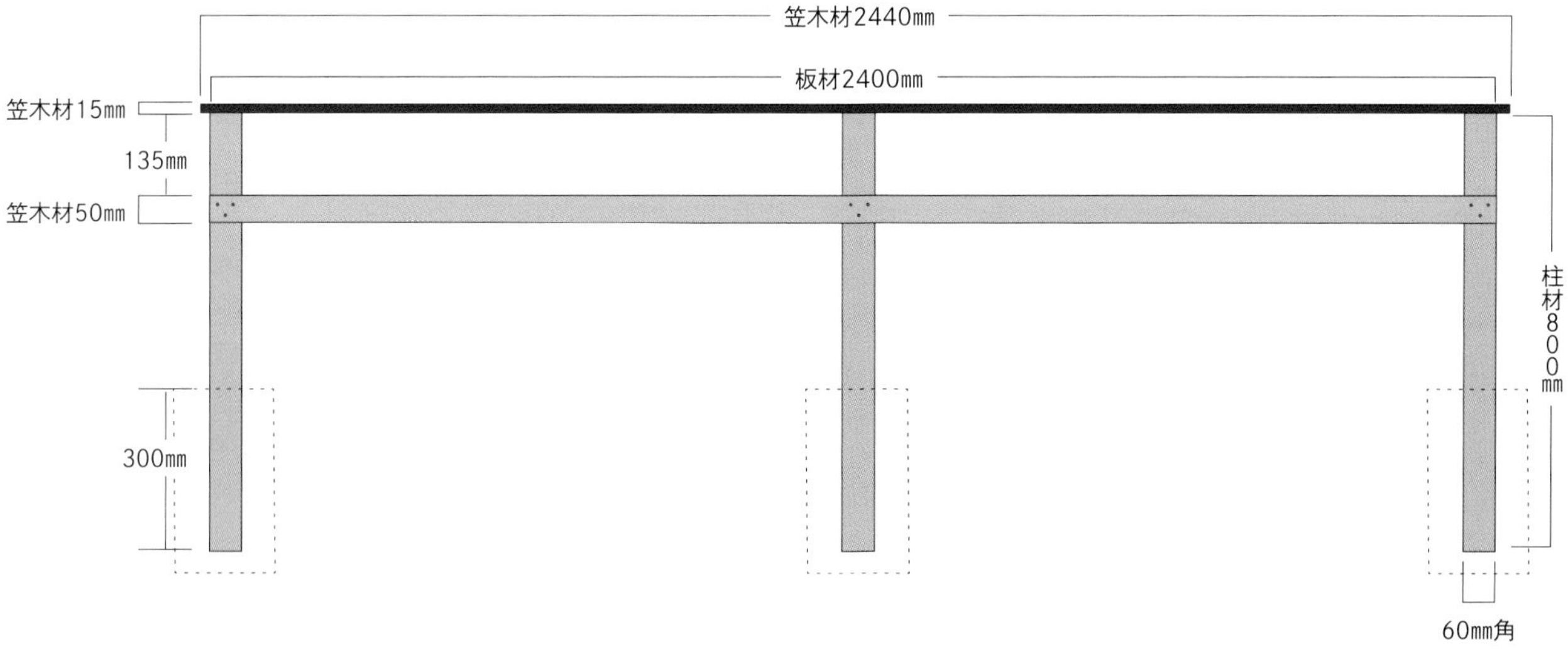

図1 柱材

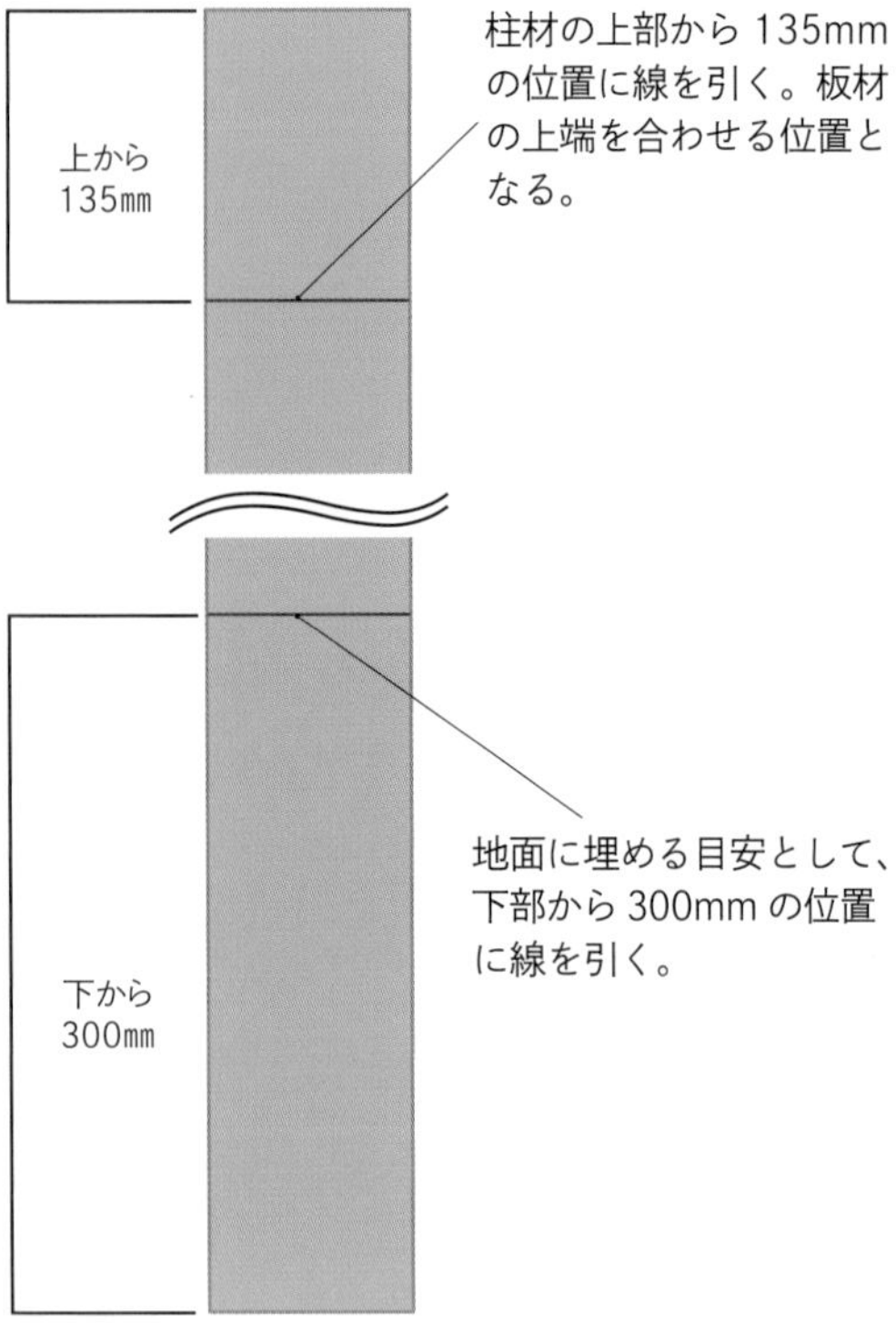
上から
135mm
柱材の上部から 135mm の位置に線を引く。板材の上端を合わせる位置となる。
地面に埋める目安として、下部から 300mm の位置に線を引く。
下から
300mm

図2 板材

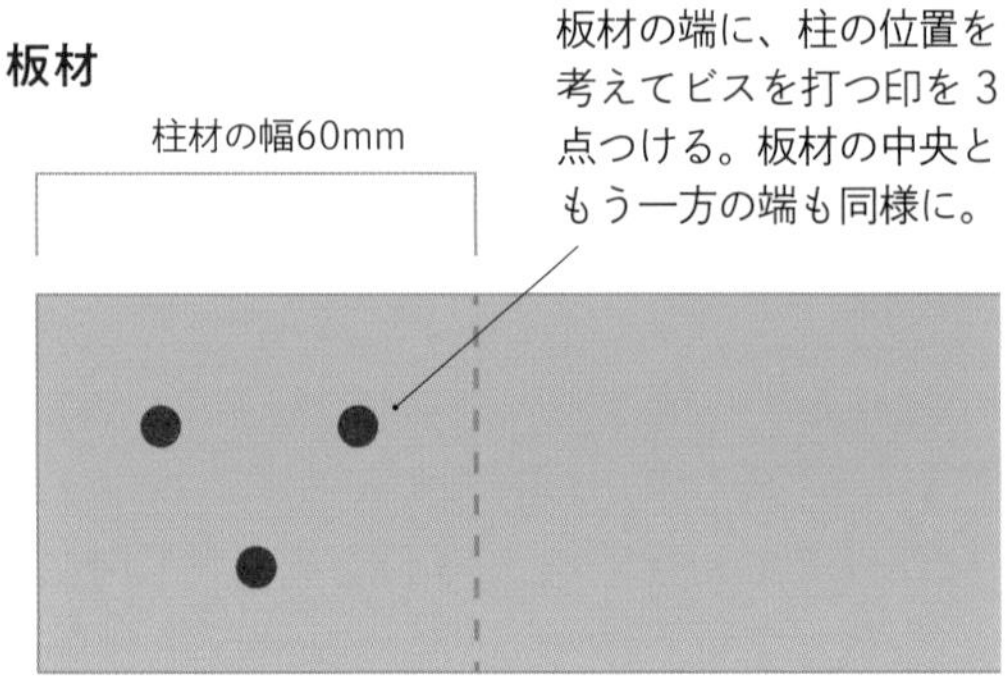
板材の端に、柱の位置を考えてビスを打つ印を 3 点つける。板材の中央ともう一方の端も同様に。
柱材の幅60mm

図3 笠木材

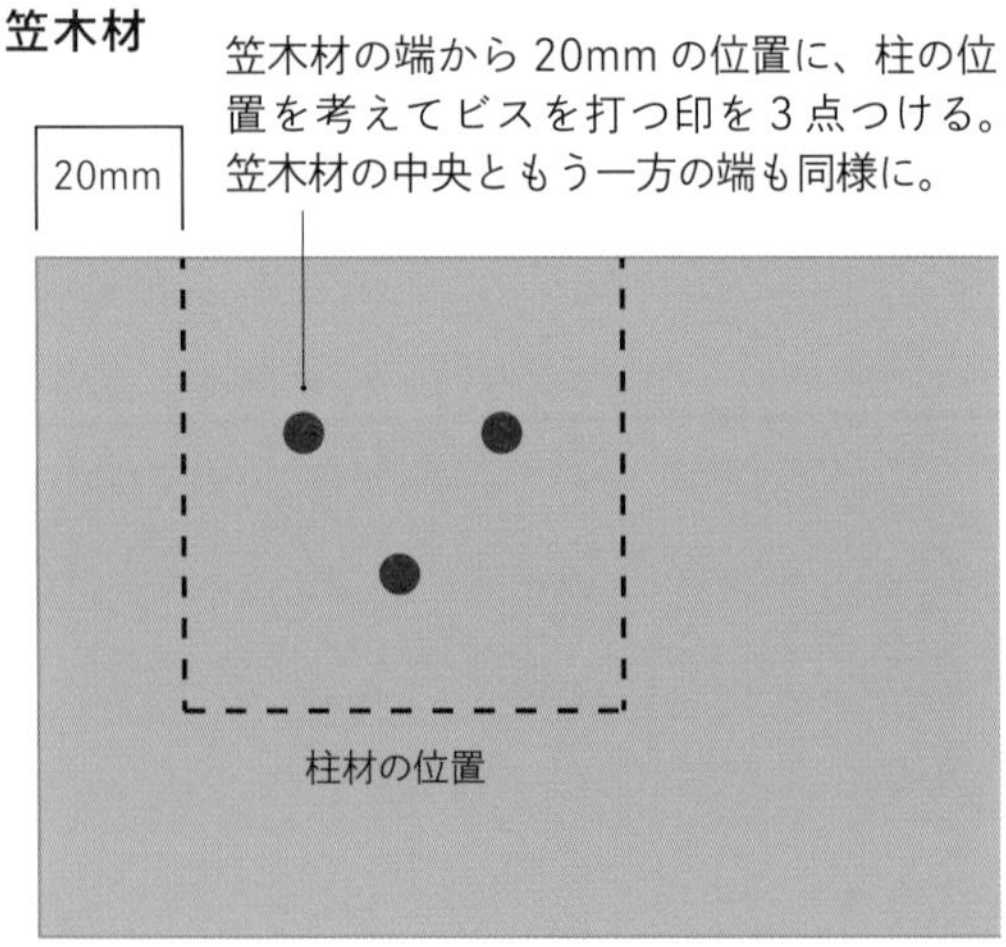
笠木材の端から 20mm の位置に、柱の位置を考えてビスを打つ印を 3 点つける。笠木材の中央ともう一方の端も同様に。
20mm
柱材の位置

手順

1 木材に防腐塗料を塗る

使用する木材すべてに屋外用の防腐塗料をハケで塗り、乾かす。

2 木材に印をつける

柱材には板材を取りつける高さと地面に埋め込む位置、板材と笠木材にはビスを打つ位置に印をつける。

⇨図 1 図 2 図 3

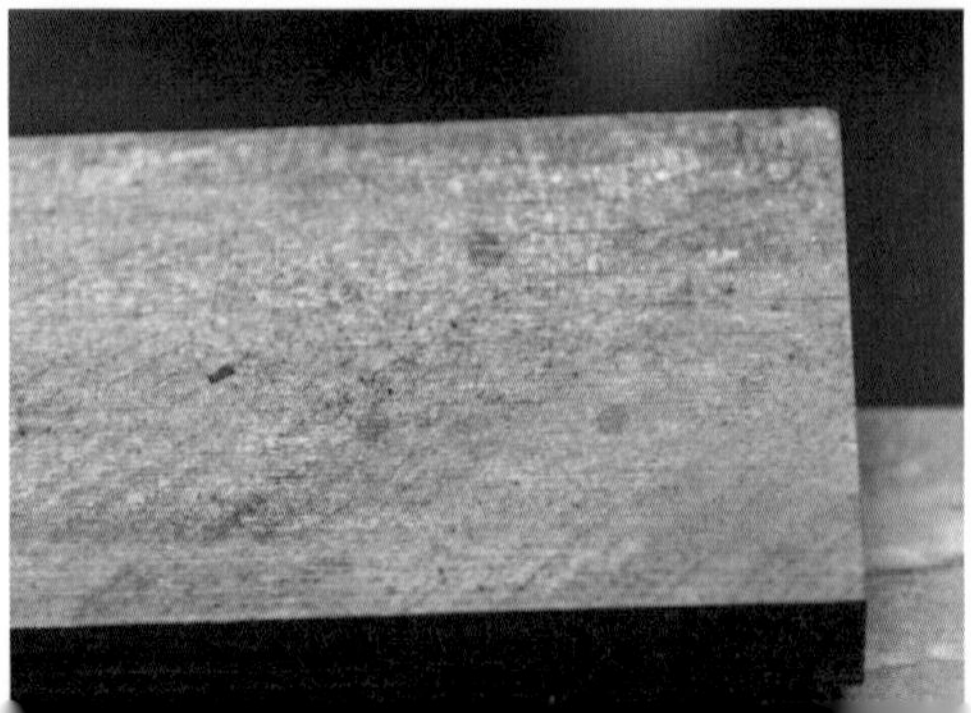

3 木材を組み立てる

最初に柱材と板材をビスで止めてから、笠木をつける。

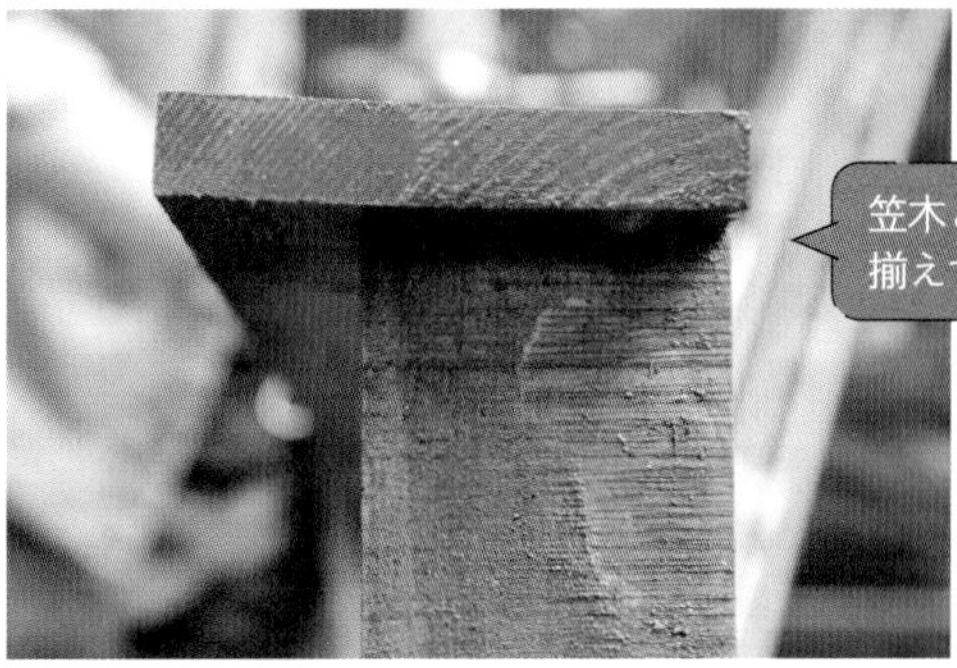

ポイント
笠木と柱の側面を揃えてつける。

4 穴を掘る

柱を立てる穴を3カ所掘る。今回は柱材を300mm埋めるので、地面から400mm程度の深さの穴にする。

5 穴の底を固め、碎石を入れる

棒などで突いて穴の底を押し固めたあとに、砕石を20～30mm程度の高さまで入れる。

DIY ここがポイント

column

組み立ててから設置できるもの

ウッドフェンス（⇨P96）など大きなアイテムは、最初に柱を立ててから組み立てることが多いのですが、小さい柵などの場合は出来上がったものを穴に入れるほうが簡単です。平らな地面での作業なら、柱と桟もまっすぐに固定でき、組み立て自体も楽です。

目安は、組み立てたあとに自力で起こせるかどうか。ここで紹介しているポスト＆レールは幅が2400mm程度。これ以上の長さになる場合は、柱を先に立てるほうがよいかもしれません。

⑥ モルタルをつくる

バケツにセメントと砂を1：3の割合で入れ、よく混ぜる。よく混ざったら水を入れて、クワなどでよく練る。水は様子を見ながら少しずつ入れて、もったりとすくえる程度の状態にする。

⑦ 柱を立てる

穴にモルタルを 50 ～ 100mm 程度の高さまで入れ、柱材につけた 300mm の位置の印が地面（ここではデッキの床面）の高さになるように柱材を立てる。3本の柱が水平になるように調整する。

300mm の印と
地面の高さを
あわせる

⑧ コンクリートで柱を固定する

バケツにセメント、砂、川砂利を1：3：6の割合で混ぜ入れ、水を加える。練りグワでよく混ぜコンクリートを作る。地面の高さまで穴にコンクリートを入れ、柱を固定する。

⑨ モルタルで仕上げる

コンクリートの上にモルタルを乗せて、山型にする。

完成!

鉄棒のポスト&レール

焼き角杭

屋外用の防腐塗料

鉄棒を塗る油性塗料

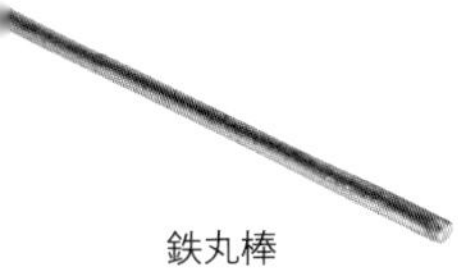

鉄丸棒

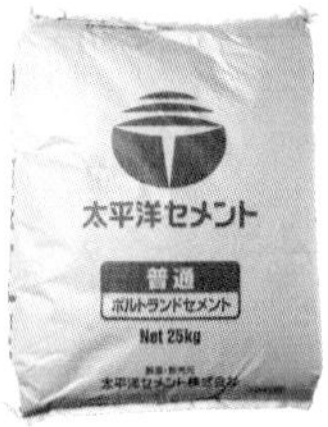
太平洋セメント
普通
ポルトランドセメント
Net 25kg

セメント

砂

川砂利

用意するもの

[資材]

- 焼き角杭…3本(45 mm角×長さ910mm)
- 鉄丸棒…1本(9mm径×長さ2000mm)
- 鉄棒を塗る油性塗料(好みの色)
- 屋外用の防腐塗料
- 砂
- セメント
- 川砂利

[道具]

- ハケ
- スコヤ(定規でもよい)
- 赤えんぴつ
- 穴掘り用スコップ
- 金属製のメジャー
- インパクトドライバー
  (ドリルドライバーでもよい)
- ハンマー
- バケツ
- 練りクワ (スコップでもよい)
- コテ (スコップでもよい)

設計図 仕上がりサイズ…高さ500mm×幅2045mm

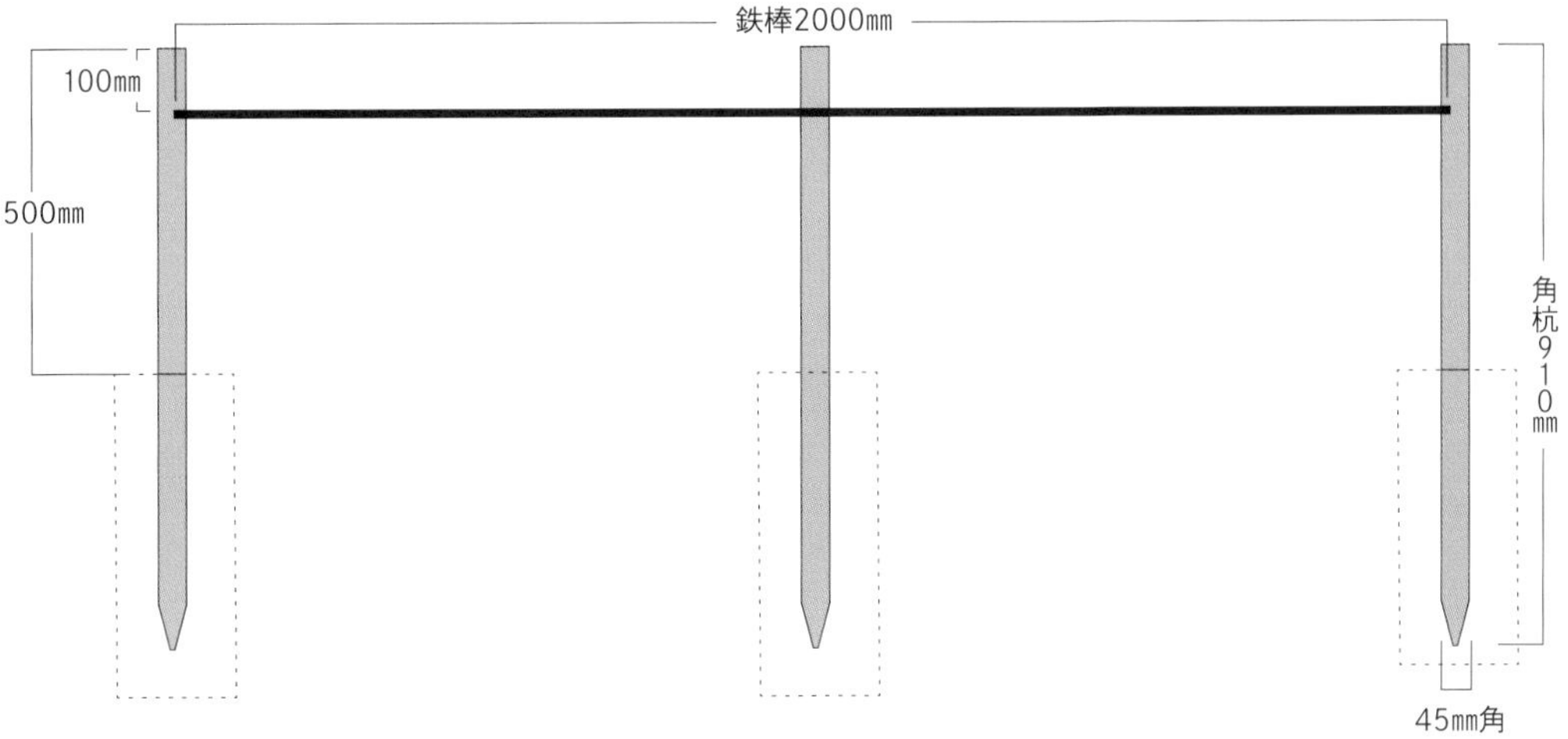

手順

① 鉄棒に塗料を塗る

鉄丸棒にサビが出ている場合は、サビ落としの薬剤を使ってサビを落としてから塗料を塗る。屋外用の油性鉄部用塗料なら好みの色でよい。

② 杭に防腐塗料を塗る

焼き角杭 3 本に屋外用の防腐塗料を塗る。

③ 角杭に印をつける

角杭に丸鉄棒を通すための印をつける。杭の上部から 100mm の位置に赤えんぴつで印をつける。⇨ 図1

ポイント

杭は角材などで 3 本の頭を揃えて、一気に印をつけると狂いが少なくなる。

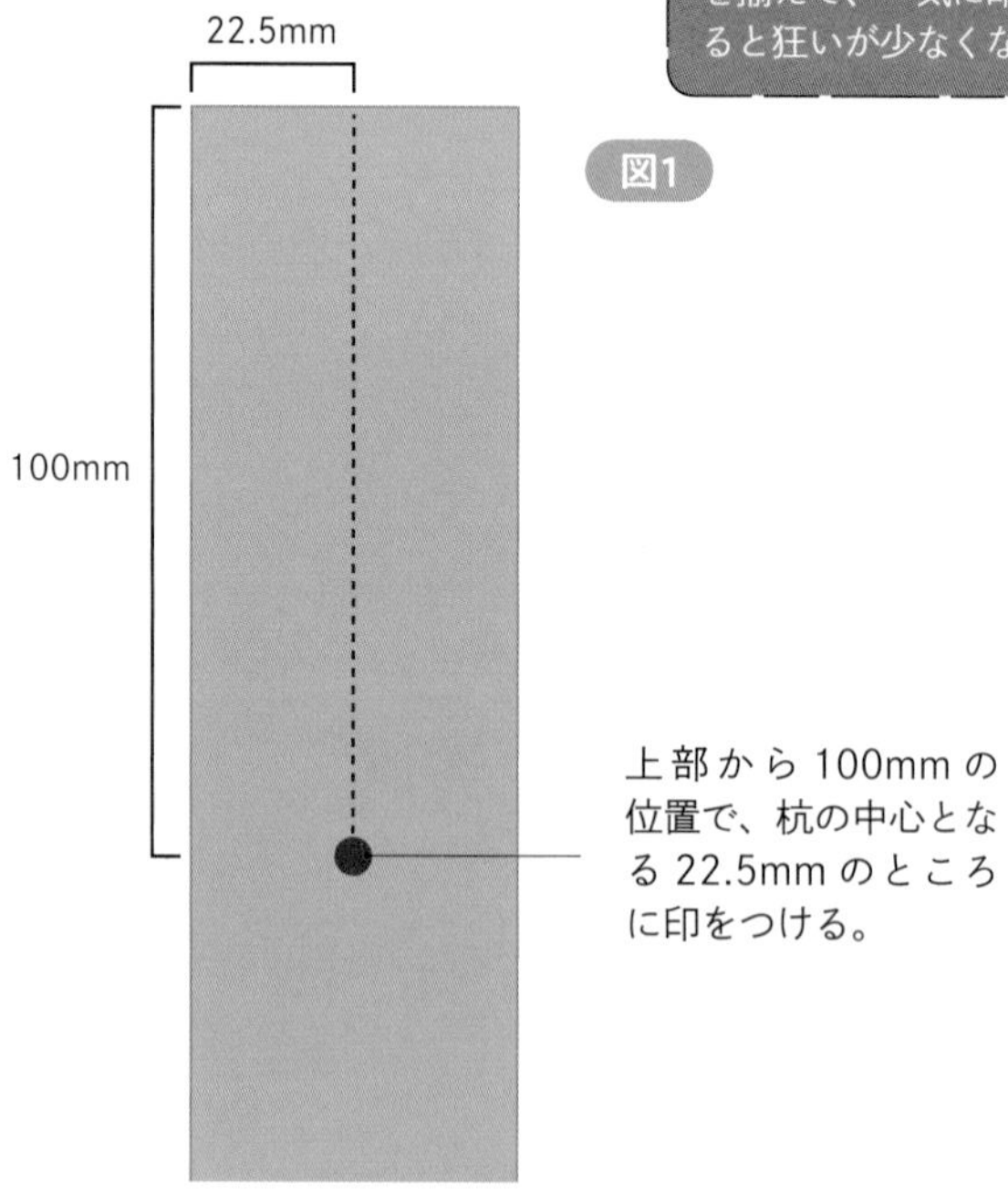
22.5mm
100mm
上部から 100mm の位置で、杭の中心となる 22.5mm のところに印をつける。

図1

④ 杭に穴を開ける

角杭にドライバーで穴を開ける。1 本は穴を貫通させ、2 本は半分の深さまで穴を開ける。貫通させる穴はまっすぐ開けることが重要。上下から半分ずつドライバーを使うときれいに開けやすい。

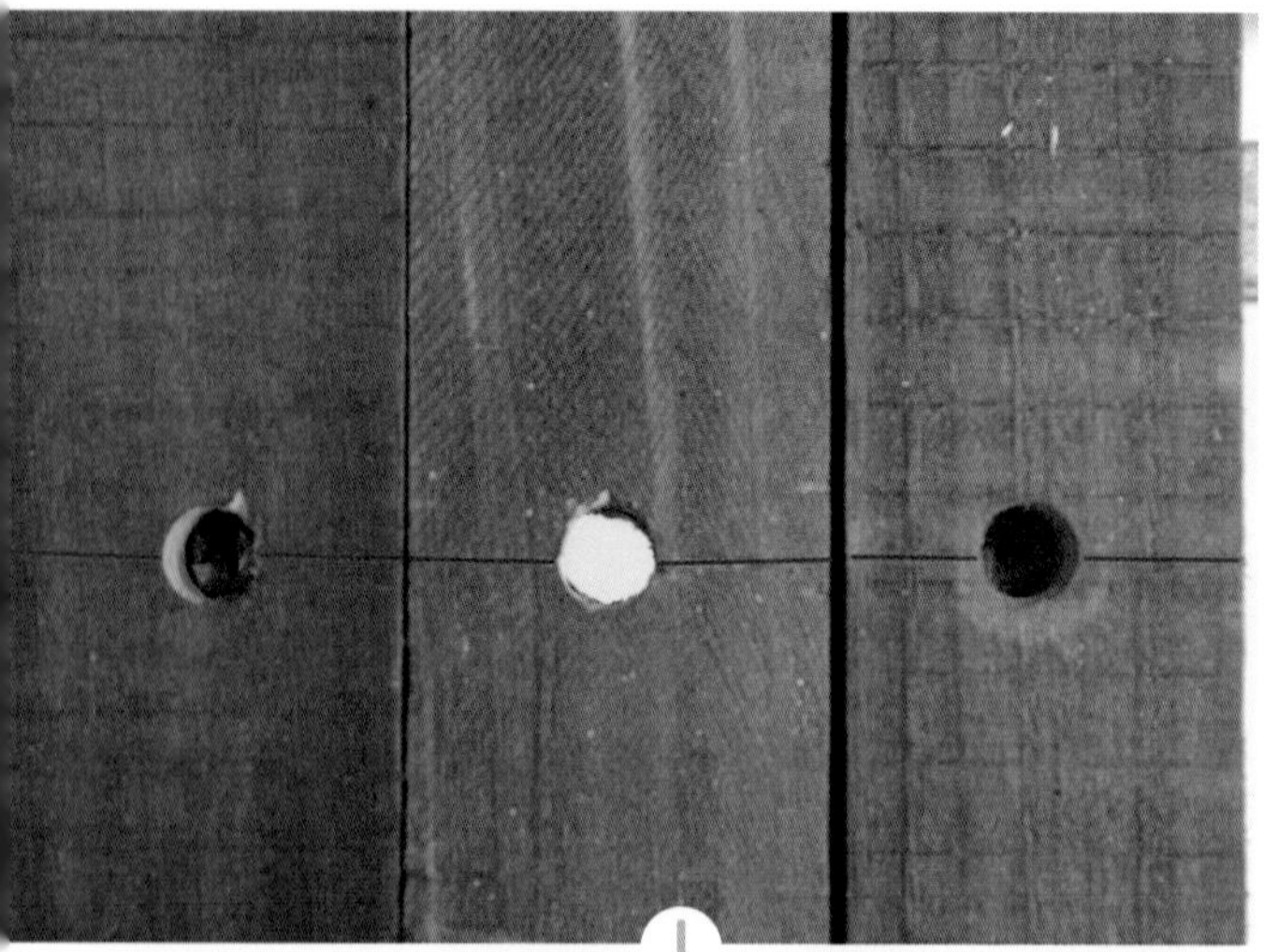

ポイント

半分の深さに穴を開けるときは、ドライバーを杭の半分の位置に当ててテープを巻き、テープの位置までドライバーを入れる。

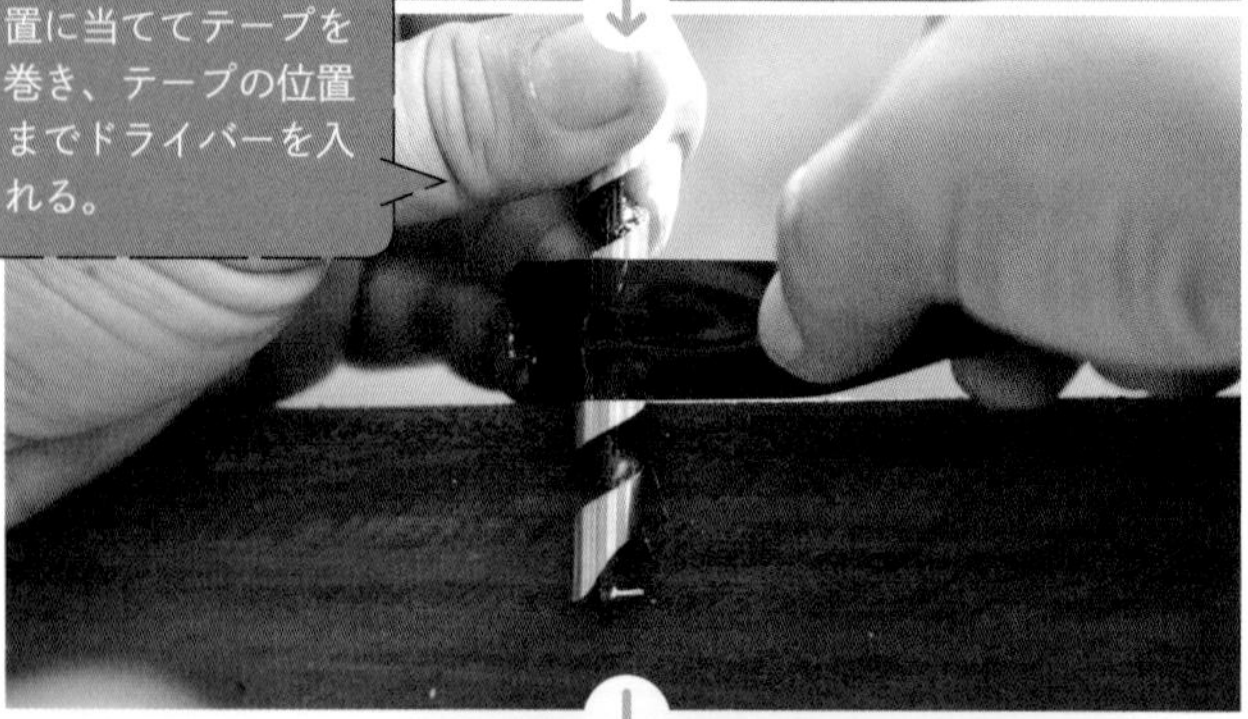

⑦ 杭を入れて高さを決める

最初に中心の杭の高さを決め、それに合わせて両端の杭の高さを調整する。地面から 500mm の高さをメジャーで測り、ハンマーなどで叩きながら調整する。

⑧ コンクリートとモルタルで固定する

最初にバケツにコンクリート（⇨ P101）をつくり、地面の高さまで穴にコンクリートを入れて、杭を固定する。次にモルタル（⇨ P106）をつくり、コンクリートの上にモルタルを乗せて山形にする。

完成!

細めの杭と鉄棒で、高さを 150 ～ 200mm 程度に仕上げると、通路と植栽エリアを分けるおしゃれなアイテムに。その場合はモルタルを使わず、土に刺すだけでも OK。

⑤ 鉄棒に中心の印をつける

鉄棒の中心 1000mm の位置と、そこから左右に 22.5mm の位置に赤えんぴつで印をつける。左右の印は杭を止める位置。

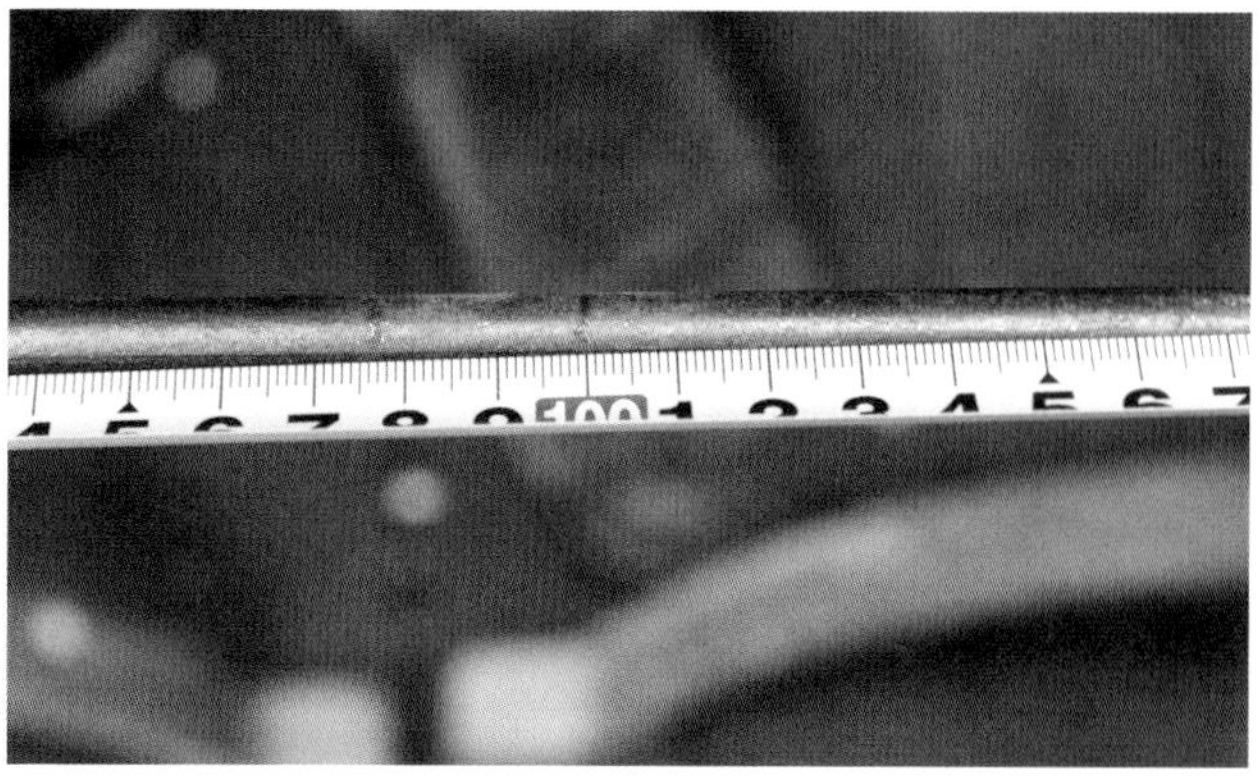

⑥ 設置場所を決めて穴を掘る

杭に鉄棒を通し、設置する場所に仮置きする。位置が決まったら 300mm 程度の穴を掘る。

ホース収納

よく使うのに出しっぱなしにできないホースは出し入れしやすい収納でおしゃれに隠しましょう

ホースでの水やりは庭作業に欠かせない仕事です。
そのため、ホースは取り出しやすくしておきたいですが、
そのまま出しっぱなしというのでは素敵な庭がだいなしになってしまいます。
ホースを巻き取るホースリールもありますが、
巻き取り作業は案外、力のいる作業。取り出しやすく、
しまいやすいホース収納があれば、水やりも手早くできます。

難易度	★★☆☆☆
製作時間	3時間
効果	ホースをオシャレに収納できる、庭の雰囲気をこわさない
アレンジ	庭の雰囲気にあった鉢を選ぶ

用意するもの

[資材]

- テラコッタ大鉢
  (直径520mm×高さ460mm)
- 川砂利

[道具]

- ディスクグラインダー
- スコップ
- 水平器

テラコッタ大鉢

川砂利

手順

① 鉢をカットする

ディスクグラインダーを使って、大鉢の高さが200～300mm程度になるようにカットする。

② 位置を決める

散水栓にカットした鉢をかぶせ、上から押しつけるように回転させて位置を決める。

③ 穴を掘って鉢を置く

鉢を置く位置に50mm程度の穴を掘り、鉢をセットする。鉢が埋まるように土を戻し、棒などで突いて土を固める。水平器があれば水平を取るとよい。

④ 川砂利を敷き、ホースをつなげる

散水栓の周りの土を隠すように川砂利を敷く。水栓とホースをアダプターでつなぐ。

完成!

ホースを巻いて入れるだけで、簡単に目隠しができる。テラコッタが扱いにくい場合は、テラコッタ風のプラスチック鉢を使ってもよい。

ガーデンライトカバー

夜の庭を照らすガーデンライトを可愛らしく演出するライトカバーです

明るい日差しのもとで木漏れ日があふれる庭はとても素敵ですが、夜にライトアップされた庭はまた違う表情を見せてくれます。樹木のフォルムやシルエットなど、最小限の自然を感じるのもライトアップされた庭の魅力です。また、ほの暗い庭の様子は、昼間とは違う癒しを与えてくれるのではないでしょうか。自然の中に溶け込み、昼間でも可愛らしく見えるガーデンライトのカバーを2種類ご紹介します。

鳥かごカバー

難易度	★★☆☆☆
製作時間	各1日
効果	照明器具を隠す、 雰囲気のある明かりを灯す
アレンジ	鳥かごカバーの鳥かご、 フェイクグリーンは 好みのものを選ぶ。 ライト管カバーは、高さを変えたり、 穴の数を変えると光量が変化する。 ライト管は空き缶で代用できる

ライト管の水玉カバー

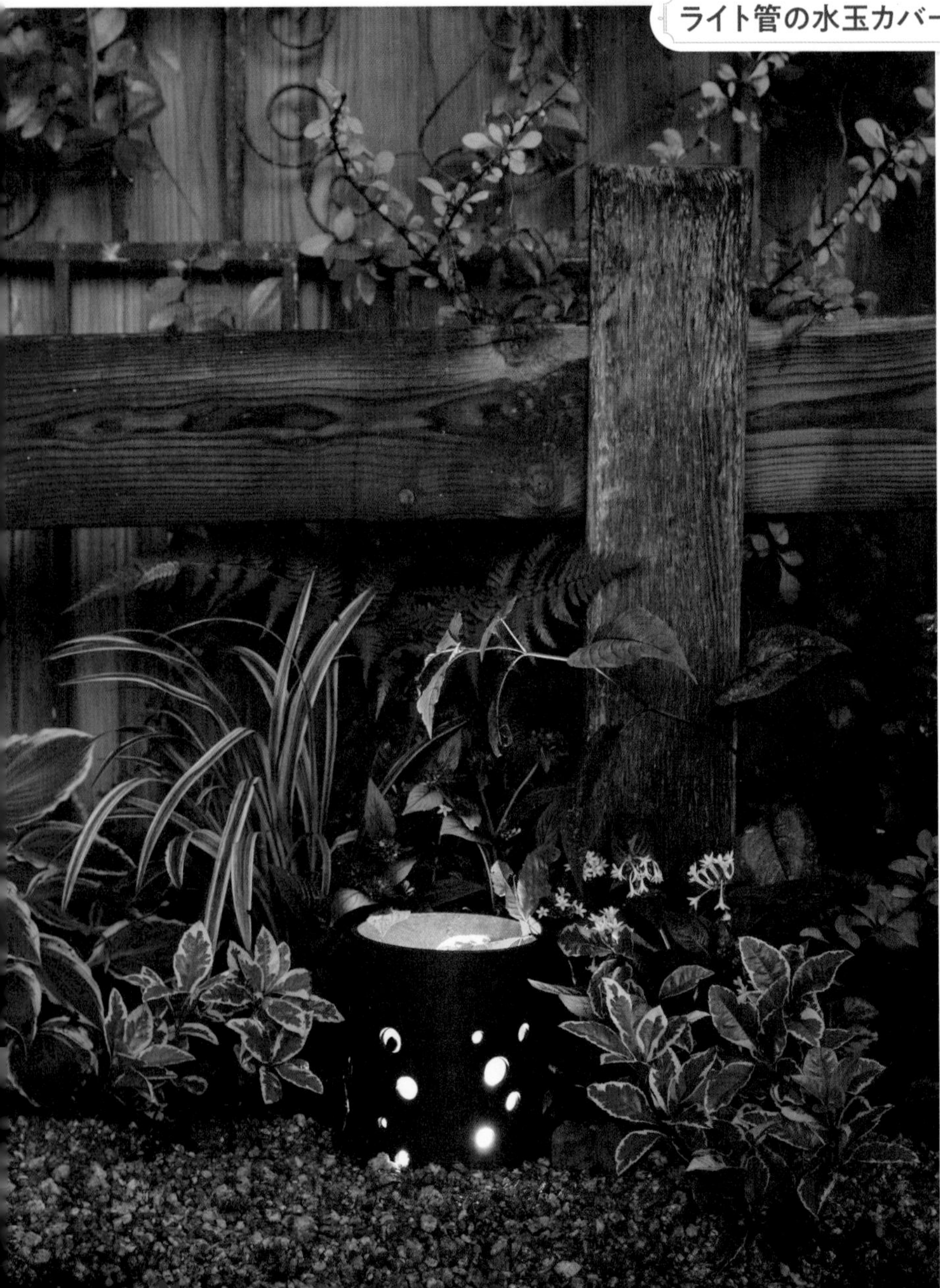

鳥かごカバー

用意するもの

[資材]

- 鳥かご
- 発泡スチロールの板（厚さ10〜20mm程度）
  必要な大きさ…鳥かごの底の大きさが2枚取れる分
- 塩ビ板（厚さ2mm）
  必要な大きさ…幅は50〜80mm程度、
  長さは鳥かごの円周+20mm程
- 屋外用塗料（塩ビに塗れるもの）
- フェイクグリーン（好みのものを適量）
- ガーデンライトセット（12V・LEDのもの）
- 化粧砂利

[道具]

- 発泡スチロールカッター（カッターでもよい）
- マジックペン
- ハサミ
- 定規
- ペンチ
- スコップ

鳥かご

発泡スチロールの板

塩ビ板

屋外用塗料

フェイクグリーン

ガーデンライトセット

化粧砂利

手順

1 発泡スチロールで底をつくる

発泡スチロールに鳥かごの底に沿って印をつけて、内径の大きさでカットする。同じものを２枚つくる。

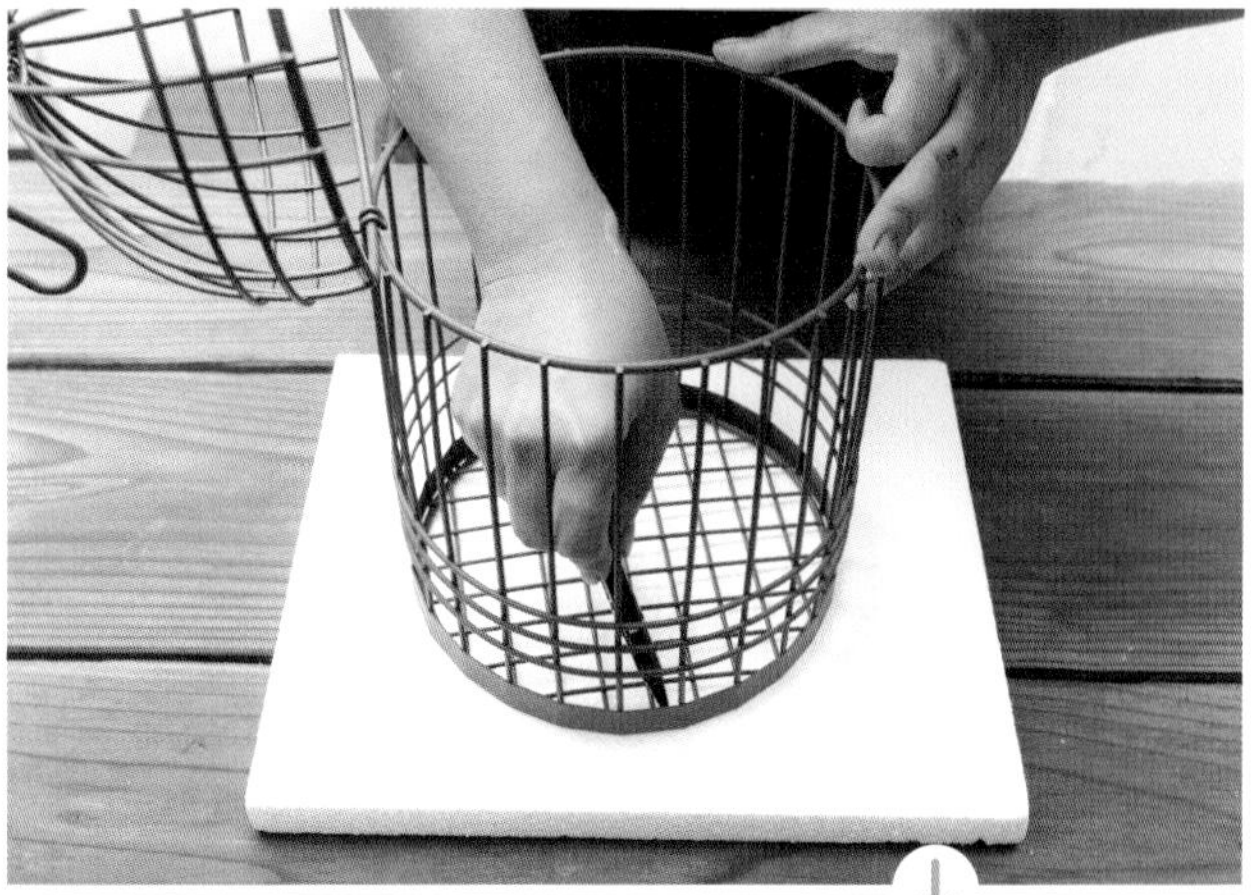

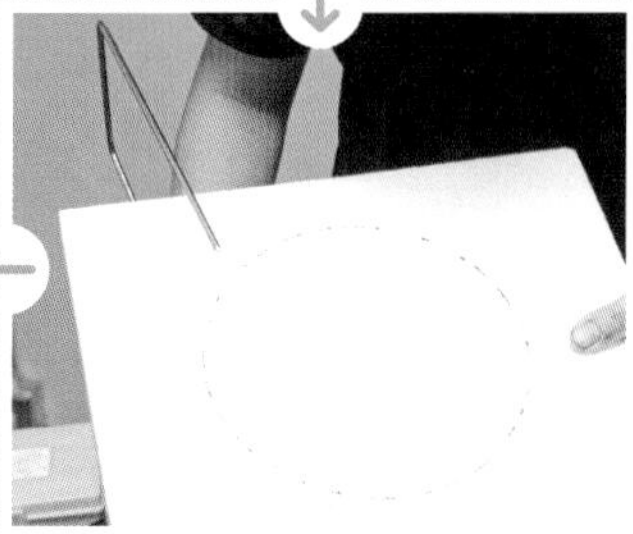

2 塩ビ板でカバーをつくる

鳥かごの下部を隠せるように、塩ビ板を適度な大きさにカットし、片面を油性塗料で塗る。

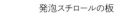

③ ライトセットの台をつくる

①でカットした発泡スチロール１枚にライトセットの底部に沿って印をつけて、ライトの形にカットする。

ポイント
コードが通る位置もカットするのを忘れない。

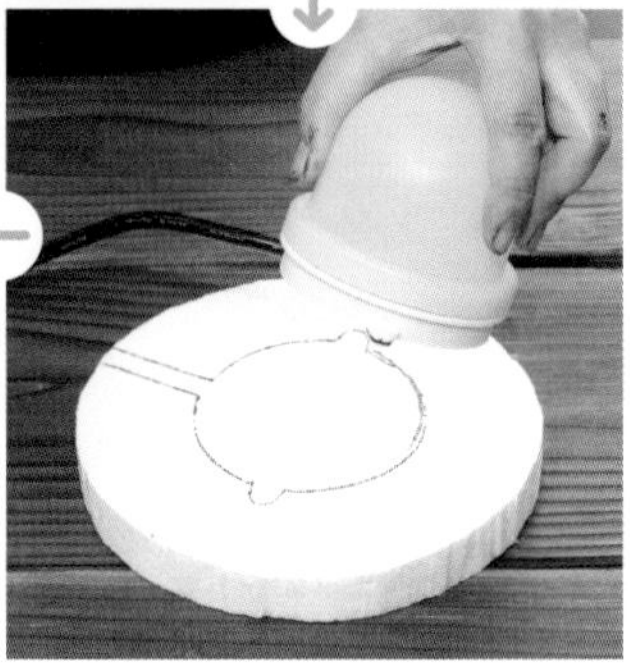

④ 塩ビ板のカバーに コード穴をつくる

鳥かごに塩ビ板のカバー、円形の発泡スチロール、ライトを入れる。塩ビ板のカバーにライトのコードが通る部分に印をつけ、ハサミでカットする。

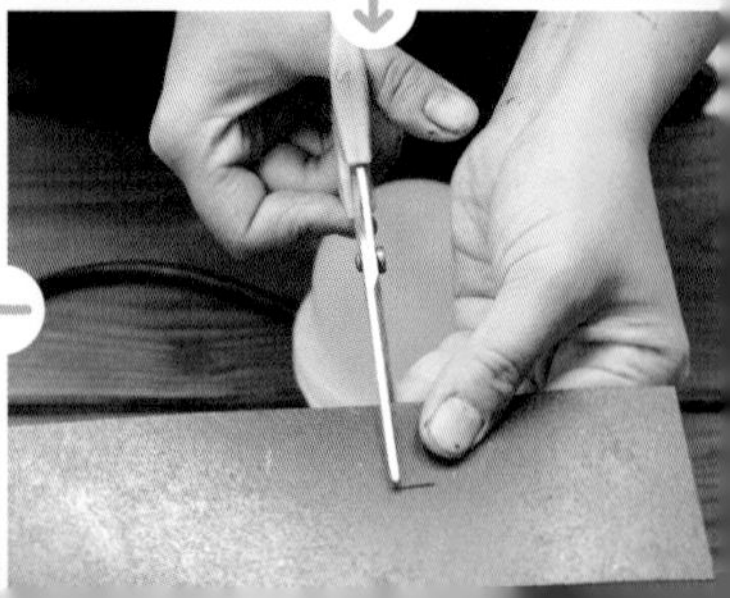

⑤ ライトをセットする

円形の発泡スチロールの上にライト型にカットした発泡スチロールを重ねる。カゴの内側からコードを外に通し、ライトをはめ込む。

DIY ここがポイント

column

ガーデンライトを扱うときの注意点

DIYで屋外ライトを設置する場合は、軽微な作業で取りつけられる12Vのもので、電気工事士の資格がなくても扱えるものを選びましょう。庭に設置するものなので屋外用を選ぶこと、カバーが熱を持たないようLEDライトを選ぶことも重要です。

ライトから出ているコードは、コンセント付きのトランス（変圧器）に繋いで使います。トランスの説明書をよく読んで接続しましょう。初心者でもさほど難しくありませんので大丈夫です。

トランスはタイマー機能や照度センサーが内蔵されているものだと便利。

6 フェイクグリーンを飾る

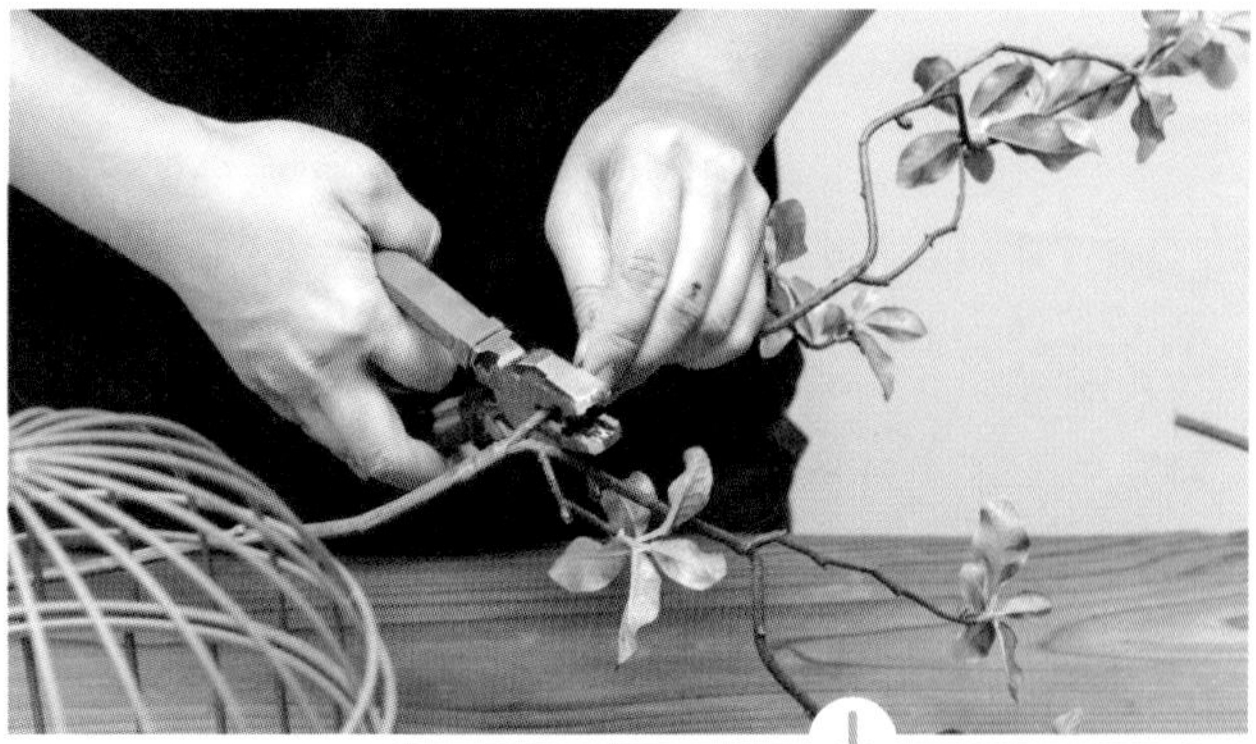

フェイクグリーンを適当な大きさにカットしながら、カゴ全体を囲むように発泡スチロールに挿していく。

ポイント

グリーンは下のほうを放射線状にこんもりとさせ、カゴ全体を囲むように飾りつける。

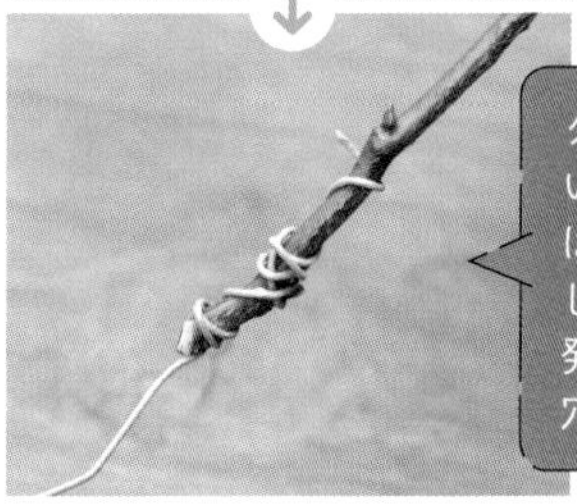

ポイント

グリーンは針金が入っていないものもあるので、その場合は細い針金を巻きつけると挿しやすい。挿しにくい場合は、発泡スチロールにキリなどで穴を開けてもよい。

7 飾り砂を入れる

川砂利を入れて発泡スチロールを隠す。指で押さえながら入れ、なじませる。

完成!

鳥かごの外に出したコードは、説明書の説明に沿って電源につなぐ。

ライト管の水玉カバー

用意するもの

[資材]

- ライト管
- 屋外用塗料（塩ビに塗れるもの）
- ガーデンライトセット（12V・LEDのもの）

[道具]

- 金属製のメジャー
- マジックペン
- ペンチ
- インパクトドライバー
- 塩ビ用のノコギリ
- ハケ
- ドリルビット（インパクトドライバーにつけるもの）

ライト管

屋外用塗料

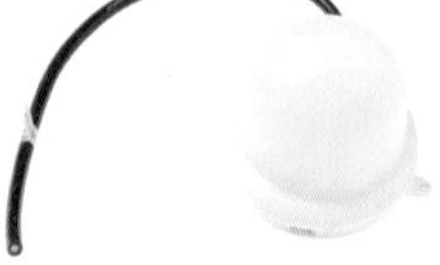

ガーデンライトセット

手順

1 ライト管をカットする

ライト管の端から金属メジャーで好みの高さを図り、塩ビ用のノコギリでカットする。

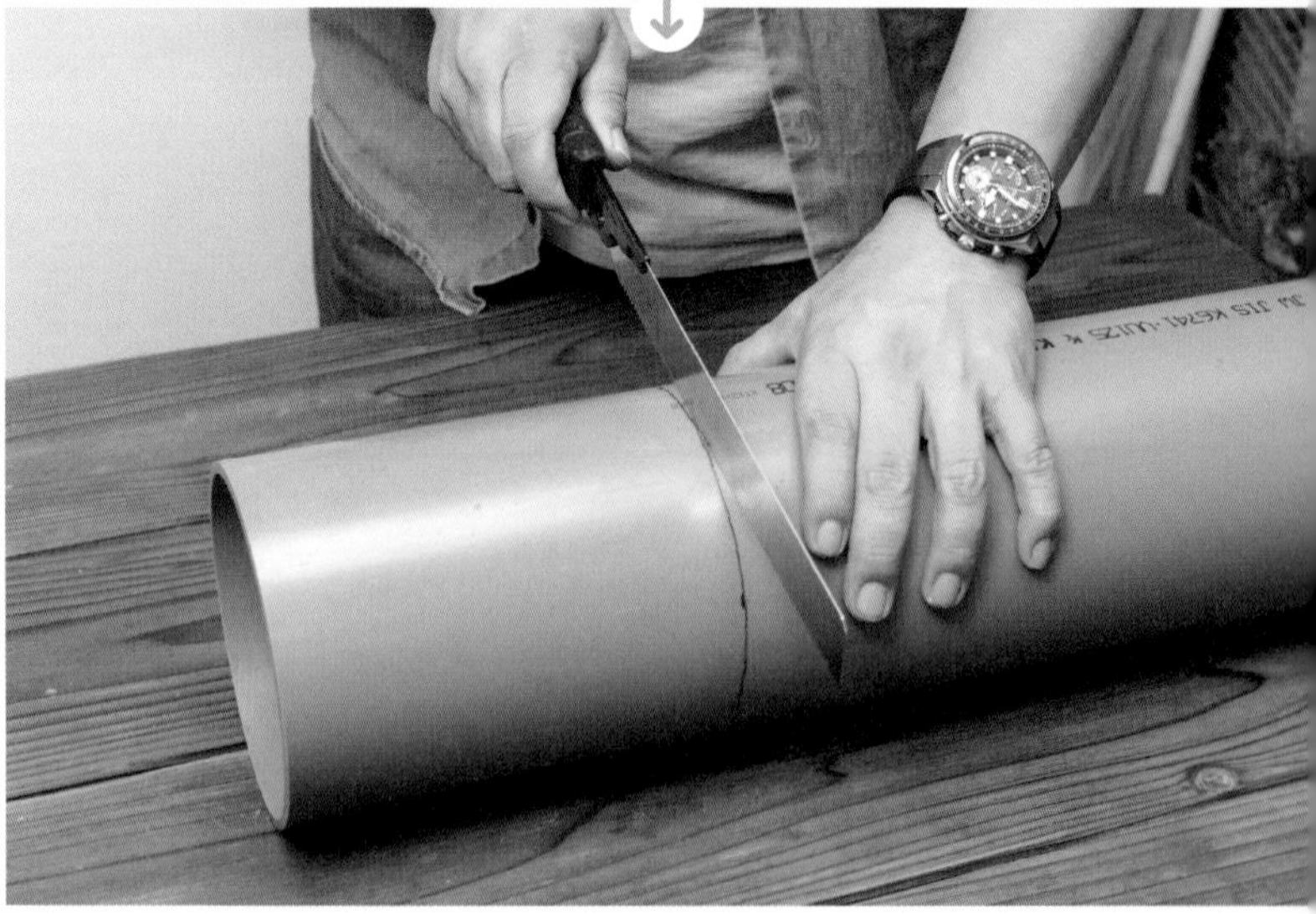

ポイント

ライト管の数カ所に印をつけたら、コピー用紙などを巻いて印と印をつなぐとカットラインが書ける。

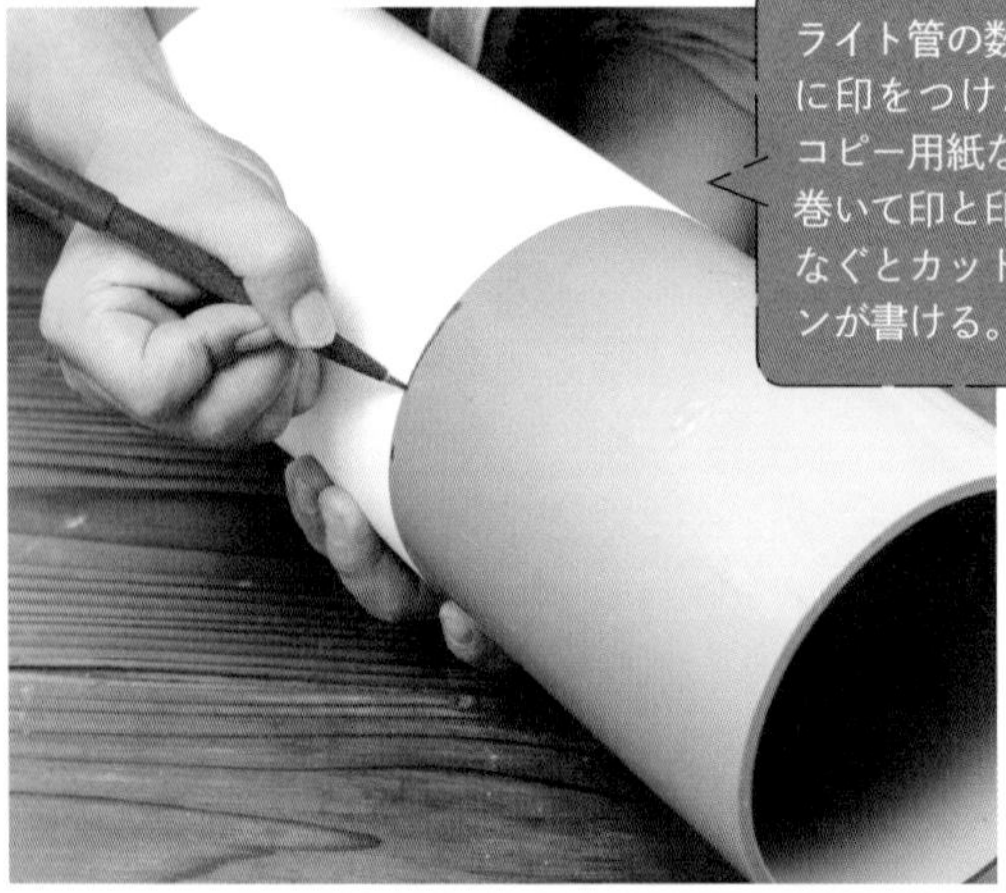

ポイント

サイズは限定されるが、ライト管の代わりにジョイント用の管を使うとカットする手間が省ける。

② コード用の穴を開ける

ライト管の下部にライトのコードを通す穴を開ける。塩ビ用のノコギリで 10mm 程度の切り込みを 2 本入れ、ペンチなどで折る。

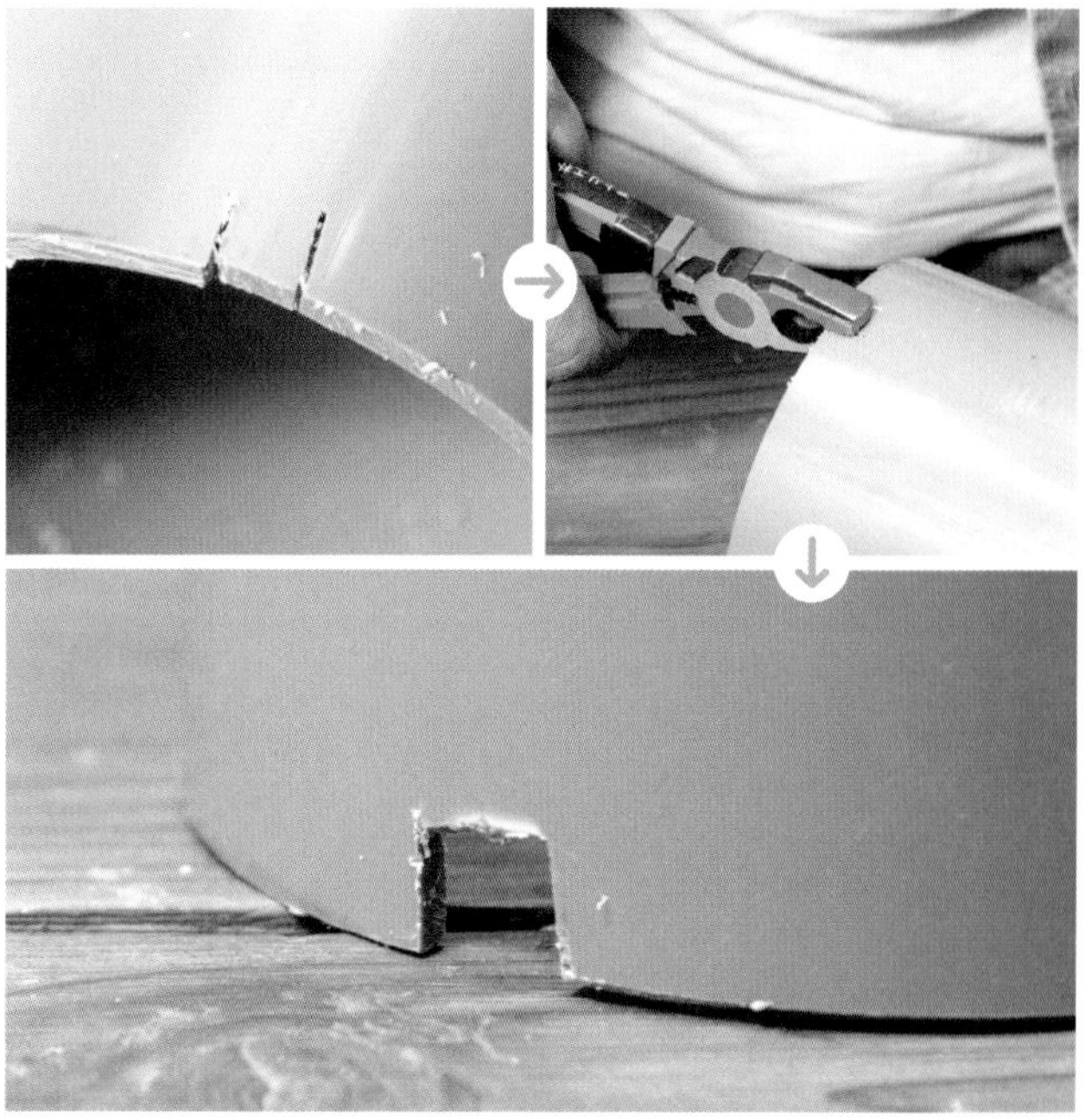

③ 水玉を書く

ライト管にマジックで、ランダムに水玉を書く。水玉の大きさや位置によって光の漏れ具合が異なり、趣も変わる。

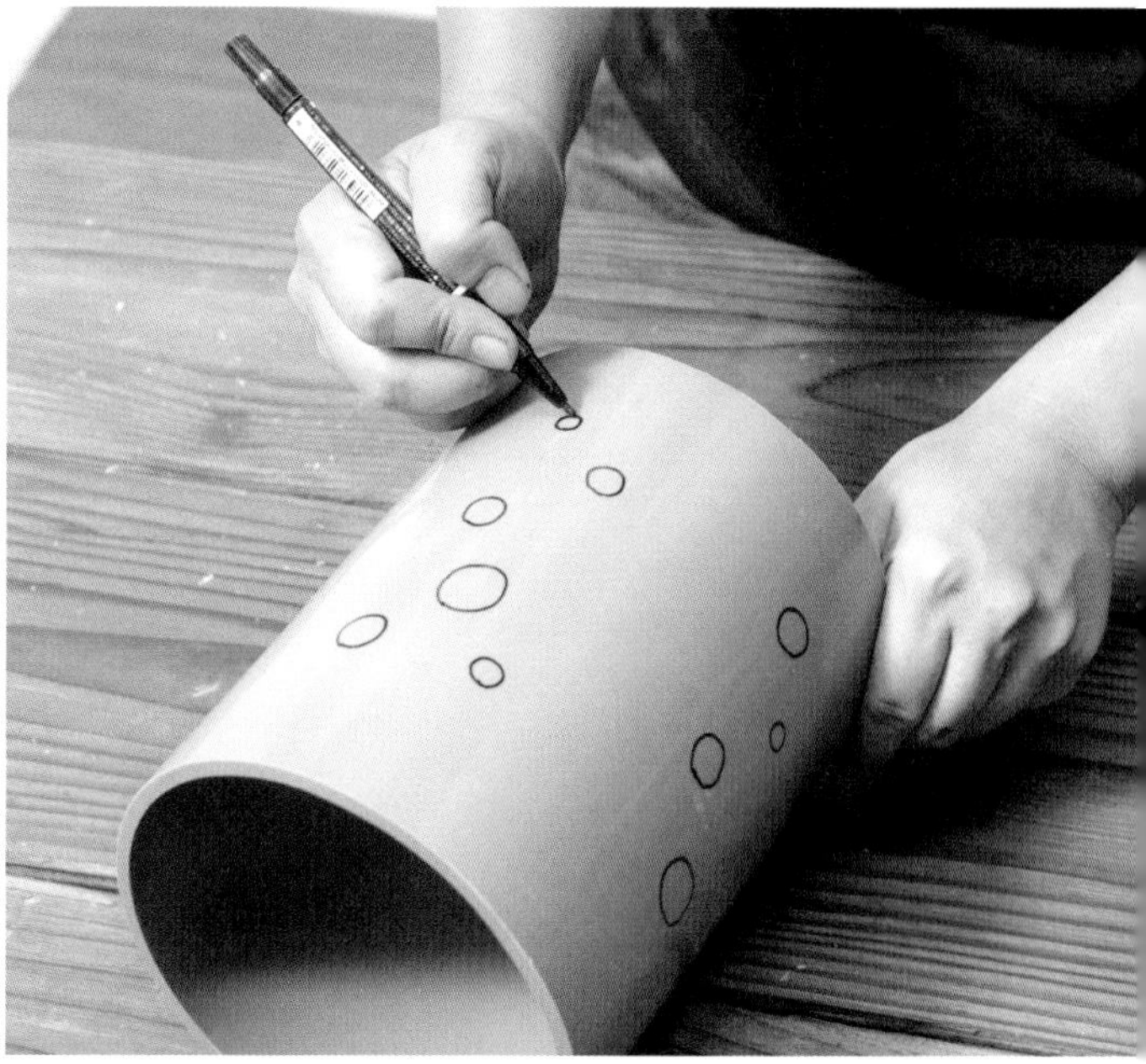

④ 水玉の穴を開ける

インパクトドライバーにドリルビットを装着し、穴を開ける。ライト管に木材などを入れて固定すると作業がしやすい。

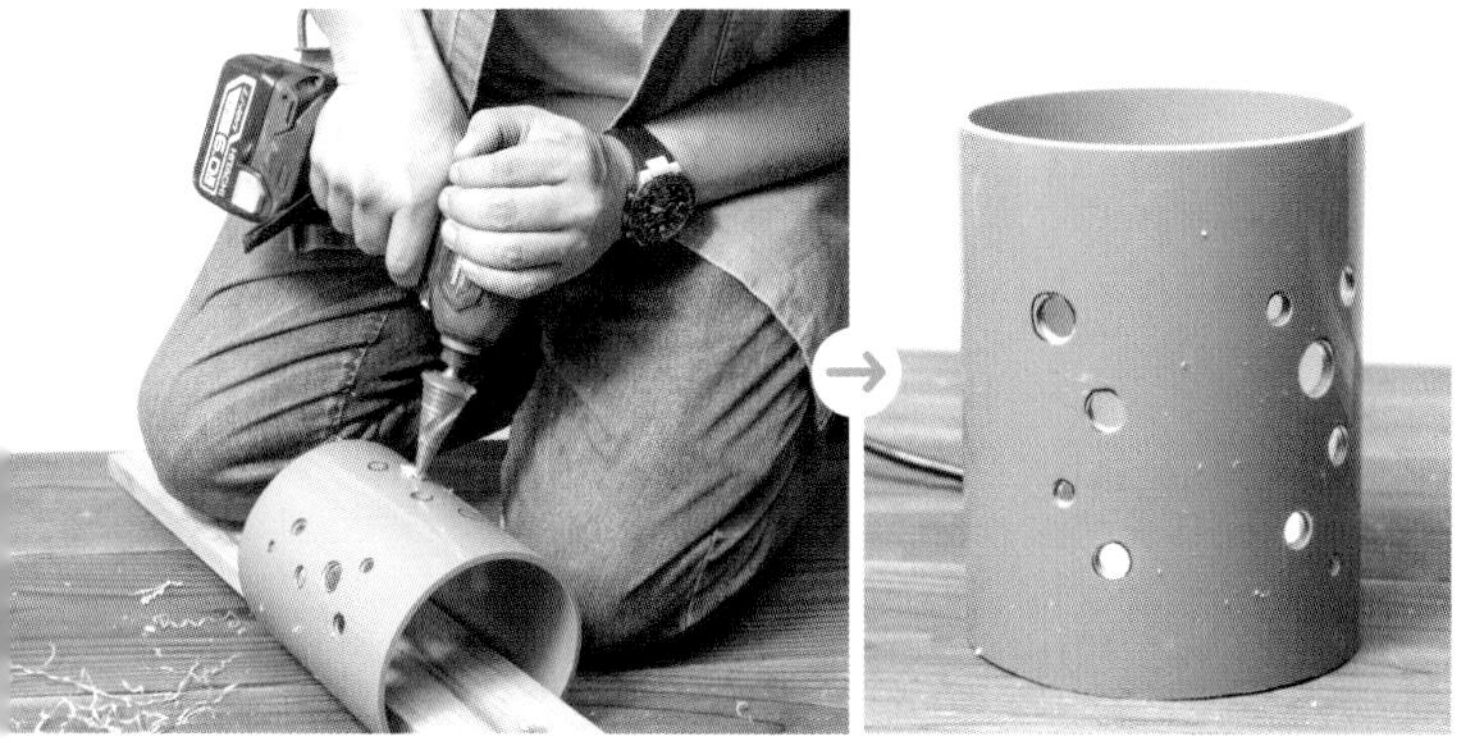

⑤ ライト管を塗る

ライト管の外側と内側を屋外用の油性塗料で塗る。

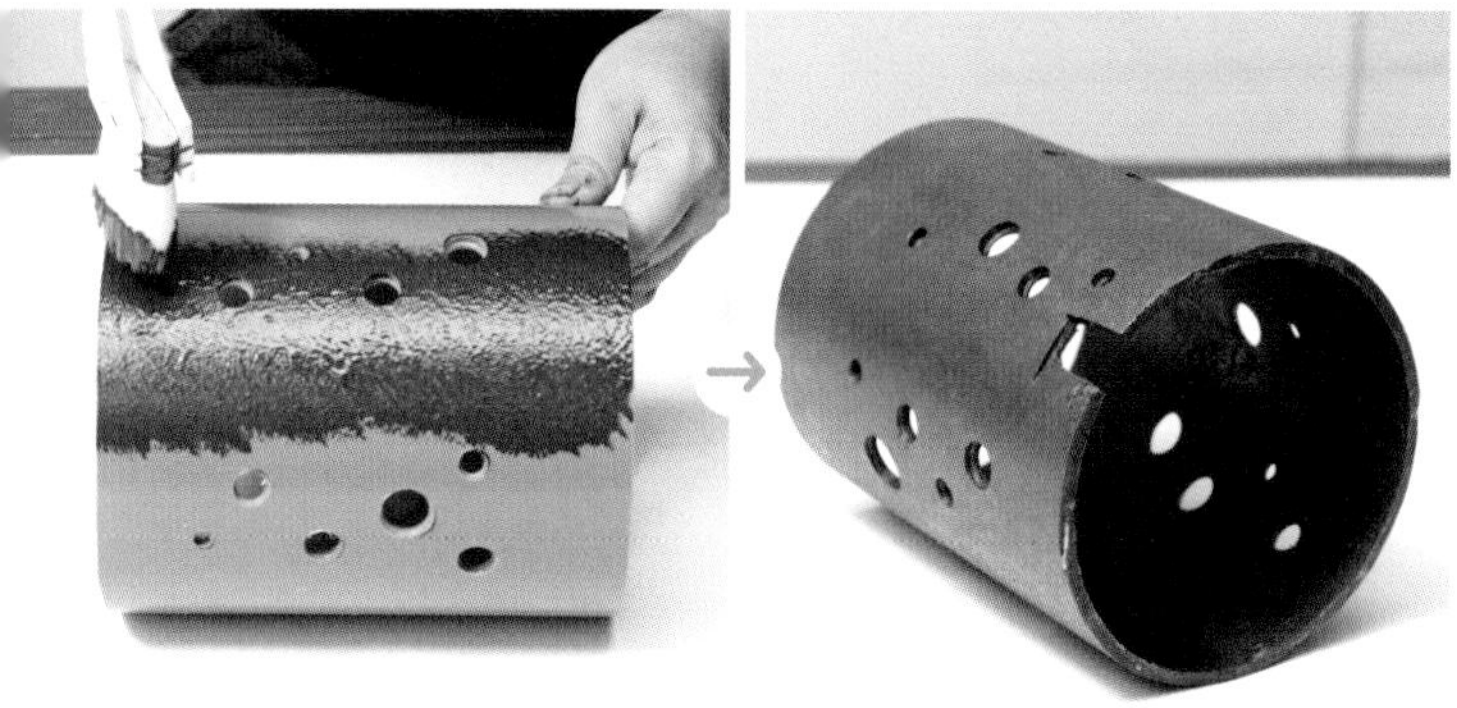

完成!

下から植物などを照らすときは、穴の数を少なくすると、上に広がる光源が増える。照らしたいものや置く場所によって穴の数を調整するとよい。

エイジング加工

新しいものを古く見せるエイジング
植物にも馴染む加工テクを試してみましょう

草花や樹木など自然を感じる庭の中では、人工的なものや真新しいものは浮いてしまうことがあります。そういったものを庭にうまく調和させるため、あえて古い風合いを施すのがエイジング加工です。ここでは、プラスチックなどをアンティークやラスティックなテイストに見せる塗装テクと、新しい木材を古材のように見せる加工テクを紹介します。いまある小物をこなれた雰囲気に変身させてみましょう。

コンテナのブリキ風エイジング

難易度 ★★☆☆☆

製作時間 1日

効果 植物に馴染む小物ができる

アレンジ どんな素材でもブリキ風に加工できる。
バケツやジョウロなどに施し、庭作業の道具に統一感を出す

木材のバーンウッド風エイジング

難易度 ★★☆☆☆

製作時間 1日

効果 素朴な雰囲気で庭に馴染む

アレンジ 板材にも加工できるので、
加工した木材でフェンスなどもつくれる

コンテナのブリキ風エイジング

用意するもの

［資材］

- 加工したいコンテナ（素材はなんでもよい）
- 水性塗料　黒・白・グレー
  （グレーは黒と白を混ぜてつくってもよい）
- ケイ砂

［道具］

- ハケ
- 水入りの霧吹き
- ウエス（不要になったTシャツなど）

加工したいコンテナ

水性塗料　黒・白・グレー

ケイ砂

手順

1 グレーの塗料を塗る

汚れを落とした鉢をグレーの塗料で塗る。鉢の素材によっては塗料のノリが悪いときもあるので、その場合は二度、三度と重ね塗りする。重ね塗りする場合は、前の塗料が乾いてから塗る。

ポイント
底面、内側など、見えにくい場所から先に塗るとよい。

DIY ここがポイント

column

塗料とハケの扱い方

缶入りの塗料は、本来、使い切りが前提です。ただ、水分やゴミなどの不要物が入り込まないかぎり、フタをして保管しておけば残ったものも使えます。

塗料は、使い切りの容器などに使う分だけ出すのがよいでしょう。塗料用の計量カップやバケツはホームセンターなどで数百円で購入できます。残ったものは水で薄めたりしていなければ、缶に戻しても大丈夫です。缶の液だれは乾く前に拭き取っておきましょう。フタが閉まらなくなったり、次に使うときに塗料が固まってフタが開かなくなったりすることがあります。

ハケは高価なものもありますが、手入れが悪いとすぐに使えなくなります。DIYでは100円ショップなどの安価なものを1回ずつ使い切るほうが賢明です。翌日も同じハケを使うなら、毛の部分をラップで巻いておき、乾かないようにします。

できれば、塗る色ごとにハケを用意しましょう。1本しかない場合は、色ごとに十分水洗いして使うようにします。

塗料用の使い捨て容器は大きさも形もいろいろある。

黒と白の塗料を混ぜてグレーをつくりたいなどというときも、容器があると便利。

② 黒の塗料を塗る

グレーの塗料が乾いたら、ハケを使って黒の塗料を少し置き、霧吹きで水を吹きかける。塗料が水圧で広がり模様がつく。ハケでポンポンと軽く塗料を乗せ、水を吹きかけることをくり返し、全体に模様をつける。

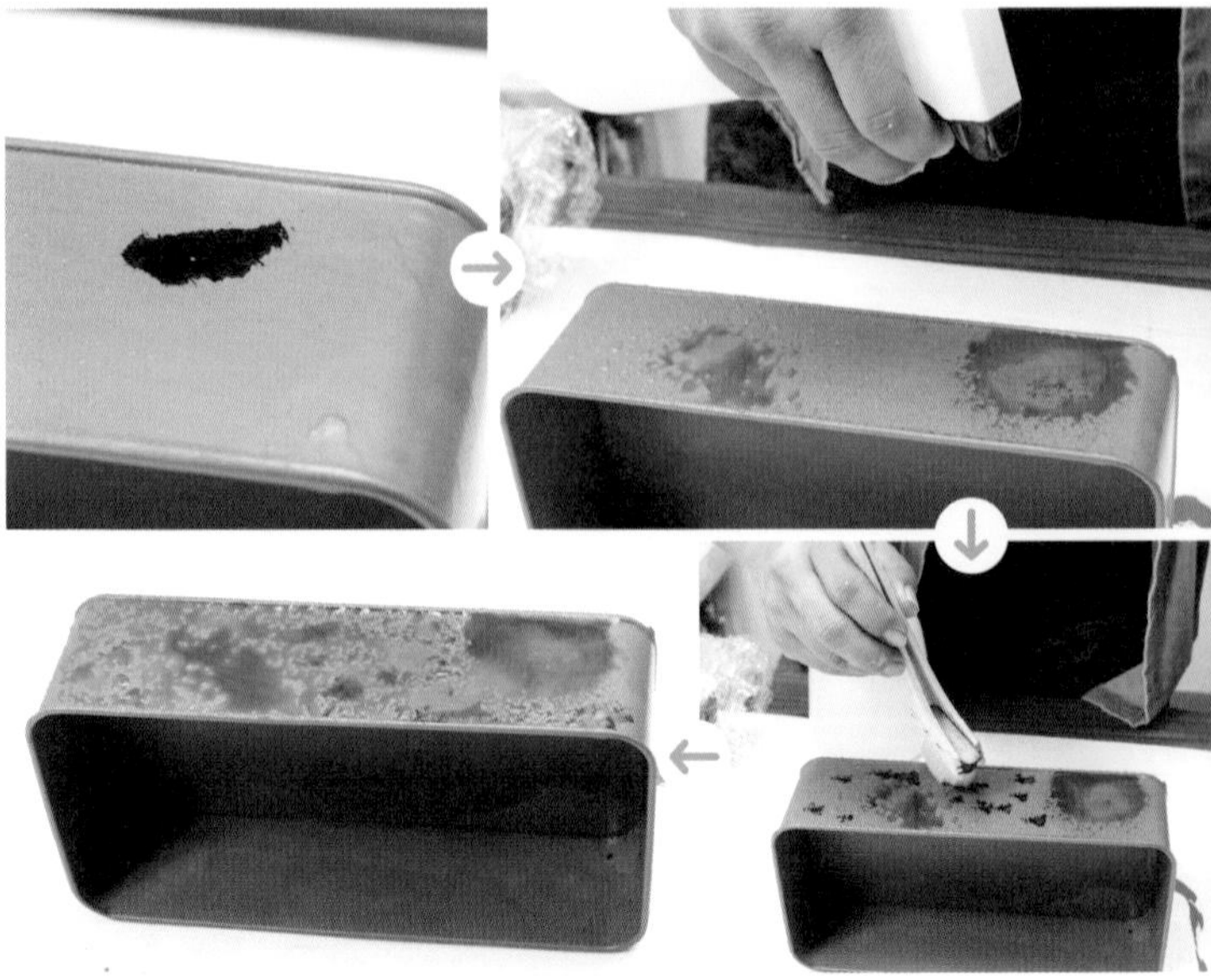

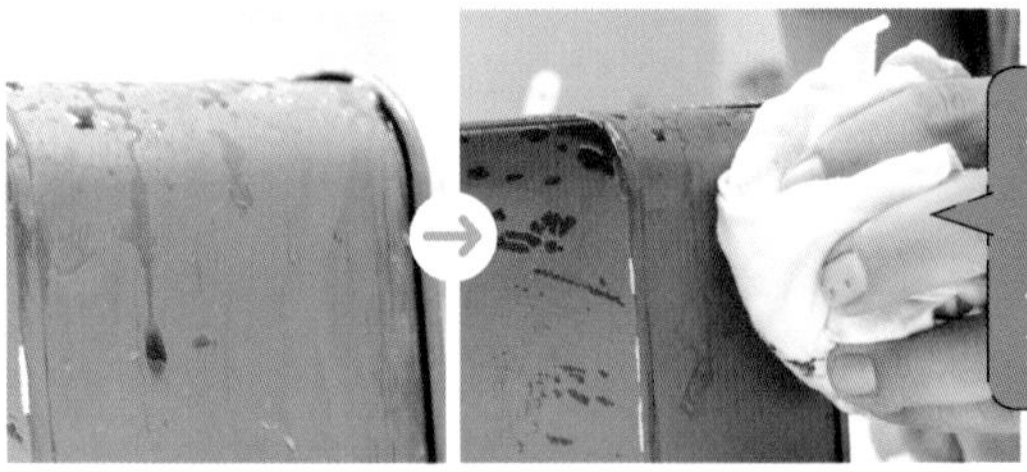

ポイント
液だれは、ウエス（乾いた布）を使って拭き取る。

③ 白の塗料を塗る

黒の塗料が乾いたら、白の塗料で黒と同じように模様をつける。ハケでポンポンと塗料を乗せ、霧吹きで水をかけ塗料を散らす。

④ ケイ砂をふりかける

白い塗料が乾く前に、高い位置からケイ砂をふりかけ、さらに高い位置から霧吹きで水をかける。白が足りない部分があれば、ハケでチョンチョンと叩きながら白を塗って整える。

⑤ 乾いたハケで全体を払う

完全に乾いたら、乾いたハケで余分な粉などを払う。

完成!

ブリキ風の鉢に仕上がる。グレーの下塗りをしっかり行えば、どんな素材のものでもOK。木材などでもできる。

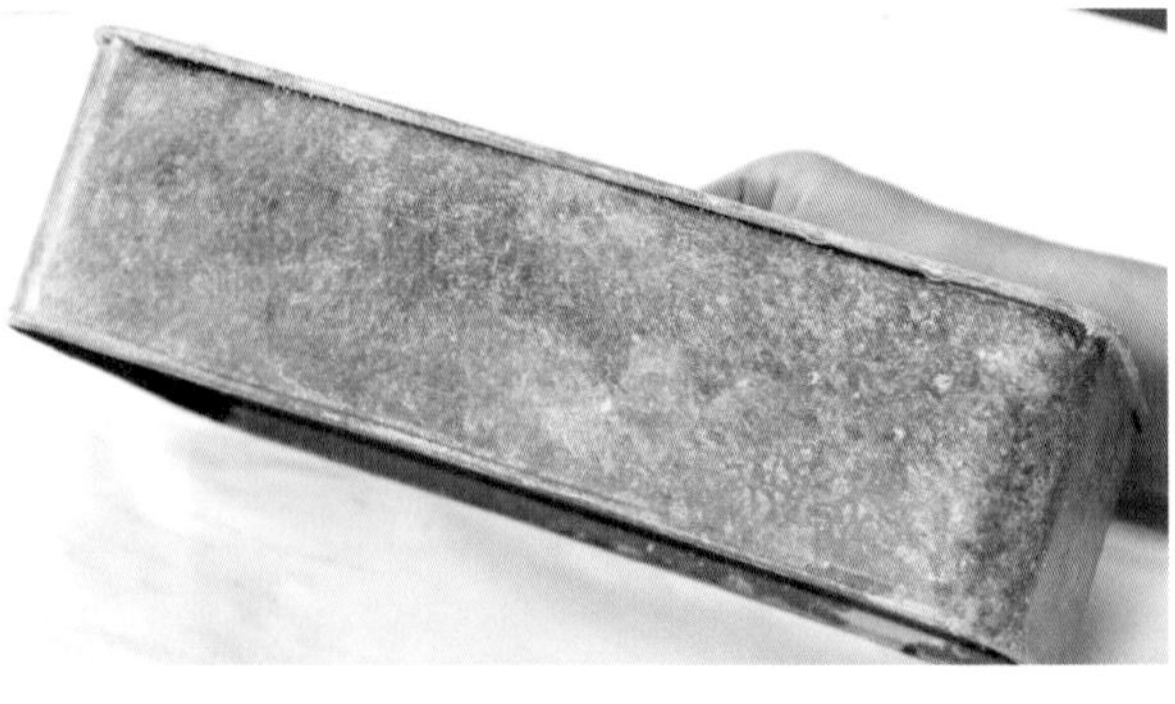

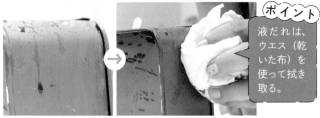

木材のバーンウッド風エイジング

用意するもの

[資材]

- 新品の木材
- 水性塗料　白
- との粉
- 土（家のまわりの土などなんでもよい）

新品の木材

水性塗料　白

との粉

[道具]

- バーナー（できれば火力の強いものがよい）
- 塗料用の容器
- やすり
- 金ブラシ
- ハケ紙
- ウエス（不要になったTシャツなど）

手順

1 木材を焼く

バーナーを使って木材を焼く。バーナーはカセットガスなどに取り付けて使用するアウトドア用のトーチバーナーでよいが、できるだけ火力が強いもののほうが早く焼ける。木材は欠けなどのないきれいなものの場合は、端を少し削ったりしておくと、仕上がりにより味が出る。

ポイント
木材は全体にしっかり火をつけ、表面が写真のようにひび割れるまで焼く。

DIY ここがポイント

木材のエイジングとは？

木材をよく見ると、色の薄い部分と濃い部分があります。色が薄く面積が大きい部分を「夏目」といいます。色が濃く線のように見える部分は「冬目」です。

夏目は樹木が春〜夏にかけて成長した部分で、比較的やわらかい性質です。冬目は秋〜冬に成長した部分で、夏目に比べると硬い性質です。そのため木材は、雨風にさらされながら年月を経ると、やわらかい夏目が削れ、硬い冬目が残ります。

木材のエイジングはその原理を強制的に行う加工です。最初にバーナーで木材を焼きますが、そのときには夏目だけが焼け、冬目が残ります。冬目を際立たせることで、古木の雰囲気が出てくるのです。

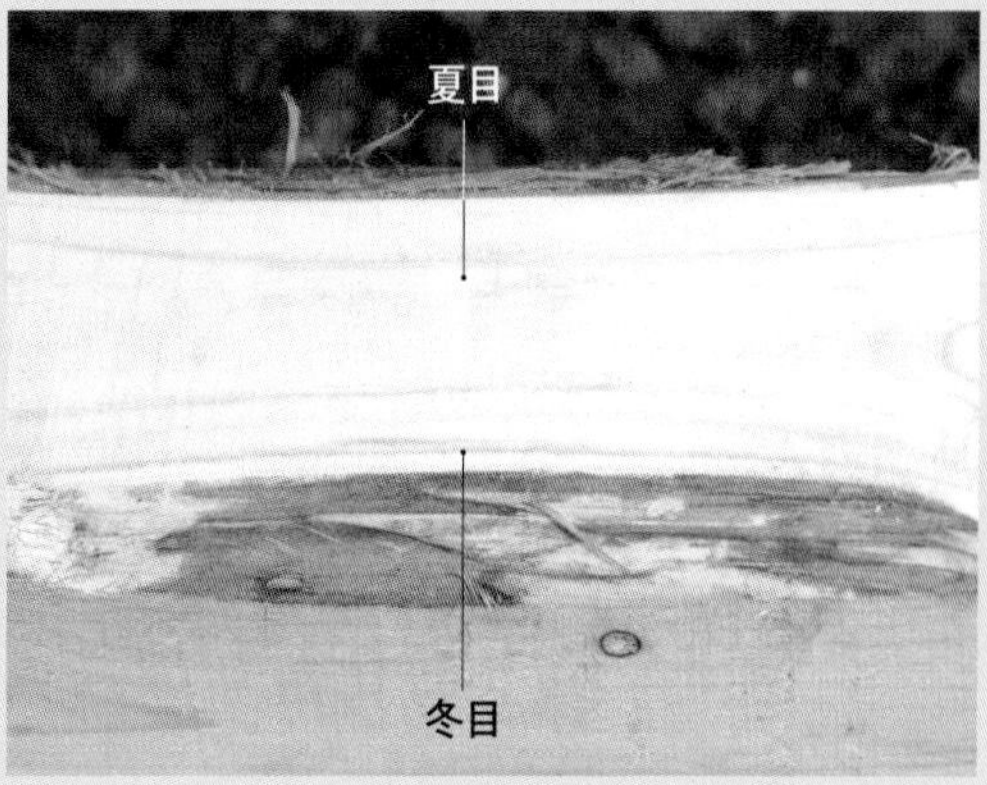
夏目
冬目

② 炭を落とす

金ブラシを使って木材の炭を削り落とす。

ポイント
金ブラシは、必ず木目に沿って動かす。

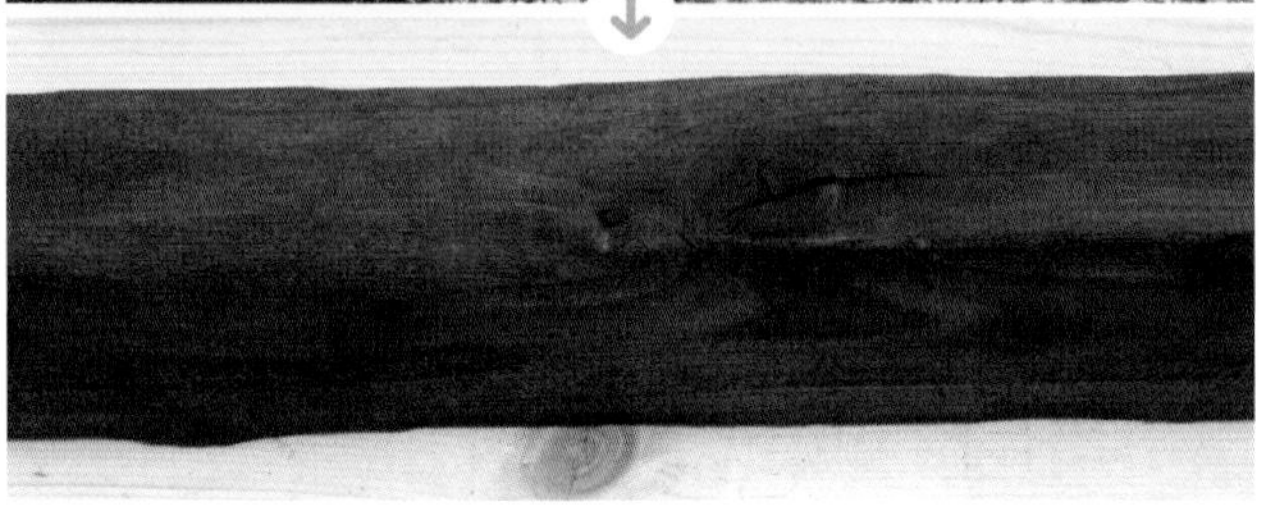

③ 塗料を塗る

塗料用の容器に、との粉と白の塗料を同じ割合で入れ、水で溶かしたものを木材に塗る。白すぎるくらいでも、木材が水分を吸って落ち着くのでたっぷり塗ってOK。

④ 紙やすりをかける

塗料が乾いたら、紙やすりを軽くかける。冬目（⇨P121）の上についている白の塗料を落とす程度。

⑤ 土を塗る

土に水を加えて木材に塗る。いわゆる泥水を塗ることで、風化した雰囲気が強まる。

バーナーを使わないエイジング

バーナーがない場合は、塗装のやり方を工夫することで、アンティークのような風合いを出すことができます。次の手順でやってみましょう。

1 防腐塗料を塗る

木材に屋外用の防腐塗料を塗る。

2 塗料を塗る

水で薄めた白い塗料を布につけて、木材の上に塗る。ごく軽く、表面をサッとなでるように塗り、白がつきすぎたら塗料のついていない布でこすって調整する。

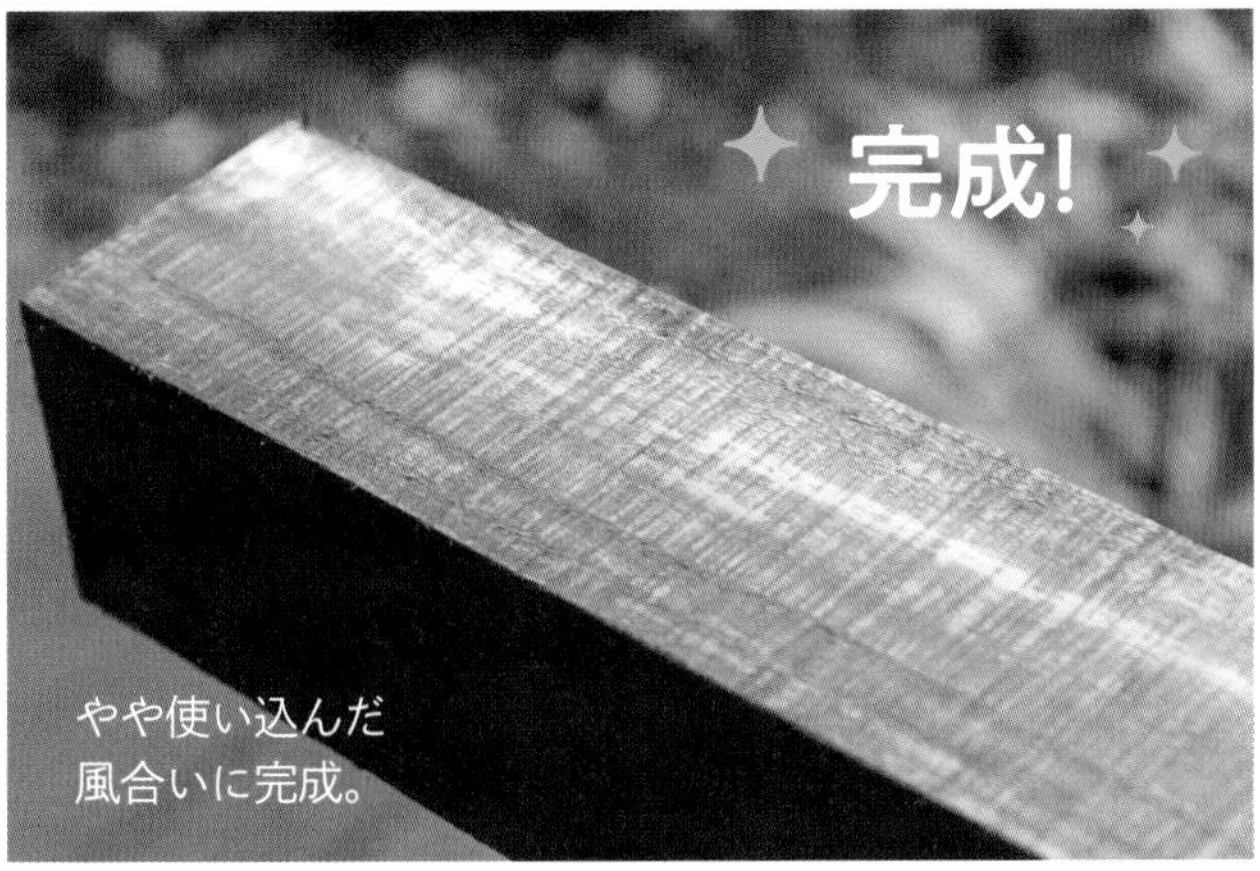

やや使い込んだ風合いに完成。

6 布で拭き取る

土が乾いたら、水で濡らしてよく絞ったウエスで全体を拭き取る。乾いたら、乾いたウエスで全体を拭く。

完成!

新品の角材が古材風に。板材を加工して柵や壁をつくるとアンティーク風のアイテムができる。仕上がりが多少雑でも、古きよき雰囲気は変わりない。

ガーデンピック

簡単につくれるガーデンピックは庭のデコレーションや植物の名札に

ガーデンピックは、花壇や鉢植えに挿すだけでちょっとしたアクセントになります。植物のネームプレートにしたり、季節のイベントに合わせて庭のアクセサリーにしたり。市販品もたくさんありますが、せっかくならオリジナルで楽しんでみましょう。100円ショップなどで購入できる材料を使い、簡単にできる小さなガーデンピックを紹介します。

難易度	★☆☆☆☆
製作時間	各1時間
効果	ネームプレート、 花壇や鉢のデコレーション
アレンジ	土に挿すスティックに、 文字を書くプレートや オーナメントをつけるだけなので、 好きなもので自由につくれる

十字のガーデンピック

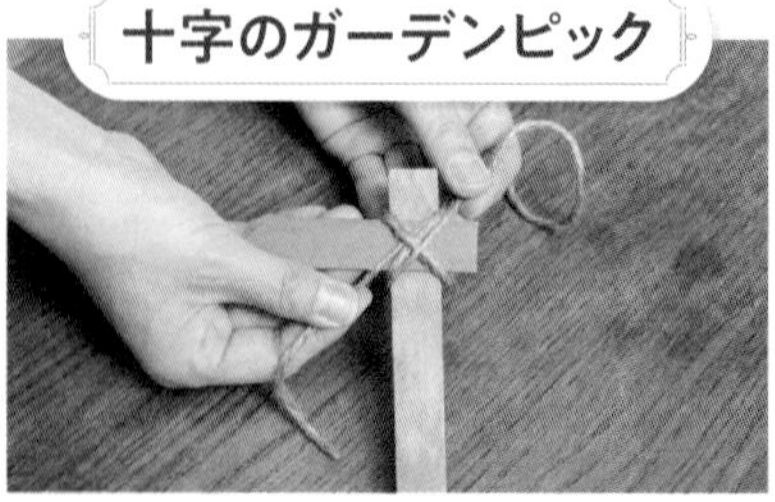

市販の木製ネームプレートを２枚用意。１枚は少し短くカットし、木工用ボンドで十字に固定したあと、麻ひもを十字にかけて結ぶ。

小枝のネームバー

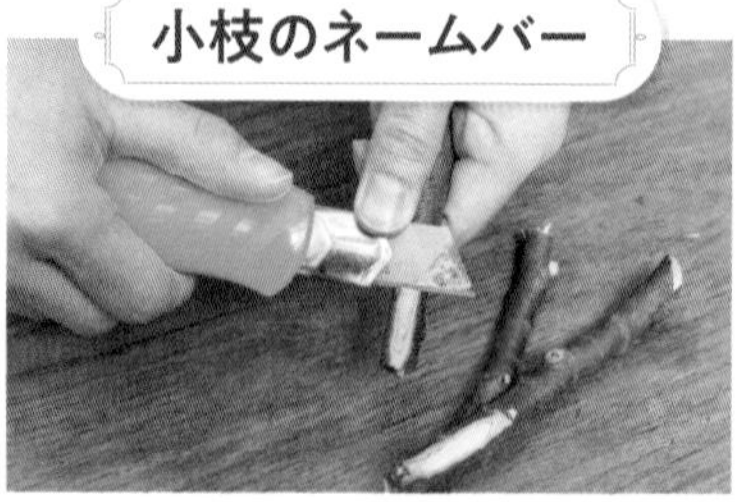

長さ 10 ～ 15cm 程度の枝の樹皮をカッターなどで削る。植物の名前を書いて土に挿す。

矢印のガーデンピック

1 市販の木製ネームプレートを２枚用意。１枚はカットして写真のように短い矢印を２つ作る。

2 塗料で好きな色に塗ったり文字を書いたりして、木工用ボンドで貼りつけて固定する。

小枝のプレートピック

① 角棒（厚さ 2 mm × 幅 21mm）を好きな長さにカットし、塗料で色を塗ったり文字を書いたりする。

② キリなどで穴を開け、細いワイヤーを通して小枝につり下げる。

コルクのガーデンピック

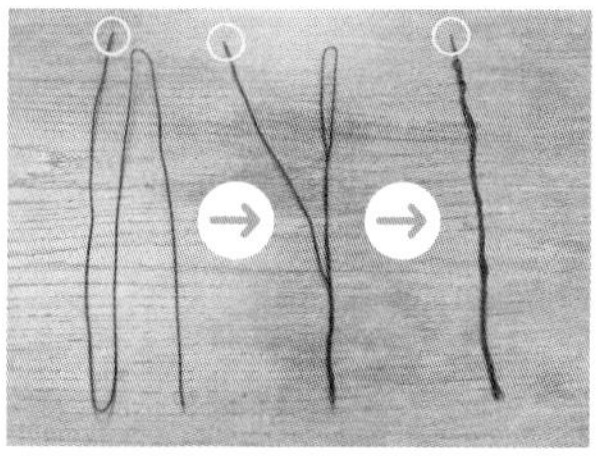

① 90cm のワイヤー（太さ 0.9 mm）の先を少し残して、写真左のように折り曲げる。写真中央のように下からねじり、写真右のように 1 本の支柱にする。

② 支柱のワイヤーの先を写真のように釣り針型に折り曲げる。キリなどでコルクに穴を開け、先を丸めたワイヤーを差し込み、支柱のワイヤーを引っかける。

③ 季節のオーナメントをつけるときは、オーナメントとコルクに穴を開け、ワイヤーでつなげる。コルクにワイヤーを挿してからオーナメントをつけるとつなげやすい。

石をアクセントにした庭づくり

グリーンと調和しやすい石は置くだけでおしゃれ感が出る

ガーデンアイテムの中でも重量のある石は、扱いにくそうで手軽に手が出せないと感じる人が多いかもしれません。しかし、庭づくりにおいて石は、グリーンと調和しやすい便利なアイテムなのです。

大きな石をひとつ置くと空間がグッと引き締まった印象になりますし、庭の一角に小さめの石をいくつか重ねたり並べたりすれば、見所となるミニコーナーがすぐにでき上がります。

石を使った庭というと灯篭やししおどしが置かれた和風庭園、ワイルドな雰囲気のロックガーデンなどがありますが、そこまで本格的にする必要はありません。グリーンの中のアクセントとして、少しだけ使ってみてはどうでしょうか。

石があると、雑草が出にくくなったり、植え込む植物が少なくてもおしゃれな空間を演出したりすることができます。そのため、植物の管理の手間が省けるというメリットもあります。

庭に石を用いる効果

石にはどんな効果があるでしょうか。 庭に石を置くメリットや効果を考えてみましょう。

効果 1 庭がより立体的になる

石は大きさも形もさまざまです。重ねたり並べたりすることで、でこぼことした立体的な空間が生まれます。ある程度の大きさのものであれば、それだけで存在感が出ます。

効果 2 植物が少なくてもさまになる

イングリッシュガーデンのような草花あふれる庭も素敵ですが、近年は雑木系のシンプルな植栽の庭も人気です。石を置くことで植物が少なくてもおしゃれな雰囲気が生まれます。

効果 3 雑草が生えにくい

ゴロゴロとした石や砂利があると、雑草が出にくくなります。まったく出ないということではありませんが、雑草が出ても抜きやすく、多少の草なら石との相性も悪くありません。

住宅横の北向きのアプローチ花壇。奥行 70cm ほどの花壇には、既存マス、メーターボックスが設置されています。

限られたスペースながら、石と支柱の設置で立体的な空間にチェンジ。足元に敷き込んだ自然石は、直線的な花壇に動きをつけながら、植物はコンパクトに管理できるものを選んでいます。（渡辺邸）

石の使い方

洋風の庭ではどんなところに
石を使うとよいでしょうか。
使う場面と選び方の
ポイントを紹介します。

目隠し

板状の石の向こう側には、ガーデン照明が設置されています。石ならば植栽の中にあっても違和感がなく、植物だけでは隠しきれないものもさりげなく隠せます。

花台

親がつくった和風庭園を洋風にリフォームしたいと思ったときに悩む人が多いのは、景石（観賞用の大きな庭石）の扱いです。じゃま者にせず、植木鉢やガーデンアクセサリーを置く台に使うことも検討してみましょう。

花壇の縁石

コンクリートと植栽エリアの境に大きめの石をランダムに置き、土が見えないよう小さな石を詰め込んでいます。多肉植物をメインにしたロックガーデンのような仕上がりです。

水栓の水受け

石や砂利は排水性がよいため、立ち水栓の水受けにもおすすめです。砂利よりも大きめの石なら、土の上に直接置いても水で流れることがないため安心です。

庭づくりアドバイス

column

石の選び方

岩石を砕いてゴツゴツとさせた割栗石や、川石のように丸みがついたものなど、石の表情はさまざまです。とはいっても、石も植物も自然のもの。和洋に限らず庭に置いてみれば、案外どんな石もしっくりくると感じるのではないでしょうか。

石を選ぶときは、色を揃えることがポイントです。石は産出場所によって、白、黒、赤、青、茶など色みが異なります。まったく別のコーナーに使うなら、それぞれのコーナーで色を変えてもよいですが、１カ所に使うものは色みを統一しましょう。さらに洋風の庭では、ゴツゴツ系か丸みのあるタイプかどちらかで統一し、石の大きさもある程度揃えるほうがバランスがよく見えます。

庭に立体感を出す アーチとグリーンカーテン

つる性の植物を這わせて 庭全体を立体的に見せる

庭づくりは広さに関係なく、高低差や奥行きを感じさせる立体的な空間を意識するのがポイントです。樹木、高さのある草花、グランドカバーのような低めの植物など植栽の配置で高低差をつけることは基本ですが、アーチやグリーンカーテンなどのアイテムを使うと、庭の立体感がより増してきます。

アーチは小道の入口などに設置し、バラなどを誘引すると優雅でロマンチックな庭を演出できます。シンプルなデザインのものであれば、小さな庭でもじゃまになることはありません。

グリーンカーテンはネットや支柱を建物の壁や窓に沿わせて植物を這わせます。見た目のさわやかさだけでなく、建物の蓄熱を軽減したり、周囲の気温を下げたりする省エネの効果が期待できます。

アーチやグリーンカーテンに向く植物

アーチとグリーンカーテンでは設置の目的が少し異なります。
それぞれに向いている植物を選んで楽しみましょう。

グリーンカーテン

暑さをやわらげることが目的となることが多いグリーンカーテンは、葉がたくさん茂る植物が向いています。ゴーヤやブドウなど収穫できる植物を植えることもよくあります。ひとつの植物だけでカーテンをつくるほうが管理がしやすくなります。

- ゴーヤ
- キュウリ
- キウイ
- ブドウ
- ヘチマ
- パッションフルーツ
- フウセンカズラ
- ツンベルギア
- アサガオ
- ユウガオ　など

ネットにブドウを這わせたグリーンカーテン。写真は４月下旬の様子ですが、夏に向かって枝葉がどんどん増えていきます。枝は横向きになるように誘引します。

アーチ

アーチは庭での鑑賞性を目的としたものが多いため、花が美しいつる性植物が向いています。左右の支柱から品種の違うバラを這わせてもいいですし、バラとクレマチスなど開花時期が異なる植物を一緒に這わせて長い期間花を楽しむのもよいでしょう。

- つるバラ
- モッコウバラ
- ハゴロモジャスミン
- カロライナジャスミン
- ノウゼンカズラ
- クレマチス
- トケイソウ
- ハーデンベルギア
- スイカズラ
- ルリマツリ　など

バラはアーチの定番植物です。限られたスペースの庭の場合は、片側だけから這わせるほうがスッキリとまとまります。

それぞれ向いている植物がありますので、植物の好みや目的に応じて取り入れてみるとよいでしょう。

構造物はしっかり固定し植物の生育に合わせた管理を

アーチはバラやクレマチスなど、花の鑑賞価値が高いものがよく選ばれます。管理ポイントのひとつは、花が終わったら花がら摘みを行うことです。見た目の美しさを保つのはもちろんですが、病気の予防にもなります。冬には剪定を行い、バラの場合は誘引も必要です。

グリーンカーテンは、葉を増やすように管理するのがポイントです。まずは肥料切れを起こさないように、1～2週間に1回程度、液体肥料を施します。夏に効果を発揮するアイテムなので、盛夏は早朝と夕方の水やりが必須です。葉の部分には日光を当てるようにしますが、根元はマルチング材で覆ったり、背の低い植物を植えたりして、根が暑さで傷まないようにします。

アーチは支柱を地面にしっかり差し込んで、ぐらつかないようにしましょう。グリーンカーテンも強風であおられないように固定しますが、ネットを利用する場合は、ネットの取り外しが簡単にできるようにしておくと、台風のときには一時的に外しておくなどの対策がとれます。

ゴーヤを利用したグリーンカーテン。葉を密にすることで暑さをやわらげる効果が高まります。

バラとクレマチスを一緒に誘引したアーチ。土のない場所のため、大鉢に植えつけた株をアーチに誘引しています。鉢管理の場合は、毎年植え替えをします。

庭づくりアドバイス

column

グリーンカーテンは専用フェンスを使うと手軽でおしゃれに

グリーンカーテンは、支柱を組み立てたりネットを張ったりするのが大変と思う人もいるでしょうか。

手軽に利用できるのは、地面に置いて立てかけるタイプのフェンスです。グリーンカーテン専用なら、見栄えもよく設置も簡単。コンテナ置きのスペースがあるタイプは、コンテナが重りになって転倒を防いでくれます。

アイアングリーンカーテンプランター台付き。
¥18,480（税込）／ディノス

庭のプロに依頼するとき

庭づくりに悩んでいるなら プロに相談するのもおすすめ

これから庭づくりを始めようとしている人や、庭のリフォームを考えている人の中には、どこから手をつけていいか迷っている人もいるでしょう。庭づくりをすべて自分でできればベストですが、多くの時間と手間をかけられない場合もあると思います。そんなときは思いきって、プロに相談してみるのもよいでしょう。

庭のプロには、造園業者、外構・エクステリア業者、ガーデンデザイナーなどがいます。専門の業者だけでなく、ホームセンターや園芸ショップなどで庭づくりの相談窓口を設けているところもあります。

庭の基礎をつくってもらい、そのあとの手入れや管理は自分で行うというのが最近の主流。季節の変わり目だけ、植え替えや手入れをプロにお任せすることもできます。通常の業者であれば、施工後のアフターフォローも対応してくれます。植物のこと、庭の様子などで困ったときに相談できる人がいるというのも、プロにお願いするメリットです。

業者ごとに、それぞれ得手不得手の庭づくりがあります。過去の施工例を確認し、自分の好みに合うところを探すことが大切です。

プロに相談するときのポイント

「思っていた庭と違ってしまった」ということのないように、依頼前の準備、失敗のない依頼の仕方を確認しておきましょう。

ポイント 1 庭の目的を明確にしておく

相談する前に、自分はどんな庭を目指しているか、庭で何をしたいかを明確にしておきましょう。「花がいっぱいの庭」だけでは正確には伝わりません。理想の庭の写真を用意したり、「花に囲まれながら近所の人とお茶が飲めるスペースをつくりたい」などと具体的なイメージを伝えられるようにしておきます。

ポイント 2 ライフスタイル、好みを伝える

普段の生活のパターン、庭に関われる時間や作業を伝えておきましょう。どれくらい庭に手間をかけられるかは、庭のデザインや植物選びの参考になります。また、好きな音楽やアート、趣味など自分の好みを伝えておくのもおすすめです。ライフスタイルと庭のテイストがマッチすることで、より庭を楽しめます。

ポイント 3 業者の施工例を確認する

依頼を決める前には、必ず業者の過去の施工例を見せてもらいましょう。業者のスタイルが自分の希望と合うかを見極めることが大切です。また、デザイナーと施工者の関係性も確認しておきます。デザイン・施工を一貫して行う業者なら施工にも責任をもってくれますが、施工会社が別に入る場合は、両者がどれくらいのつき合いか、信頼関係が築かれた間柄かを確認することが重要です。デザインはよくても、施工の質が悪いというトラブルはよくあります。

ポイント 4 予算ははっきりと伝える

業者を決めたら、実際の設計をお願いする前に予算を明確に伝えます。予算によってデザインや施工内容が変わります。一度出てきたデザインを予算を削るために変更すると、クオリティが下がったと勘違いしやすくなるので、最初に予算を伝えることが肝心です。また、見積書の明細は納得いくまで確認しましょう。曖昧なまま工事を進めると、「思ったのと違った」というトラブルが発生しかねません。

庭のリフォーム施工例

埼玉県・高杉邸

完成！

施工前

門から玄関までのアプローチ、カースペース、植栽スペースの飾り壁など、大きなところから施工がスタートします。

住宅との調和が美しいフロントガーデン。施主の生活スタイルなどを知ってもらうことで、飽きのこない空間に仕上げてもらえます。夜の表情も楽しめるよう、照明計画もファーストプランからトータルでデザインしてもらえるのはプロならでは。

豊富な知識の中から何をどう使うか、その庭だけのオリジナルの提案をしてくれるのがプロの仕事です。

フロントガーデンから中庭へ。限られたスペースながら、計算された植物の配置で、奥行きのある空間が生まれます。

門の前は庭主が自分で植え替えなどを楽しめるエリアです。自分で管理できる時間、内容をしっかり伝えておくことが大切。

道路とカースペースを挟むように配置したドライガーデンエリア。エリア毎にテーマをつくり、楽しめる空間づくりに。

ウッドデッキやパーゴラを設置したいとき

庭に設置するガーデンアイテムとして人気のあるウッドデッキとパーゴラ。
DIY に挑戦する人もいますが、 安全性や長持ち性を考えると、 プロに依頼するほうが賢明といえます。

パーゴラ

パーゴラとは木材で組んだ棚のことで、昔から親しまれているフジ棚もパーゴラの一種です。フジだけでなく、バラ、アイビー、クレマチスなどつる性の花木や草花を這わせたり、ブドウやキウイフルーツなどの果樹を楽しんだりすることもできます。デッキと一体化させるスタイルは人気がありますが、庭の中に単体で設置することもできます。アーチ(⇨ P128) よりも日よけ効果が高く、パーゴラの下で過ごす時間は、さらに癒しを感じられるのではないでしょうか。

天井にバラを這わせたパーゴラ。下から仰ぐように鑑賞するため、下向きに花がつくタイプの花木や草花がおすすめです。

ウッドデッキ

ウッドデッキはリビングからの延長で設置することが多く、テーブルやイスを置いてテラスとして楽しむこともできます。コンセントの差し込み口を設けておくと、家電製品を使ったり、照明を置いたりすることができて便利です。水道は後付けで設置する人が多いアイテムなので、最初の段階でつけるかどうかを検討しておくとよいでしょう。業者にはデッキをどのように楽しむかを伝え、どんな設備をどこに設置したらよいかを相談しましょう。

デッキの下に砂利を敷いておくと、雑草が生えにくくなります。土のようにぬかるみもできないので、湿気対策にも有効です。

庭づくりアドバイス

column

ウッドデッキやパーゴラをDIYするときのコツ

ウッドデッキやパーゴラは、人が乗ったり、下を通り抜けたりするため、傾いたり、倒れたりすると危険です。そのため、DIY でいちばん慎重に仕上げたいのが、全体の荷重を受け止める基礎の部分です。すでにコンクリートなどで舗装されているところならよいですが、やわらかい地盤の場合は、砂利やコンクリートなどを入れ、しっかり固める必要があります。

デッキやパーゴラの主要資材である木材の選び方もポイントのひとつです。木材には、広葉樹を加工したハードウッドと針葉樹を加工したソフトウッドがあります。ハードウッドは繊維の密度が高く硬い材質のため、耐久性があり丈夫です。ソフトウッドは軽くやわらかい材質で、DIY では扱いやすいでしょう。素足で歩けるような優しいぬくもり感があり、ハードウッドに比べると低価格なのも魅力です。それぞれの長所・短所を考慮し、自分に合ったものを選びましょう。

作業を進めるなか意識しておきたいのは、水平を確認することです。基礎はもちろん、土台を組むとき、板を張るときなど、作業の要所で水平器を使い確認しましょう (⇨ P83)。

資材が全部揃い、あとは組み立てるだけといったキットも市販されています。DIY に挑戦したいけれど、ハードルが高いと感じる人は、そういったものを利用するのもおすすめです。

part

4

覚えておきたいガーデニングの知識

植物を美しく丈夫に育てるためには日々の管理が大切です。
植物の植えつけや植え替え、季節ごとの管理、日ごろの手入れなど
1年を通して必要なガーデニングの作業を知っておきましょう。
植物がいきいきと育つ庭は、それだけで美しく見えます。

年間ガーデニングカレンダー

季節の対策　草花の手入れ　庭木の手入れ　バラの手入れ

5月 MARCH	4月 APRIL	3月 MARCH
季節の対策		
草花の手入れ		
		グラス類の切り戻し
春植え球根の植えつけ（5月〜4月）		
春まき一年草のタネまき・苗の植えつけ（5月〜3月）		
草花の挿し芽・挿し木		宿根草の植え替え・株分け
庭木の手入れ		
		落葉樹の植え替え・植えつけ
常緑樹の剪定（5月〜4月）		落葉樹の剪定
	針葉樹の植え替え・植えつけ（4月〜3月）	
バラの手入れ		
バラの新苗の植えつけ（5月〜4月）		バラの大苗の植えつけ
バラの花がら摘み	バラの芽かき	

春　3～5月

植物が眠りから目覚め、庭仕事が本格化する時期

冬の間眠っていた植物たちが活動を開始する時期です。庭仕事では、春まき一年草のタネまきや苗の植えつけ（⬇P144）がスタートします。宿根草の植え替えや株分け（⬇P151）が済んでいないなら3月中に作業しておきましょう。4月には春植え球根の植えつけ（⬇P147）ができます。

落葉樹の移植や植えつけ・剪定は遅くとも3月までには済ましておきましょう。常緑樹は4月から剪定できるものもあります（⬇P154）。

4月になるとバラの新苗の植えつけができます。芽かきをして花数調整を行いましょう。

さまざまな花が開花を始めるので、花がら摘み（⬇P148）など日々の手入れも必要です。気候によっては、暑く乾燥気味になることもあるので、植物の様子を観察し、水やりも忘れないようにします。

暖かくなると病害虫の発生も増えてきます。被害を見つけたらすぐに対処しましょう（⬇P143）。

5月～6月は草花の挿し芽、挿し木などにも適した時期です。

植物を相手にしたガーデニングは、一年を通してさまざまな手入れや作業があります。
土づくり、タネまき、植えつけ、花後の管理など、素敵な庭を楽しむために欠かせない作業です。
季節ごとのやるべき手入れ・作業を確認しておきましょう。

8月 AUGUST　7月 JULY　6月 JUNE

- 病害虫対策
- 梅雨対策
- 暑さ対策
- 除草・雑草対策

- 多年草の切り戻し
- 夏植え球根の植えつけ
- 一年草の追肥
- 秋植え球根の掘り上げ

- 常緑広葉樹の植え替え・植えつけ
- 春咲き花木の追肥

- バラの夏剪定
- バラのベーサルシュートのピンチ（シュートが出るもの）・つぼみのピンチ

夏 ―6〜8月

水やりを忘れずに 病害虫の観察も重要な時期

高温多湿になるこの時期は、病害虫の被害が多くなるので、日ごろから観察を怠らないよう注意しましょう。草花は切り戻し、樹木は間引き剪定を行って、株全体を風通しよくしておくことが大切です。病害虫の被害にあってしまったものは、できるだけ早く駆除し、場合によっては処分します。

雑草も出始める時期なので、雑草対策も考えておきましょう。それぞれの植物に合わせて、梅雨対策、暑さ対策も行います（→P158）。

本格的な夏を迎えたら、一番重要なのは水やりです。地植えの草花も暑さと水不足でしおれがちになります。夏の水やりは、必ず早朝か夕方、必要なら1日2回行います（→P142）。

秋植え球根を掘り上げる場合は、球根の葉が茶色に変わってきたタイミングで行います（→P150）。一年草や春咲き花木の追肥は6〜7月に。庭木の剪定や整枝は7月中旬くらいまでに済ませておきます。

バラは、5月中旬以降に出たベーサルシュートやつぼみをピンチして秋のために株を休ませます。

年間ガーデニングカレンダー

<table>
<tr><th colspan="2">11月 NOVEMBER</th><th colspan="2">10月 OCTOBER</th><th colspan="2">9月 SEPTEMBER</th></tr>
<tr><td></td><td></td><td colspan="4">病害虫対策</td></tr>
<tr><td></td><td></td><td colspan="4">台風対策</td></tr>
<tr><td></td><td></td><td></td><td></td><td></td><td>暑さ対策</td></tr>
<tr><td></td><td></td><td colspan="3">宿根草の植え替え・株分け</td><td></td></tr>
<tr><td></td><td></td><td colspan="2">秋植え球根の植えつけ</td><td></td><td></td></tr>
<tr><td></td><td colspan="2">春植え球根の掘り上げ</td><td colspan="2">秋まき一年草のタネまき･苗の植えつけ</td><td></td></tr>
<tr><td></td><td></td><td colspan="2">タネの採取</td><td></td><td></td></tr>
<tr><td></td><td></td><td colspan="4">常緑広葉樹と針葉樹の植え替え・植えつけ</td></tr>
<tr><td colspan="2"></td><td></td><td></td><td></td><td></td></tr>
<tr><td colspan="3">バラの花がら摘み</td><td></td><td></td><td>バラの夏剪定</td></tr>
<tr><td></td><td></td><td></td><td></td><td colspan="2">バラのベーサルシュートのピンチ</td></tr>
</table>

秋 9〜11月

秋植えものの作業のほか 台風の強風対策も必要な時期

残暑は厳しくとも朝夕は涼しさが感じられるこの時期、樹木は再び活発に動き出します。常緑樹の植え替え・植えつけなどには最適です。

9月も半ばを過ぎたら、翌年の春に咲く秋まき一年草のタネまきや苗の植えつけができます。地植え球根は植えっぱなしでもかまいませんが、掘り上げる場合は、葉が黄色に変色してからにします。10月には秋植え球根の植えつけができます。

宿根草の植え替えや株分けは春もできますが、気候が穏やかな秋も可能。とくに春咲きの宿根草は9〜10月に行うのがベストです。10月にはタネの取れる草花があります。タネは乾燥させてから袋に入れて保存し、来年の春にまきます。木立性のバラはベーサルシュートのピンチを行い、四季咲き性は花がら摘みを行いましょう。

病害虫の被害は涼しくなると減ってきますが、日中の気温の高い日が続いた場合は注意します。また、10月ごろまでは台風も多くやってきます。背の高い草花、庭木には支柱を立て強風対策をしましょう（⬇P160）。

2月 FEBRUARY	1月 JANUARY	12月 DECEMBER

病害虫対策

寒さ対策

グラス類の切り戻し

宿根草の植え替え・株分け

落葉樹の植え替え・植えつけ

落葉樹の剪定

花木・果樹の寒肥

バラの大苗の植えつけ

バラの冬剪定・つるバラの誘引

バラの寒肥

冬 12〜2月

落葉樹の剪定と防寒対策 花壇の土づくりに最適な時期

冬は多くの植物が活動をひと休みする時期です。秋まき一年草や寒さに弱い宿根草には、株元に腐葉土やバークチップなどを敷き、寒さ対策をしておきます（➡P159）。

落葉樹の剪定は落葉後に行います。落ち葉は庭の日陰に集めて、水と一緒に油かす・米ぬかなどを混ぜ発酵させると自家製の腐葉土ができます。最初の1週間はひんぱんに混ぜ合わせ、それ以降はときどき天地を返しながら半年ほど発酵を。花木や果樹には寒肥として有機肥料（➡P141）を施しておくと、春の芽出しがよくなります。

バラは大苗の植えつけ、剪定がメイン作業です。誘引が必要なつるバラは、剪定作業と一緒に行います。

植物の枝や幹には、害虫が卵を産み越冬しようとしています。この時期に、薬剤を散布（➡P143）しておくと、害虫の発生量を減らせます。

春に向けて、必要があれば花壇の土壌改良（➡P140）をしましょう。植物を植えていない場所は、天地返しで土に新しい空気を入れておきます（➡P145）。

庭づくりに必要な道具

本当に気に入ったものを少しずつ揃えるのがベスト

　庭づくりやガーデニングを楽しむのに欠かせない園芸用品。お店に行くとさまざまな道具がありますが、すべてを揃える必要はありません。庭仕事をしながら自分が必要だと思うものを少しずつ揃えていくとよいでしょう。

　ここでは、植物の手入れや庭仕事に欠かせない必需品と、あると便利なアイテムを紹介します。

　道具を購入する際は、お店で実際に手に取り、大きさや重さ、扱いやすさなどを確認しましょう。そのうえで、デザインも含めて気に入ったものを選べるとベストです。お気に入りの道具を使えば、庭での作業がさらに楽しく快適になるはずです。

MUST ITEMS

揃えたい道具

・散水ホース・

水やりに使うホースは、リールに巻いてあるときちんと収納でき、移動にも便利。使用場所の距離で長さを選びましょう。

・ハサミ・

園芸用の木バサミや、剪定バサミなどがあります。木バサミは草花や直径1cm程度の小枝を切るのに使います。剪定バサミは直径1～2cm程度の枝を切るのに使います。切れ味のよいものを使うことで、植物の繊維を傷つけずにすみます。

・園芸用シート・

耐水性のあるシートで、土や肥料を入れたり、剪定した枝や花がらを入れたり、周囲を汚さずに庭仕事ができます。1枚の平らなシートよりも、四隅をスナップで止めてトレー状にできるもののほうが運びやすく周りも汚れにくいでしょう。

・ノコギリ・

枝の直径が2cm以上になったときは、ハサミよりもノコギリのほうが切りやすくなります。ガーデニングでは、片手で使えるコンパクトなもので十分です。

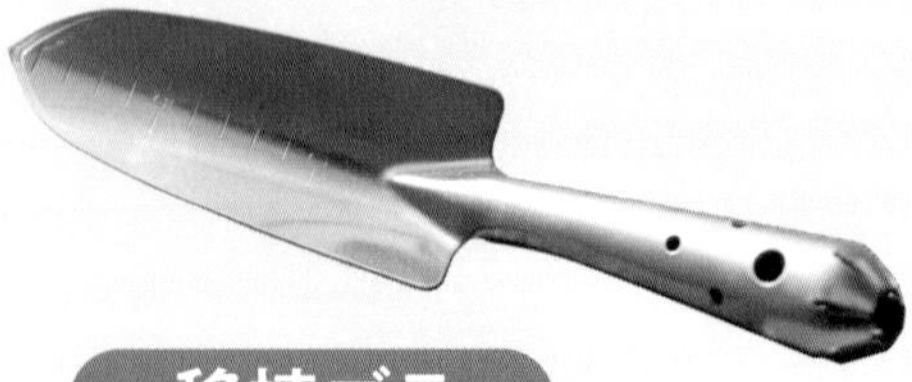

・移植ゴテ・

プランターや鉢に土を入れたり、掘り返すときに使います。形状や持ち手の長さによってさまざまな種類があるので、手になじむものを選ぶようにしましょう。

・スコップ・

庭土を掘り起こしたり、耕したりするときに使います。先が尖った剣先スコップや、四角いプレート状の角形スコップなどがあります。（藤原産業）

GOOD ITEMS

あると便利なもの

霧吹き

コンテナ栽培の植物に葉水を与えるときに便利。軽くて使いやすいプラスチック製がおすすめです。（藤原産業）

土入れ

プランターや鉢に土を入れたり、掘り返すときに使います。株と株の隙間に土を入れるときなどは移植ゴテよりも扱いやすいでしょう。

バケツ

土や肥料を配合したり、薬剤を調合したりするときに便利です。持って移動することを考えると軽めのほうがよいでしょう。

ふるい

土や砂をふるい、粒の大きさを均一にする際に使用します。網目の粗さ別に数種類持っていると便利。（藤原産業）

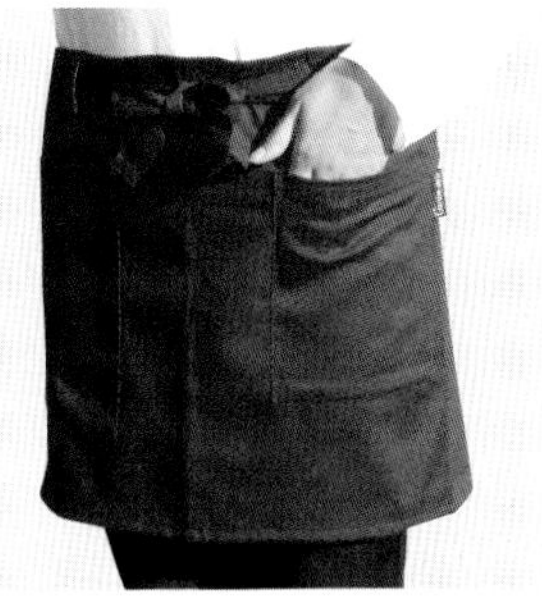

エプロン

撥水性のある汚れのつきにくいものや、丸洗いできるものがおすすめです。ポケットが多めについているものを選ぶと、道具を入れたりするのに便利です。ショートタイプのほうが動きやすいですが、汚れが気になるならロング丈でもよいでしょう。

（藤原産業）

ブーツ

水や土で靴の中が汚れず、虫さされも防ぐことができます。ちょっとした庭仕事であれば、脱ぎ履きの楽なショート丈のブーツで十分です。

ガーデングローブ

手を汚れやケガから保護する、園芸専用の厚手の手袋。トゲのある植物を触る際は、手のひらがゴム製もしくは革製がおすすめです。

ちりとり

「手み」と呼ばれる庭用のちりとりは、落ち葉の時期や草取りのときに、大量に入れられ、運搬もしやすいので重宝します。プラスチック製が軽くて使いやすいでしょう。

（藤原産業）

ほうき

花がらや落ち葉などを掃除するのに便利。広い庭なら竹ぼうきでもよいですが、手ぼうきなら取り出すのも手間にならず、使い勝手がよいでしょう。（藤原産業）

ジョウロ

水やりの手間を軽くしたいなら、大容量のものを選ぶと水を運ぶ回数が減らせます。はす口が取り外し可能なものを選ぶと、根元にも水やりしやすくなります。（尾上製作所）

庭の土と肥料について

植物の住まいとなる土は快適な環境にすることが大切

土があれば植物を植えることはできますが、庭土をそのまま使っても、草花はうまく育たない場合があります。

多くの植物が好む土は、ある程度の水分を保ちながらも、水と空気の流れがよく、栄養分を保持したもの。いわゆる、保水性、排水性、通気性、保肥性の高い土です。適度に湿った土を握り、きちんと固まれば保水性があります。それを指で押してポロっと崩れれば、排水性、通気性があるといえます。

さらに、土壌の酸性度も植物の生育に影響します。一般的な草花には、pH5・5～6・5程度の弱酸性の土が適しているといわれています。市販の酸度測定液で確認しておくとよいでしょう。

土はもともとの状態や性質を一生保つわけではありません。肥料を長く使うと性質が変わりますし、前に植えていた植物の病害虫が土内に残っていることもあります。そのため、はじめて手を入れる庭や植物を植え替える前には、状態に合わせて土の改良を行います。目的によって、複数の用土を混ぜることで、最適な土に改良できます。

おもな園芸用土と土の改良

用土は大きく基本用土と改良用土にわけられます。 基本用土は花壇や鉢物などの基本の土として使えます。改良用土は通気性や排水性などを高めるために追加する土です。

	種類		特徴	保水性	排水性	通気性	保肥性
基本用土	赤玉土《あかだまつち》	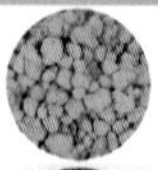	火山灰土をふるいにかけ粒状にしたもの。通気性・保水性・保肥性のバランスがよく、弱酸性で清潔なのでほとんどの植物に向く。	◎	○	◎	◎
	黒土《くろつち》		関東ローム層の火山灰土。有機物を多く含む軽い土で、保水性・保肥性が高い。	◎	×	×	◎
	鹿沼土《かぬまつち》	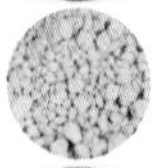	軽石状の土で、水分を含むと黄色っぽくなる。保水性・通気性が高い。酸性のため、サツキや洋ランなどの植物に向いている。	○	◎	◎	○
改良用土	軽石《かるいし》	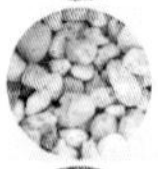	多孔質で、保水性・通気性が高い。鉢底のゴロ石として使うことも多い。	△	◎	◎	△
	たい肥《ひ》	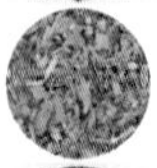	樹皮に牛フンや鶏フンなどを加えて発酵させたもの。通気性・排水性が高い。やせた土の改良には $1m^2$ 当たり 10～20ℓほど混ぜる。	△	○	◎	◎
	腐葉土《ふようど》		落ち葉を発酵させたもので、有機物を含んでいるため微生物を活性化させる。通気性・保肥性が高く、たい肥と同じように使える。	○	△	◎	◎
	バーミキュライト		鉱石の蛭石を高温で焼いたもので、とても軽い。保水性・保肥性が高く、無菌なので挿し木の土にも最適。	◎	○	○	◎
	ピートモス		ミズ苔などが堆積して発酵したもの。通気・保水・保肥性が高い。酸性度無調整のものは、アルカリ性が強い土のph調整として使用可。	△	◎	◎	◎
	もみ殻《がら》くん炭《たん》		もみ殻を炭化したもので、通気性・保水性が高く微生物の活性化を促す。アルカリ性のため、酸性土壌を中和できる。	◎	○	◎	◎
	パーライト		火山石や珪藻土などを高熱で焼き固めた人工砂れき。黒曜石系は排水性・通気性が高く、真珠岩や珪藻土系は保水性がある。	○	○	○	△

培養土

草花、ハーブ、球根、野菜など、育てたい植物にあわせて配合された土。用土だけでなく、肥料や根腐れ防止剤などが含まれているものもある。

苦土石灰

土ではないが、土の酸性度を調整するのに使われる改良材。土の酸性度が高い場合に使う。pH を 1.0 上げるためには、用土 10ℓあたり 10～20g の石灰をすき込む。植物を植える 2 週間～ 4 週間前には入れておく。

肥料はその植物ごとに与える時期や適切な量がある

土の中では植物が根を伸ばし、生長に必要な養分を吸収しています。しかし、土の中はいつでも十分な養分があるとは限りません。植物にとって不足する養分を補うには、肥料を施す必要があります。

植物の生長に必要な養分はたくさんありますが、欠かせないのは、三大要素といわれる「チッ素（N）」「リン酸（P）」「カリウム（K）」の３つです。市販の肥料には、この３つの成分の配合割合が記載されています。成分の割合は、植物や使う目的によって変わるので、用途をきちんと理解して選ぶことが大切です。

肥料は、たくさん与えれば植物がよく育つというわけではありません。肥料のやりすぎは、かえって植物を弱らせ、腐らせる原因になることもあります。また植物には、肥料が必要な時期とあまり必要でない時期があります。適切な時期に適切な量を施すのが上手に使うポイントとなります。

植物の植えつけ時に土に混ぜ込んで施すものを元肥といい、元肥の効き目が少なくなったときに施すのが追肥です。一般には、元肥にはゆっくりと長い期間効果のある緩効性の肥料、追肥には効果の期間は短いけれど速効性のある化成肥料が適しています。

肥料の種類と与え方

肥料は必ずしもすべての植物に必要なものではありません。
必要な植物に適切に与えるようにしましょう。

肥料の栄養素

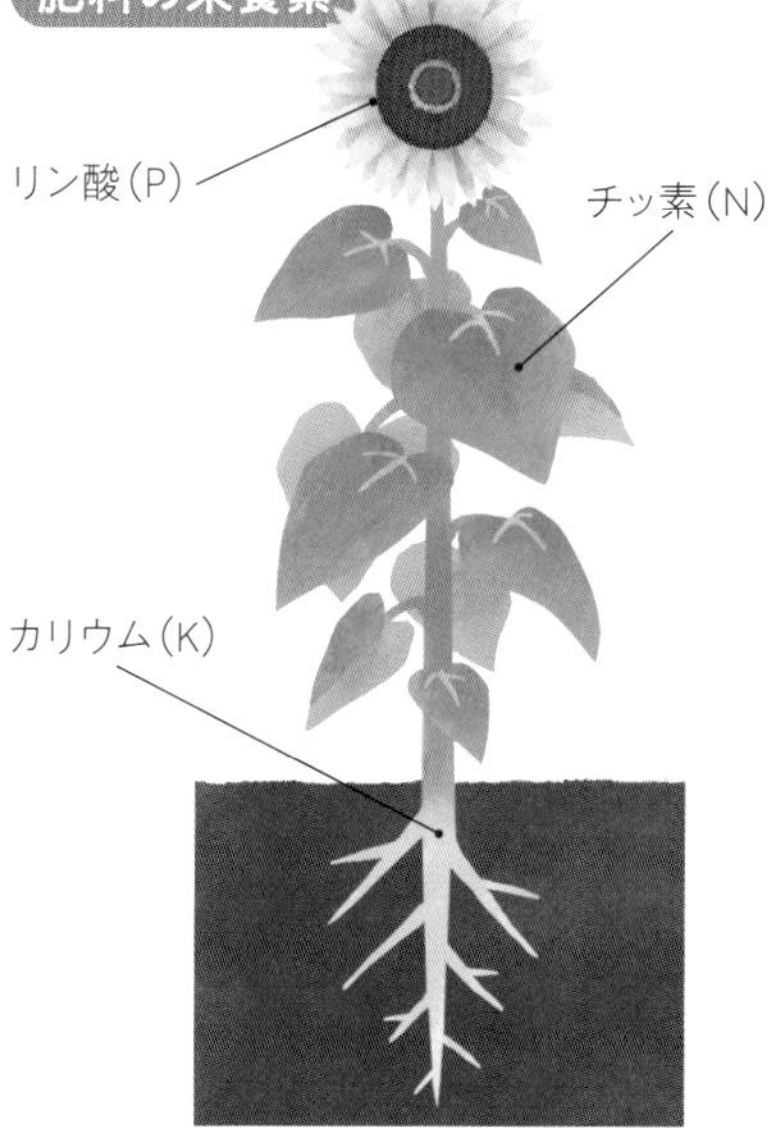

リン酸（P）

花つきや実つきをよくする働きがあり「花肥」や「実肥」とも呼ばれます。とくに開花期に入るころに必要な要素です。

チッ素（N）

葉や茎の生長を促す働きがあり「葉肥」とも呼ばれます。植えつけ後の生長期、実を太らせる結実前などに必要です。

カリウム（K）

根の生長を促す働きがあり「根肥」とも呼ばれます。不足すると根が育たずに、養分の吸収が悪くなるため、まんべんなく必要です。

肥料の種類

有機肥料

牛フンや鶏フン、落ち葉や野菜クズ、草木など、動植物質を発酵させてつくったもの。環境への負担が少ない肥料です。

[効き方] 土の中の微生物の働きで成分が分解されるため、効果が出るまでに時間がかかる遅効性。効き目は遅いが効果が長く続く。
[使い方] 植物を植えつける際の元肥や追肥。

化成肥料

化学的に合成したものを化学肥料といいますが、その化学肥料の成分が２種類以上ミックスされて形成された複合肥料が化成肥料と呼ばれます。さまざまな形状のものがあり、長く使い続けると土壌や植物にダメージを与えることがあります。

[効き方] 固形のものはゆっくりと効果を出す緩効性。粒状や粉状のものは、比較早めに効く。液体は速効性がありすぐに効果が出る。
[使い方] 固形は元肥や置き肥、粒状や粉状は元肥や追肥、液体は追肥。

肥料の与え方

元肥

植物を植えつける際、土に混ぜ込んでおく肥料です。元肥は、長くゆっくり効くほうがよいので、遅効性の有機肥料や緩行性の化成肥料を使うようにします。

[草花の場合] タネまき、植えつけの際に元肥として緩効性の肥料を与える。
[花木・果樹の場合] 植えつけの際に元肥として有機性の肥料を施す。

追肥

元肥の効き目がなくなるころに施す肥料です。春先に芽を出させるために施す追肥を「芽出し肥」、開花や実の収穫後に弱った株に施す追肥を「お礼肥」などと呼ぶこともあります。速効性のある液肥や、比較的効き目の速い粒状や粉状の化成肥料を使うことが多いです。

[草花の場合] 生育期に１回、開花期には月１回程度、水やりと一緒に液肥を与える。
[花木・果樹の場合] 開花時、結実時、結実後に追肥。樹冠に沿って円状に複数の穴を掘り、緩効性肥料を埋める。

水やりと病害虫について

土が乾いたときにたっぷりの水を与える

水やりは植物を育てるうえで欠かせない作業のひとつ。とくにコンテナ栽培の植物は、コンテナの土が乾いてしまうと、根から吸い上げる水分が不足し、しおれ、やがて枯れてしまいます。

地植えの場合は、植えつけ後に根が定着してしまえば、あまり神経質になることはありませんが、それでも、長い期間雨が降らずに日照りが続くときには、庭土も乾き、水が不足します。

水やりは、「1日1回」「○日おき」と単純に回数を決めることができません。気候や土の乾き具合を考慮して行う必要があります。コンテナ栽培では、土の表面が乾いたら、鉢底から水が流れ出るまでたっぷりやるのが基本です。たっぷり水を与えることは、土内に新しい酸素を供給する役割もあります。

土の表面が湿っているのは、根が土内の水を吸収しきれていない証拠。その状態で水やりをすると、根は呼吸ができずに、根腐れを起こす原因となります。また、植物の根は水のあるほうへ伸びる性質がありますが、土内に水分がたっぷりあると根が十分に伸びず、全体の生育に悪い影響を及ぼします。

水やりのポイント

水は与えすぎでも植物を枯れさせてしまうことがあります。
水やりのタイミングや方法など必要なポイントを押さえておきましょう。

ここに注意!

時間帯にも配慮を

水やりは1日の気温が上がり始める朝方から午前中10時ごろまでに行うのがベストです。日中は植物の体温も高いため、水温との差が大きいと植物にダメージを与えます。とくに夏は、日中は必ず避け、朝か気温の下がる夕方に行います。ホースの中に温まった水が溜まっていることもあるので、それを植物にかけないように注意しましょう。

また、植物の活動が弱まる夜の水やりは植物を軟弱にしてしまいます。冬には凍結の恐れもあります。

開花期は慎重に

開花期は水分がたくさん必要になるので、水切れを起こさないように観察しましょう。水やりの際には、花に水がかからないようにすることが重要です。花に水がかかると花びらが傷み、そこから病気が発生することもあります。株元の葉や茎を手で倒すようにしながら、根元に水を与えましょう。

コンテナ

タイミング

- 表面の土が乾いたら与える。
- 生長期・開花期は水切れを起こさないように注意する。
- 休眠期の植物は、コンテナ内の土が完全に乾いてからでよい。
- 夏は状態によって、暑さの弱まる朝夕の1日2回与える。

与え方

与えた水が鉢底から流れ出るまでたっぷりやります。可能ならコンテナを持ち上げ、水をしっかり切り、鉢皿に溜まった水は根腐れの原因になるので捨てます。

地植え

タイミング

- 日照が多く雨が少ないときに、草花の元気がなければ水やりをする。
- 暑さの厳しい夏場は植物の様子を観察し、状態によっては、暑さの弱まる朝夕の1日2回与える。

与え方

シャワーや拡散モードのホースで、庭土にたっぷり与えます。初心者は不足気味になることが多いので、思っている以上に長時間やるのがコツです。

おもな病気と害虫

被害を見つけたらすぐに対処し、被害の拡大を防ぎましょう。
特定の病気や害虫に特化した薬剤もあります。

	名称	症状	対策
病気	うどん粉病	葉の表にうどん粉のような白カビが生え、生育を妨げる。日中、夜間の気温が高い初夏～秋に発生しやすい。	昼間の水やりは避け、日当たりと風通しをよくする。発症した場合は発症部分を水洗いし、1週間に1回薬剤を散布。
	すす病	葉の表にすすのような斑点ができ、アブラムシやカイガラムシを媒介して広がる。通年発症するが、初夏～秋がとくに多い。	日当たりと風通しをよくし、アブラムシやカイガラムシをみつけたら駆除を。黒ずんだ葉を見つけたら、取り除き、殺菌剤を散布。
	さび病	雨の多い時期に発症しやすい。葉裏に粉状の小さなかたまりができ、落葉する。植物によって症状に差があり、種類も多い。	冬に石灰硫黄合剤を散布しておくと予防できる。発症したら、発症部分を取り除き、さび病に効果のある薬剤を散布。
	軟《なん》腐《ぷ》病	高温多湿の梅雨に発生しやすく、根本の茎から変色してやわらかくなり、悪臭を放つ。腐敗が広がると、株全体が弱る。	ハサミの切り口や害虫の食害跡から細菌が侵入するので、道具は清潔を保つ。発症すると薬剤が効かない。すぐに抜き取り感染の連鎖を避ける。
	モザイク病	アブラムシの媒介で、葉や花の表面にモザイク状のまだら模様ができ、葉が変形したり落葉したりする。	アブラムシの防虫対策をする。薬剤治療はできないので、発症した場合は株ごと抜き取り処分する。
害虫	アブラムシ	新芽やつぼみなどに大量に発生し、植物の汁を吸って生育を妨げる。ウイルスを媒介して病気を誘引することもある。	見つけしだいつぶすか、水圧で吹き飛ばすように水洗いをする。薬剤散布も効果的。黄色を好むため、周りに黄色いものを置かないようにする。
	カイガラムシ	茎や葉裏に寄生し、殻を被ったものや、粉状やロウ状の物質で覆われたものなど種類が多い。茎や葉の汁を吸って生長を阻害する。	殻やロウで覆われた成虫は歯ブラシなどでこすり取る。冬の間に薬剤を散布すると、春からの発生予防にある程度は有効。
	ハダニ	葉裏に寄生し、肉眼では見えにくい。葉に白い斑点がつき、食害が進むと植物の生育がとまる。梅雨時に大量に発生する。	見つけたら、吹き飛ばすように洗い流す。殺ダニ剤は益虫も駆除してしまうため、ハダニ専用のものを使う。風通しをよくし、葉水をかけて予防を。
	ネキリムシ	根本の茎を食害し、元気だった苗でも急に折れたり倒れたりする。日中は土の中に潜っているため、少し掘ると見つけられる。	見つけしだい捕殺。植える前に土をよく掘り返し、薬剤散布するのが効果的。発生後は殺虫剤を土に混ぜて退治を。
	ナメクジ	葉やつぼみを食べる。夜行性で湿った場所を好む。白い粘液が残るのも特徴。	塩での駆除は植物に悪影響があるため専用の駆除剤を使う。雨上がりや夕方、夜間の散布が効果的。ビールや米のとぎ汁で誘引することも可。
	コガネムシ	幼虫は根を、成虫は葉や花を食害して、植物の生育を妨げる。繁殖力が高い。	見つけしだい捕殺。植える前に土をよく掘り返し、薬剤散布するのが効果的。

原因や症状を把握して予防と対策をしっかりと

どんなにベテランのガーデナーでも、植物の病気や害虫の被害には悩まされています。

病気のおもな原因はウイルスや細菌、カビなどです。風通しの悪い場所や、高温多湿の時期はとくに注意が必要です。害虫を媒介して感染することもあるため、害虫予防・駆除も対策のひとつ。日ごろから植物を観察し、発見したらすぐに対応します。

殺菌剤と殺虫剤

環境に配慮した庭を目指す人には、効果は弱くなりますが、天然物由来のオーガニック系の薬剤（忌避剤）もあります。

殺菌剤　病気予防のために使用します。発症したものには効かないので、発症前に散布するのが効果的。発症してしまった場合は、被害部位を取り除き、その株だけでなく周辺の株にも散布します。

殺虫剤　害虫駆除に使用します。成虫には効かないことも多いので、幼虫に使用するのが効果的。害虫は同じ薬剤を使い続けると耐性がついて効き目が弱まるので、2～3種類を交互に使うのがおすすめです。2月に庭に石灰硫黄合剤を散布しておくと害虫の卵の駆除ができます。

庭づくりアドバイス

column

薬剤を散布するときには

薬剤はできるだけ使いたくないと思うかもしれませんが、病気の予防・害虫の駆除には有効です。

散布は、風がない朝夕の涼しいタイミングで行います。必ず説明書を読み、使用方法や用量を遵守します。ペットは外へ出さず、ご近所への声かけもしておくと安心です。薬剤が皮膚に触れないように、ゴーグル、マスク、帽子、手袋をつけ、長袖・長ズボンを着用します。薄手のものでもよいので、雨具を着るのもおすすめです。

大がかりな散布になるときは、植木屋など業者に依頼するのも手です。

草花のタネまきと植えつけ

植えつけで大切なのは 土の状態と植えつける時期

草花を楽しむのにいちばん手軽なのは、市販の苗を購入して植えつける方法です。一年草や二年草はタネから育てることも難しくありませんが、多年草の場合は苗を植えるほうがおすすめです。球根植物の場合は、球根を植えつけます。

一年草・二年草は、夏～秋に開花する春まきと翌春～夏に開花する秋まきがあります。多年草は、夏～秋に開花する春植え、春～初夏に開花する秋植えがあります。球根植物は、夏～秋に開花する春植え、植えつけ後１カ月ほどで開花する夏植え、翌春に開花する秋植えがあります。

植えつけ、タネまきは適切な時期を逃してしまうと、うまく根づくことができず枯れてしまったり、発芽しないまま終わってしまったりすることがあります。

土は、植えつけやタネまきを行う前に、環境を整えておきましょう。天地返しをし、酸性度を確認して、必要があれば土壌改良をしておきます。鉢植えの場合は、市販の培養土を使うと手軽です。

いろいろな植物の植えつけの適期

地域やその年の気候により多少の違いがありますが、下の表を目安に調整してください。

一年草・二年草

区分	植物名	植	タネ
春植え	アスター	4月中旬～7月中旬	4～5月、9月中旬～10月
春植え	インパチェンス	4月中旬～7月中旬	4～6月中旬
春植え	キバナコスモス	5～7月	4～7月
春植え	キンギョソウ	3～5月	4～5月、9月中旬～10月
秋植え	パンジー・ビオラ	10～12月中旬	7～9月
春・秋植え	ワスレナグサ	3月、9～10月	9～10月
春植え	ケイトウ	6～7月	4月中旬～6月
春植え	コスモス	4～9月	4～9月
春植え	サルビア	5～7月中旬	4月下旬～6月中旬
春植え	ジニア	5月中旬～7月	4～6月
秋植え	ストック	9～11月	8～9月
春・秋植え	カレンデュラ	9月中旬～4月	3～4月中旬、9～10月
春植え	センニチコウ	5～8月	3月中旬～6月中旬
春植え	トルコギキョウ	3～5月	9～10月
春植え	ニチニチソウ	5～7月	5～6月
春植え	ヒマワリ	4～6月	4～6月中旬
秋植え	デージー	9月中旬～11月	8～10月
春・秋植え	スイートアリッサム	2月中旬～3月、9月中旬～11月中旬	3～4月、7～10月
春植え	マリーゴールド	4月中旬～6月	3～5月
春植え	ルピナス	3月	9～10月
秋植え	ノースポール	10～12月	9～10月
春・秋植え	ペチュニア	3月下旬～5月	3～5月、10～11月中旬

多年草

植物名	植	タネ
アガパンサス	3～4月、9～10月	
アジュガ	3～6月中旬、9月中旬～11月中旬	
アスチルベ	3～4月、10～11月	
ガーベラ	3～5月、9～11月	4～5月、9～10月
クリスマスローズ	10～3月	5～6月、10月
セイヨウオダマキ	2～3月	2月
ホスタ	2～3月	2～3月
マーガレット	3～6月、9～10月	
リンドウ	3月下旬～4月	3～4月中旬
ルドベキア	4～5月	3月、9～10月

球根

区分	植物名	植
春植え	ダリア	4～5月
夏植え	リコリス	6～10月
夏植え	アネモネ	10月下旬～12月
夏植え	アリウム	9～11月
夏植え	スイセン	10～11月
春・秋植え	ジャーマンアイリス	3～4月中旬、9月中旬～10月中旬
春植え	グラジオラス	3月下旬～7月
夏植え	コルチカム	8～9月
夏植え	チューリップ	10～11月
夏植え	ムスカリ	10～11月
夏植え	ラナンキュラス	11～12月

植 植えつけ時期　タネ タネまき時期

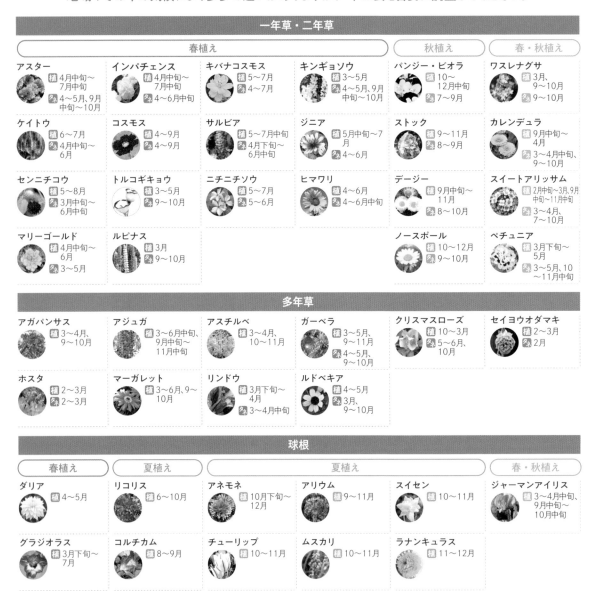

植えつけに適切な土の準備

植物が好むのは、保水性、排水性、通気性、保肥性のある土です。土の環境は次の手順で整えておきましょう。

植えつけ＞2カ月前

天地返し

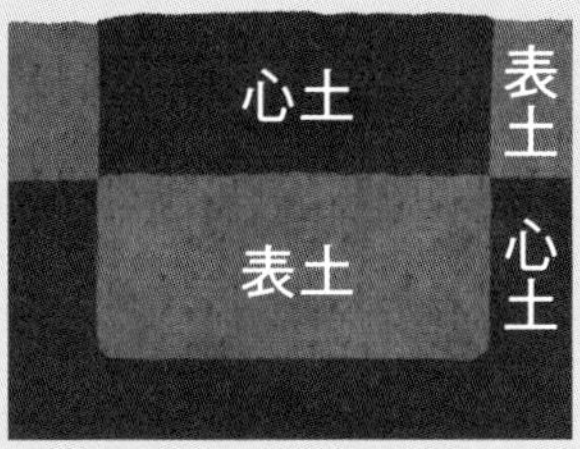

花壇などの土を掘り起こして、上層の土（表土）と下層の土（心土）をひっくり返す作業です。1～2月ごろに行います。遅くとも植えつけの1カ月ほど前には行っておきましょう。

植えつけ＞1カ月前

酸性度の調整

市販の酸度測定液で土の酸性度を確認しましょう。pH5.5～6.5が目安です。酸性度が高い場合は、土に苦土石灰を混ぜて弱アルカリ性の土壌に改良します（⇨P140）。アルカリ性度が高い場合は、酸度調整をしていないピートモスを加えて、中和させます。

土壌改良

酸性度の調整とともに土の状態を確認し、古い根や害虫があれば取り除きます。有機物を含む土は植物の生育を促してくれるので、腐葉土や堆肥を加えておくのがおすすめです。そのほか土の状態によって、改良用土（⇨P140）を加えて、土を改良しておきます。

植えつけ＞1週間前

元肥

土壌改良して全体がなじむまで1週間以上まってから、元肥（⇨P141）を施します。遅効性の有機肥料や緩効性の化成肥料を土の中に混ぜ込んでおきます。元肥は植えつけの際に入れてもかまいません。

花壇に土を入れてみましょう

すぐに植えつけたい場合は、土壌改良と元肥を同時でもOKです。

1 天地返しをしておいた花壇に、通気性を高めるため腐葉土を加える。

2 庭土が少ない場合は、草花用の培養土を追加する。肥料入りの培養土のため、元肥にもなる。

3 保水性を高めるため、縁から2～3cm下（ウォータースペース）まで黒土を追加し、スコップなどで全体をよく混ぜる。

苗の植えつけ

土壌改良する場合の一般的な苗の植えつけ方法です。

事前に植えつけに適切な土を準備している場合（⇨ P145）は、手順❹からはじめてかまいません。

用意するもの

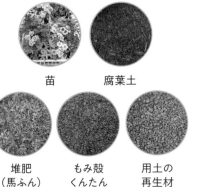

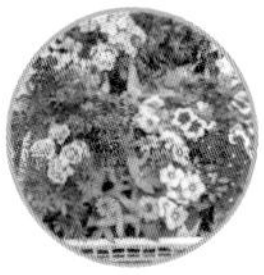
苗

腐葉土

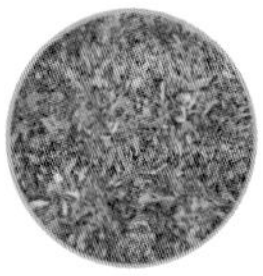
堆肥（馬ふん）

もみ殻くんたん

用土の再生材

❶ 土を掘り返し、植物の根やコガネムシの幼虫などがあれば取り除く。可能なら晴れた日に数日間、土を天日干ししておくとよい。

❷ 腐葉土：もみ殻くんたん：堆肥：用土の再生材を3：2：1：1の割合でよく混ぜる。

❸ ❷で混ぜたものを花壇に入れ、花壇の土とよく混ぜ合わせる。

❹ ポット苗を仮置きし、植えつけ場所を確認する。生長を見越して苗の間隔をあける（⇨ P48）。ここでは15～20cm程度あける。

❺ ポットから苗を抜く。根がつまっている苗は根鉢の底に指を入れ、固まった根を少しほぐす。根鉢全体が崩れないように注意。

❻ スコップで根鉢が入る程度の穴を掘り、苗を入れる。

❼ 根のまわりに土を戻す。苗の根元に土を少し盛り、軽くおさえるように土をならして苗を固定する。

❽ ほかの苗も同じように植えつける。植えつけ後は、土に水をたっぷりやる。開花期中は様子によって、化成肥料や液肥を適宜施す。

球根の植えつけ

球根は同じ種類の植物でも、特大、大球、小球など周球によってサイズが分かれていることがあります。大きいものほど大きな花が咲き、同じサイズの球根であれば、重たいものが養分をたくさん含んでいます。

植えつけの際は、球根の上下を間違えないようにしましょう。

・深さと間隔の目安・

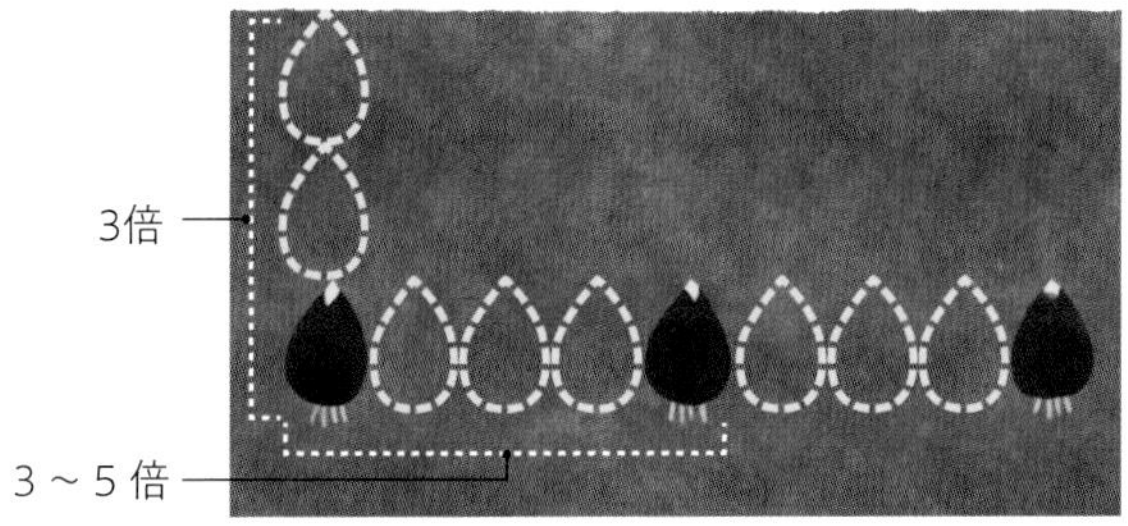

球根の大きさは植物によってさまざまです。植えつける深さは球根の3倍程度を目安にしましょう。複数を並べて植えるときは、球根の大きさの3～5倍ほど間隔をあけます。奇数の数で植えるほうがバランスがよくなります。

ランダムに植えて自然らしさを楽しむ

球根は横一列に並べて植えつけるよりも、前後に植えたり、少しランダムな間隔で植えたりするほうが自然な趣を楽しめます。複数の球根をいっせいに放って、落ちたところに植えるという方法を実践している人もいます。ある程度スペースがある花壇であれば、球根をまとめて植えると存在感が出ます。ムスカリ、スイセン、クロッカス、チオノドクサなど小型のものが群生向きです。

花壇のデザインによっては、整列した状態で咲くほうが効果的な場合もあります。目指したい花壇に合わせて植えつけを楽しみましょう。

タネまき

植物はタネから育てることで、苗を買うよりも安価にたくさんの植物を育てることができます。花壇などに直接まく「直まき」と、育苗箱などの容器にまく「箱まき」があり、箱まきは発芽し苗が十分に育ってから、花壇などに苗を植えつけます。

箱まきの方法は左の3つ。土は事前に十分に湿らせておき、タネにかぶせる土の量はタネの大きさと同程度が目安です。細粒～小粒のタネはふるいでサーッとかけるくらいでOKです。

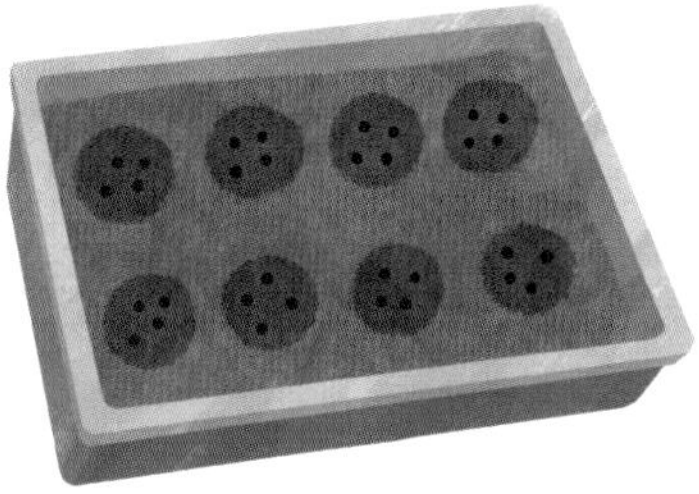

・点まき・

指などで土にくぼみをつくり、3～5粒のタネをまきます。土を薄くかぶせ、霧ふきで水やりします。大粒のタネ向き。

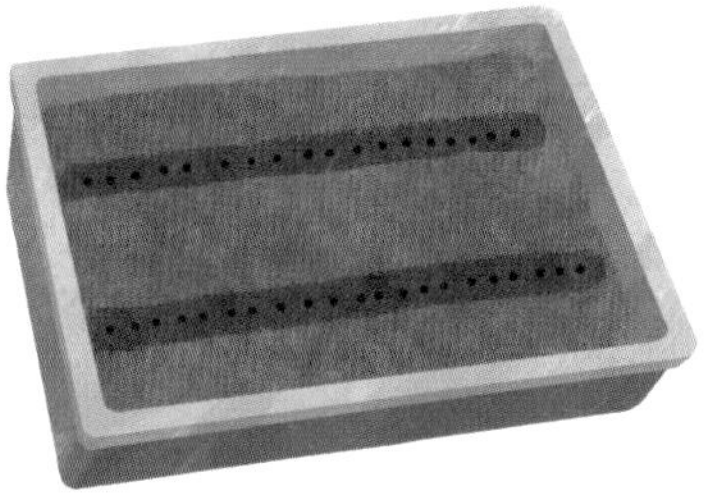

・筋まき・

土にわりばしなどで筋をつけ、その溝に重ならないようにタネをまきます。土を薄くかぶせ、霧ふきで水やりします。小粒～中粒のタネ向き。

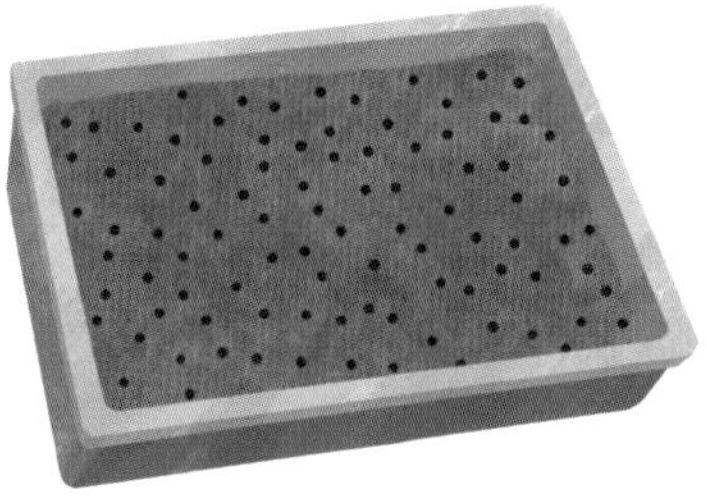

・バラまき・

重ならないように土全体にまんべんなくタネをまきます。土を薄くかぶせ、霧ふきで水やりします。細粒～小粒のタネ向き。

直まきに向いている植物

直まきは花壇に直接タネをまく方法です。根菜類やハナビシソウ、スイートピーなどの直根性の植物は、根を地中深く真っすぐに伸ばします。そのため、植え替え時に根を傷めるとダメージが強いため、そういった植物は鉢上げの必要がない直まきがおすすめです。

草花の年間の基本管理

手入れを怠らずに草花を美しく保つ

庭の花を美しく楽しむためには、一年を通して、適切な手入れをする必要があります。花を咲かせるための準備、花が咲いたあとの管理、草姿が乱れてきたときや株が大きくなりすぎたときの手入れなど、さまざまな作業があります。少し大変に感じるかもしれませんが、庭好き、園芸好きには楽しい時間でもあります。

どのタイミングでどんな手入れをしたらいいか、年間の基本的な管理方法・作業を知っておきましょう。

年間の作業

開花前	摘心
開花中	花がら摘み
開花後	切り戻し・苗の整理 球根の整理
定期的に	中耕・追肥
株が大きくなったら	株分け
鉢物の手入れ	植え替え

摘心

苗が小さいうちに先端の芽を摘むことで、わき芽の生長を促す作業です。花数が増え、ボリュームのある株に育てることができます。ピンチとも呼ばれます。

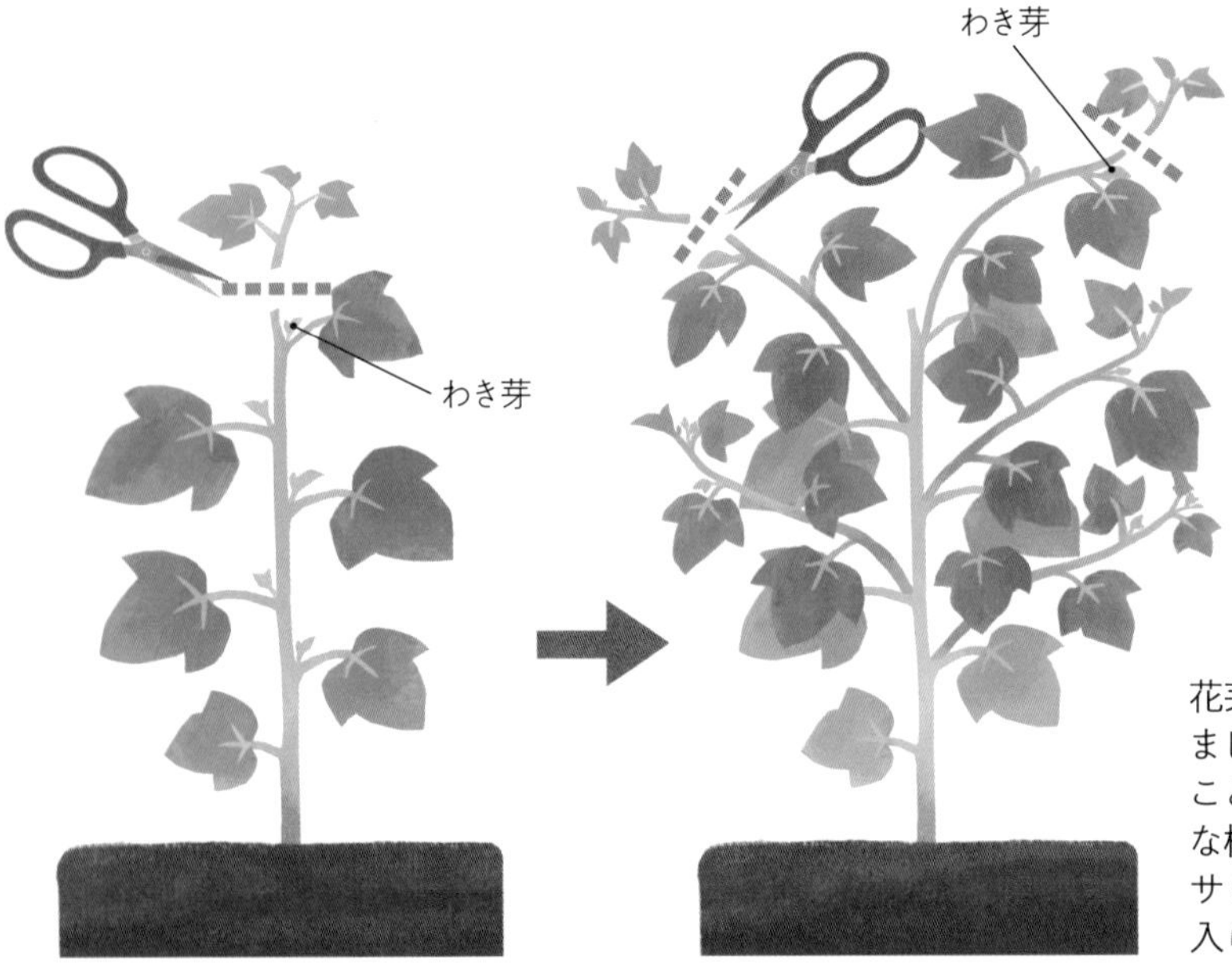

花芽や葉芽のわき芽の上で切りましょう。摘芯を数回くり返すことで、こんもりとした華やかな株に仕上がります。清潔なハサミを使い、切り口から雑菌が入らないようにしましょう。

花がら摘み

開花後の傷みはじめた花を摘み取る作業です。枯れた花をそのままにすると見た目が悪いだけでなく、タネづくりに養分が取られ、次の花が咲きにくくなります。また、花がらからカビが発生して、病気の原因になることもあります。花がら摘みの際、葉や茎に変色や腐食がないかを確認すると、病害虫の早期発見につながります。アナベルやルドベキアなど冬の枯れ姿やシードヘッド（タネをつけた姿）を楽しみたい場合は、あえて花がらを残すこともあります。

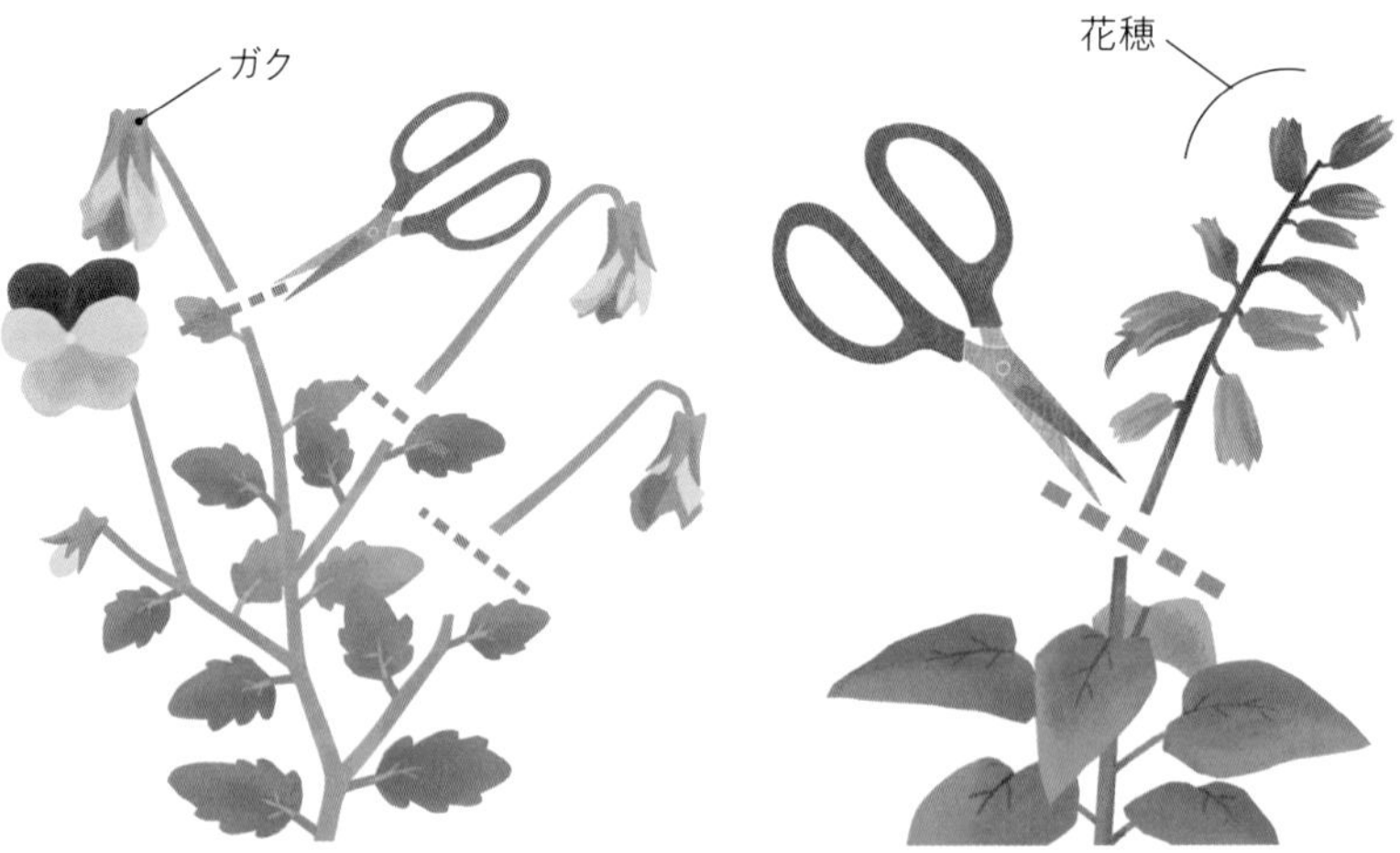

花びらだけでなくガクをつけて花茎のつけ根をハサミでカットします。サルビアのような長い花穂は花穂全体を切り落とします。

切り戻し

伸びすぎた茎や枝を短く切って、株をリフレッシュさせる作業です。開花期の長い植物は、茎や葉が増えて全体の姿が乱れてきます。夏前に切り戻しを行うことで株が蒸れてしまうことも防げます。切る位置は気にしなくて大丈夫です。ただし、切り戻しの時期が遅かったり、短く切りすぎたりすると、株全体が弱って枯れてしまうこともあるので注意しましょう。

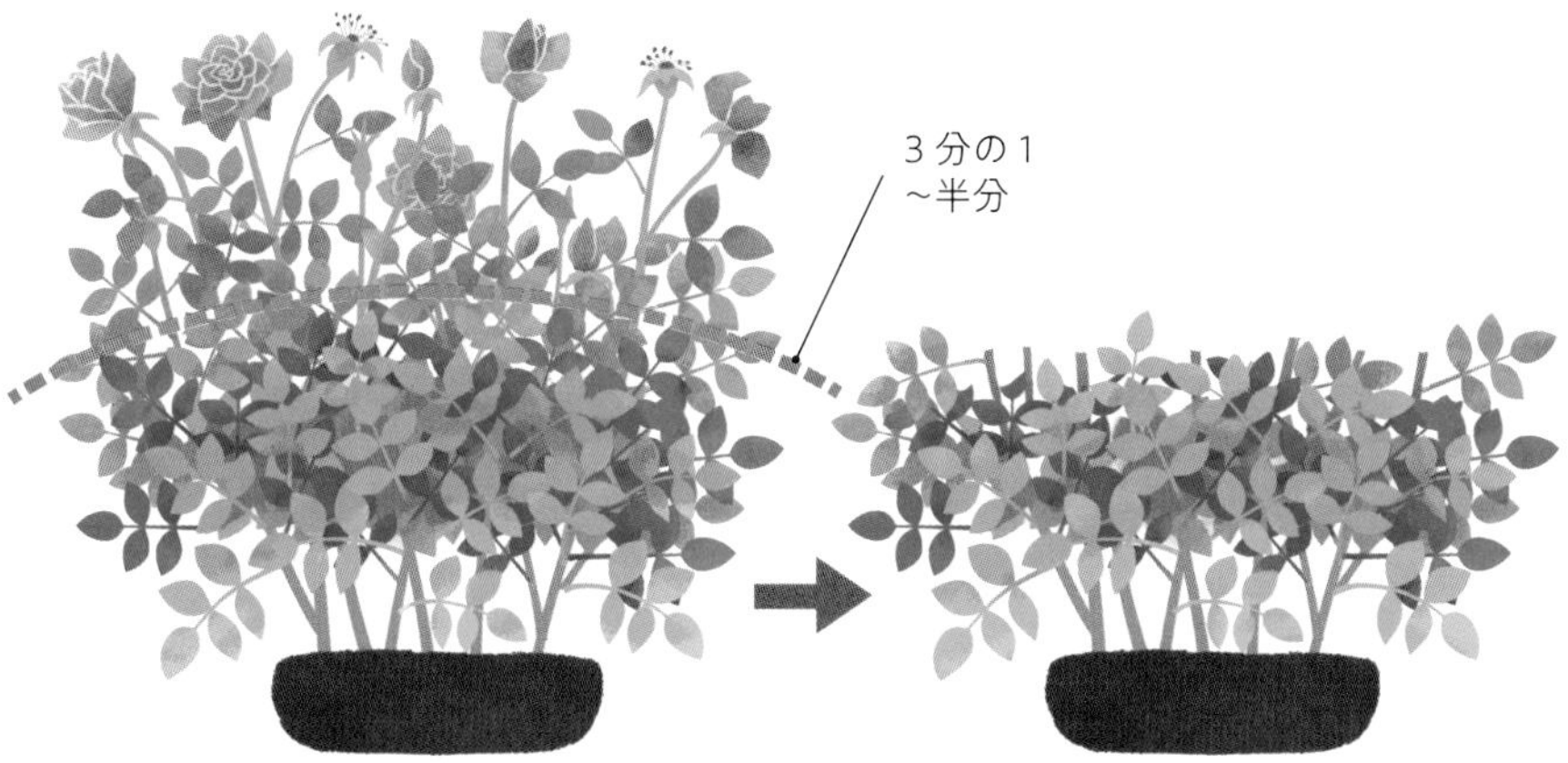

全体の3分の1から半分程度を残すようにして切り戻します。切り戻すと、そこから新しいわき芽が出て2番花、3番花を咲かせることができます。

一年草の切り戻しは不要

一年草は花が終わったあと自然に枯れてしまいます。開花期間中は次の花を咲かせるための花がら摘みは行いますが、基本的に開花後の切り戻しは必要ありません。ただし、開花期の長いもので、混みすぎたり伸びすぎたりして風通しが悪くなっているものは切り戻しするとよいでしょう。

追肥

生育中の植物に肥料を施す作業です。中耕で土をほぐした際に、緩効性肥料などを土に混ぜ込むと、肥料の効きがよくなります。

土をほぐしたあとに、緩効性肥料を混ぜ込み土をならします。

中耕

土の表面をほぐす作業です。宿根草や樹木など長期間植えたままになる植物は、雨や水やりの影響で土が固くなってしまい、通気性や排水性が悪くなります。定期的に中耕作業をすることで、土の中に新鮮な空気が入り、排水性もよくなります。

ガーデンフォークや移植ゴテを使い、株元のまわりの土を3cm程度の深さまでほぐします。雑草を取り除くこともできます。3カ月～半年に1回くらいの割合で行うとよいでしょう。一年草花壇には不要です。

多年草の整理

植えたまま次の開花期を迎えられる多年草や宿根草は、抜き取る必要はありません。全体が枯れてしまったように見えても、地中では生きています。きちんとお手入れをしてあげると、長く楽しむことができます。

地上部が枯れたら、地際で切り戻しをしておきましょう。

一年草の整理

一年草は開花期が終わると、もう一度切り戻しをして花を咲かせるということはありません。花が咲き終わって枯れ始め、株全体が弱ってきたら根っこごと抜き取る作業を行いましょう。

移殖ゴテなどを使って根ごと引き抜いたら、土を落として処分します。空いた部分は培養土や堆肥などを足し、よく耕して土壌をならしておきます。

湿度を保ち保存するもの

●カラー　●サンダーソニア　●アマリリス
●カンナ　●グロリオーサ　●ダリア
●ユリ　など

土を落としたあとベンレートなどの殺菌剤に浸して消毒し、ビニール袋に入れたピートモスなどに埋め、少し湿った状態で保存します。水気が多すぎると腐ってしまうため、ビニールは完全に密封せずに、軽く湿っている程度を保ちます。

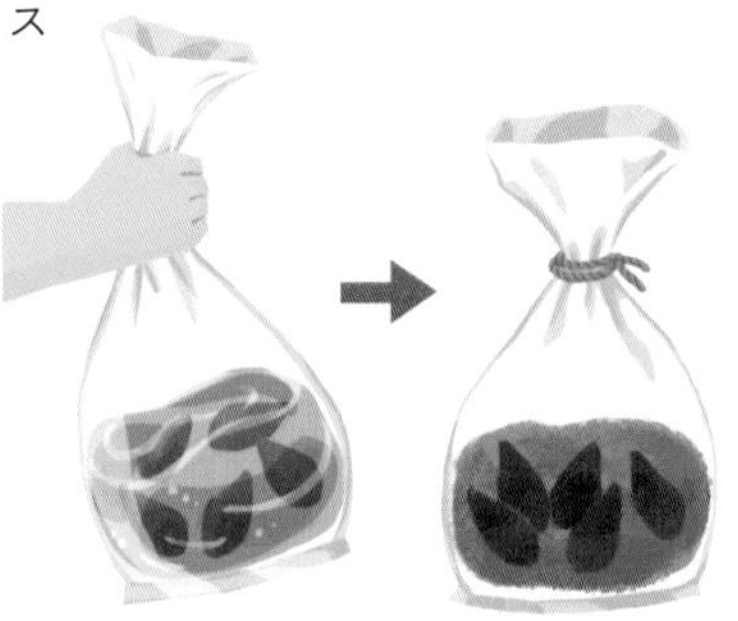

乾燥させて保存するもの

●アシダンセラ　●アネモネ　●アリウム
●オーニソガラム　●グラジオラス
●クロッカス　●チューリップ
●フリージア　●ラナンキュラス　など

土を落としたあと、ネットなど通気性のよい袋に入れ、2週間ほど吊るして陰干しし、涼しい場所で保存します。

植えっぱなしOKのもの

●クロッカス　●スイセン　●アガパンサス　●ムスカリ　●ユリ
●シラー　●アイリス　●イフェイオン　●ギガンチウム
●コルチカム　●ネリネ　●原種チューリップ　●ヒヤシンス　など

球根の整理

開花期を終えた球根植物は、葉が3分の2ほど枯れ始めたら球根を掘り上げて保存しておきます。本来は毎年行う必要はないのですが、高温多湿や寒さなどで球根が傷んでしまうこともあるので、植物によっては毎年行うほうがいいものもあります。最低でも2～3年に1回は掘り上げて整理しましょう。

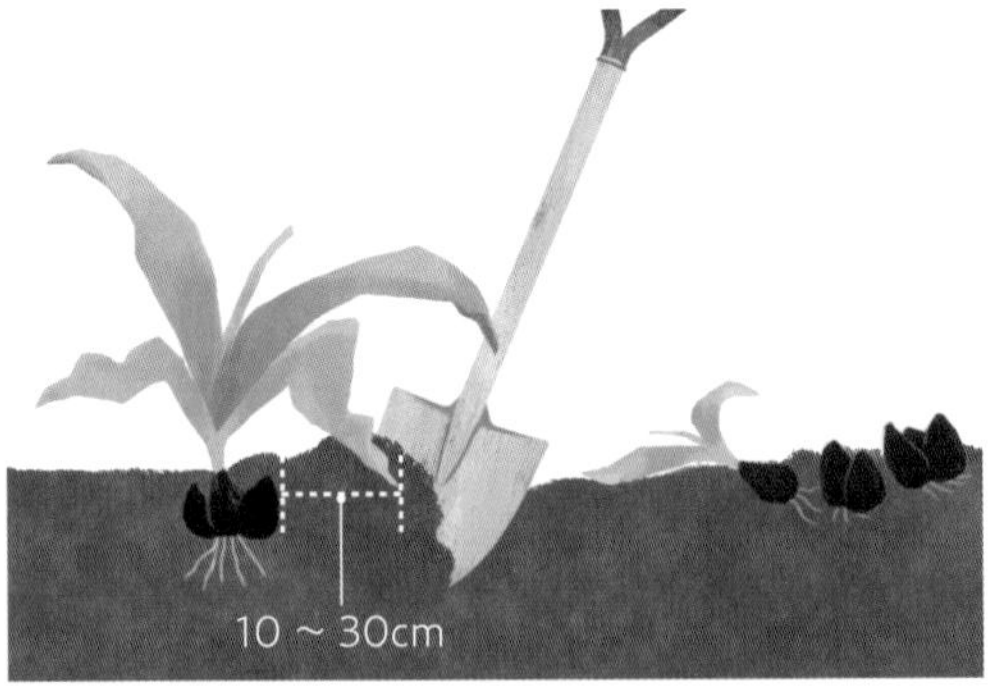

地上の葉が3分の2ほど枯れたら、根元から10～30cmほど離れたところからスコップなどで掘ります。球根を傷つけないようにていねいに掘り上げ、土を落とします。

植え替え・株分け

コンテナや庭に植えたままの多年草は、大きくなりすぎたり、コンテナ内の根がいっぱいになってくると、養分を取り合ったり、株の中まで風や光が通らなくなり、生長が衰えてきます。

コンテナは、鉢底や土の表面から根が出たり、水がしみ込みづらくなったら植え替えか株分けを行います。葉が黄変するのも根づまりの合図です。地植えでも、2～3年に一度は株分けするとよいでしょう。

植え替えの方法

1 鉢穴を十分覆う大きさにカットした鉢底ネットを鉢に敷いて、土が流れ出ない程度の量の鉢底石を入れる。

2 鉢底石の上から、鉢の3分の1程度の高さまで土を入れる。

3 植え替えする株は、根が固まっていれば、根鉢の底に指を入れて根を軽くほぐす。傷んで変色した根は、ハサミで取り除いておく。

4 鉢に株を入れ、鉢の縁から2～3cm下まで土を加える。土の入らない部分は、水やりの際に鉢縁から水が溢れ出ないためのウォータースペースとなる。

5 土を入れ全体が整ったら、鉢底からたっぷりの水が流れ出るまで水やりをする。土が沈み込むようなら土を追加し、再度、たっぷりと水を与える。

用土について

コンテナの植え替えや株分けには、草花用の培養土を使用すると便利です。肥料が含まれているなら、元肥を加えずに使えます。

用土を自分でブレンドする場合は、赤玉土などの基本用土と、腐葉土やたい肥を7：3の割合で混ぜ合わせ、土の分量に見合う肥料を加えて用います。

株分けの方法

1 植え替えと同様に、鉢に鉢底ネットを敷いて鉢底石を入れたあとに、鉢の3分の1程度の高さまで土を入れる。

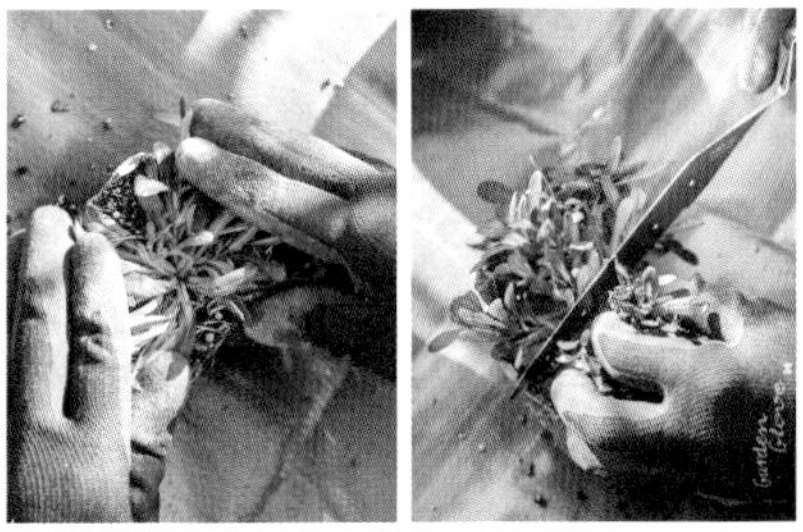

2 株分けする株を2～3株に分ける。根元に分れ目をつくり、清潔なナイフなどで切り分ける。

3 植え替えの❹❺と同じ要領で、鉢に植えつける。地植えする場合は、苗の植えつけ（⇨ P146）の要領で植えつける。

樹木の植えつけと管理のしかた

本当に気に入ったものを少しずつ揃えるのがベスト

庭の植物の中でも大きく存在感があるのが樹木です。まっさらで何もない、はじめて手を入れる庭の場合は、どんな樹木を選ぶかによって庭の雰囲気が決まってくるでしょう。

基本的には好きな木を選んでよいのですが、樹木は草花のように手軽に植え替えをすることができません。木を植える目的や植えつける場所を決めたら、生長した将来の姿までを想像して樹種を選ぶことが大切です（⇩P44）。

樹木の植えつけの適期は種類によって異なります。落葉樹は落葉して休眠期となる冬11～3月まで、常緑広葉樹は春からの生長が一段落する初夏6～7月、針葉樹は4～5月ごろがベストな時期です。大きな成木の移植は大変ですが、苗木なら自分でも植えつけができます。

樹木は草花と比べると生長がゆっくりなため、つい放任しがちですが、定期的な管理をしていないと数年後には大きく育ちすぎて自分では手がつけられなくなることがよくあります。少なくとも一年に1回は剪定や整枝をし、美しい庭木の姿を保ちましょう。

樹木に必要な管理

庭のお手入れは草花中心になりがちですが、樹木もある程度の手入れが必要です。
庭の中でも大きな存在なので、ほったらかしてしまうと庭の美観を損ねます。

管理 1 剪定・整枝

剪定は、樹木に不要な枝を取り除いて、樹形を整え生育を促すために行うものです（⇨P154）。枝を切り詰めて、大きくなりすぎないように、庭木としての大きさをコントロールする役割もあります。樹種によっては生長が緩やかで、大きな剪定を必要としないものもありますが、間引き剪定をし、樹木内部の風通しをよくすることで病害虫対策にもなります。

管理 2 病害虫対策

病気や害虫の被害を放っておくと、庭の植物全体に広がってしまいます。樹木に限らず、庭の植物の病害虫対策は必要です（⇨P143）。害虫が病気のウイルスなどを呼び寄せることも多いので、まずは冬の卵の間に駆除しておくとよいでしょう。3月～10月の気温が高い時期は、新しい枝、葉、花びらの様子を確認してこまめに早期発見に努めます。

管理 3 施肥

樹木は肥料なしでもそうそう枯れることはありませんが、美しい花を楽しんだり、果実を収穫したり、丈夫で健康な樹木にするには肥料が必要なこともあります（⇨P141）。苗木の植えつけ後1年ほどは必要ありませんが、2年目からは、生育サイクルに合わせて年に1～2回肥料を施しましょう。

施肥のタイミング

寒肥

多くの樹木が生長を休む12～2月に寒肥を施します。春の芽出し、1年の生育を手助けする肥料です。緩効性の有機肥料がおすすめです。

お礼肥

花木・果樹の場合は、花や実が終わった後に肥料を施します。エネルギーを使った樹木に活力を与えます。速効性のある肥料が適しています。

樹木の植えつけ方

購入した苗木は、 できるだけその日のうちに植えつけます。 できない場合は根鉢が乾かないように水をかけておきます。
植えつけは根巻きされたまま行いますが、 不織布やビニール袋、 ビニールひもは取り除きます。

1 植え穴を円筒形に掘る。直径も深さも、根鉢の 1.5 ～ 2 倍が目安。掘り上げた土は、穴の回りに盛っておく。

2 植え穴に両手 2 杯分くらいの腐葉土と、腐葉土の半分量の固形有機肥料を入れ、その上に土をかぶせる。

3 植え穴の中央に土を山型に盛り、苗を据え置く。根鉢は地表よりも高くなるようにする。接ぎ木苗の場合は、接ぎ木部分が植え穴から出るようにする。

4 掘った土を埋め戻し、苗の回りにリング状に土を盛る。水やりの際、水が周囲に流れ出ないための水鉢となる。

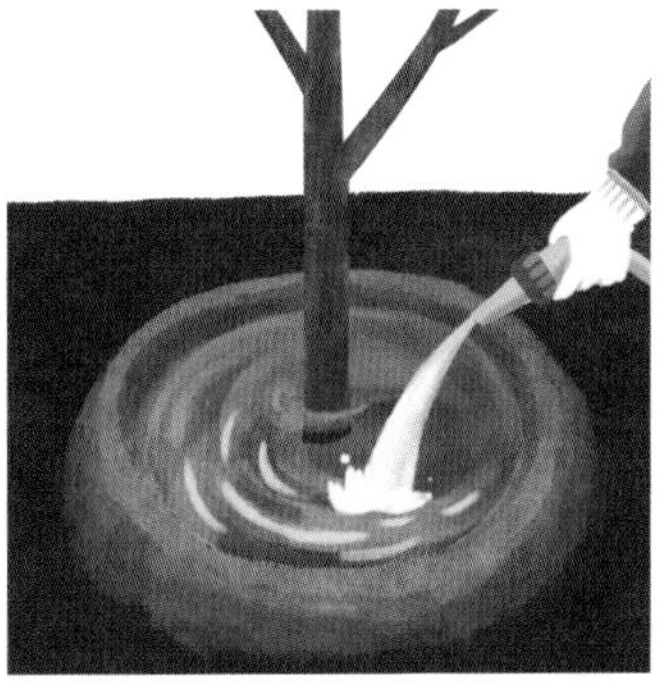

5 水をたっぷりやる。このとき幹をつかんで揺らすと、水が奥まで浸透し活着が促される。土が沈んだらその部分に土を盛り、再度水をやる。

6 水が引いたら支柱を立てる。支柱は斜めに土に挿し、杉皮を巻いた苗木に麻紐などで固定する。紐はきつく結びすぎないように注意する（⇨ P160）。

植えつけ後

土の表面が乾いてきたら、たっぷりと水をやります。活着するまでは水やりを続け、とくに夏は水切れにならないように注意します。夏は夕方、冬は朝方に行うのが最適です。
おおよそ 1 年ほどで活着しますので、その後は水やりの必要はありません。活着したら支柱を外しても大丈夫です。活着するまでは根の吸収が悪いため、肥料は施しません。

庭づくりアドバイス

column

日なたを好む木と日陰でも育つ木

樹木には、日当たりがよい場所でないと生長しにくいものと、日陰でも育つものがあります。庭木を植えるときは、それぞれの樹種の性質を理解しておくことが大切です。

日なたを好むもの

- オリーブ
- コデマリ
- サンシュユ
- サルスベリ
- ドウダンツツジ
- ブルーベリー
- キンモクセイ
- コノテガシワ
- シダレヤナギ
- ジューンベリー
- トキワマンサク
- ローズマリー

など

日陰に強いもの

- アオキ
- イヌツゲ
- サカキ
- マンリョウ
- ヤツデ　など
- イチイ
- カクレミノ
- ジンチョウゲ
- ヒイラギモクセイ

中間の性質のもの

- アジサイ
- エゴノキ
- サザンカ
- シャクナゲ
- ツバキ
- ヒイラギナンテン
- ヒメシャラ　など
- アベリア
- コブシ
- シマトネリコ
- シラカシ
- トサミズキ

樹木の剪定の基本知識

庭の美しさを保つためにも毎年の剪定が必要

樹木の管理でいちばん必要なのが剪定です。剪定とは、不要な枝を切り落として、樹形を整えながら、樹木の生長を促すことを目的とした作業です。

剪定をしないでいると、枝葉が増えすぎて、木の内部へ光や風が通らず、病気や害虫を呼び寄せる原因となります。樹形が乱れ、木が必要以上に大きく育ってしまうと、美観を損ね、庭の印象を悪くします。さらに、伸びすぎた枝が隣家の敷地や道路に飛び出してしまうと、迷惑をかけるだけでなく、他人にケガをさせてしまうなどの危険を引き起こす可能性もあります。

剪定は難しい作業だと思ってしまう人も少なくありません。しかし、樹木の性質と基本的な剪定方法を理解しておけば、自分でも行うことができます。多少失敗しても、すぐに木が枯れるようなことはありませんので、あまり不安にならずに挑戦してみることです。

樹木は庭の中でもつき合いが長くなる植物です。毎年きちんと剪定していれば、枝の伸び方などもわかってきて、少しずつ剪定のコツがつかめてくるはずです。

剪定が必要な4つの理由

自然の樹木は剪定をしなくても育っているのに、
なぜ庭にある木は剪定が必要なのでしょうか？　その理由を知っておきましょう。

理由 1　美しい庭を保つため

庭の中にある木は、庭の美観を左右するアイテムです。手がつけられないほど大きく育った木は、庭全体の見た目のバランスを悪くします。定期的な剪定は、庭木を一定の大きさに保つ役割があるのです。

理由 2　木の健康を保つため

枝や葉が茂りすぎると木の内部に光や風が通らずに、病害虫が発生し、枝が枯れ込んでしまうことがあります。剪定して光や風を取り込み、古い枝を切って新しい枝に更新していくことで、樹木自体が若返り健康になります。

理由 3　花や実を十分に楽しむため

剪定して花芽を落とすのはもったいないと思うかもしれませんが、不要な枝があると養分やエネルギーが分散し、花や実の数が減ったり、小さくなったりします。剪定は摘果や収穫を兼ねることもあります。

理由 4　周囲の安全を保つため

伸び放題の枝は隣家の庭や道路に飛び出し、それが人に当たったり、ひっかかったりしてケガをする可能性があります。また、茂った樹木は台風などの強風で風を受けやすく、枝が折れたり、木が倒れたりする危険があります。

剪定の種類

剪定は大きく、「間引き剪定」「切り戻し剪定」「刈り込み剪定」の３つの種類があります。

どのような剪定で、どのようなときに行うのかを覚えておきましょう。

間引き剪定

不要な枝や混み合っている部分の枝をつけ根から切って、全体の枝の数を減らす剪定です。透かし剪定ともいいます。基本の剪定で、どの樹木でも行う剪定です。

枝のつけ根で切る剪定で、最初に不要な枝を切り落としていきます。

切り戻し剪定

伸びすぎた枝や幹の途中で切って、樹形を小さくしたり、大きさを維持したりする剪定です。途中といってもどこでもいいわけではなく、芽や葉がついている部分の上で切ります。

切ったところから新しい枝が伸びてきます。

刈り込み剪定

生垣など、高さや幅など形状を整える剪定です。刈り込みバサミで均一に切ります。樹種によっては刈り込むと弱ってしまうものもあるので、刈り込みに強い樹種を選ぶ必要があります。

刈り込み専用のハサミで表面を均一に切っていきます。

枝の切り方

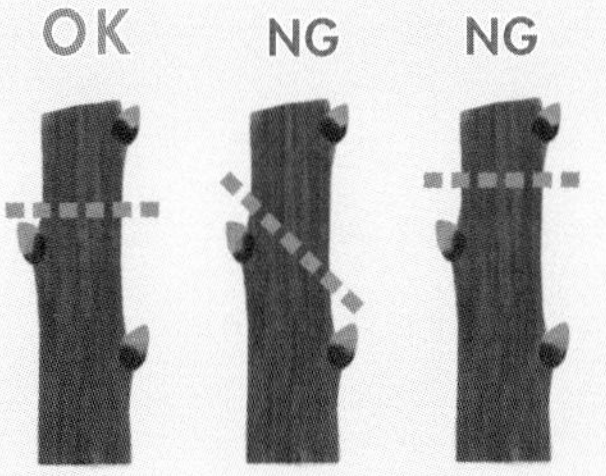

枝の途中で切る

切り戻し剪定では芽の上で切りますが、基本は左図のように芽の高さと同じくらいの位置で切ります。斜めにした切り口が芽よりも下になったり、芽から離れた位置になったりしないようにします。

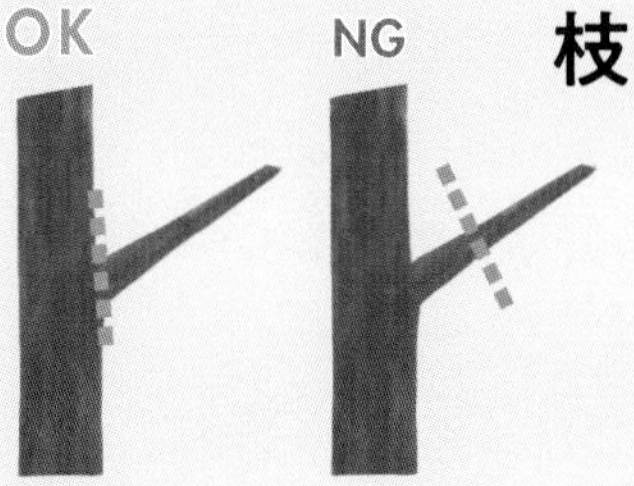

枝のつけ根で切る

間引き剪定で枝のつけ根から切るときは、切り残しがないようにします。枝が残っていると見栄えも悪く、枯れこむ原因にもなります。

太い枝を切る

直径２cm以上の枝は一気に切ると、枝の重みで幹まで裂けることがあるため、３回に分けて切ります。まず、つけ根から少し離れた位置に下からノコギリの刃を入れます。次にもう少し枝先に近い位置で上から刃を入れ、枝の先端を切り落とします。最後に、残った部分をつけ根の位置で上から切ります。

上へ伸びている枝を切る

これも間引き剪定のひとつで、枝のつけ根で切ります。まずつけ根の少し上を真横に切り、残った部分を切り口が斜めになるように切ります。

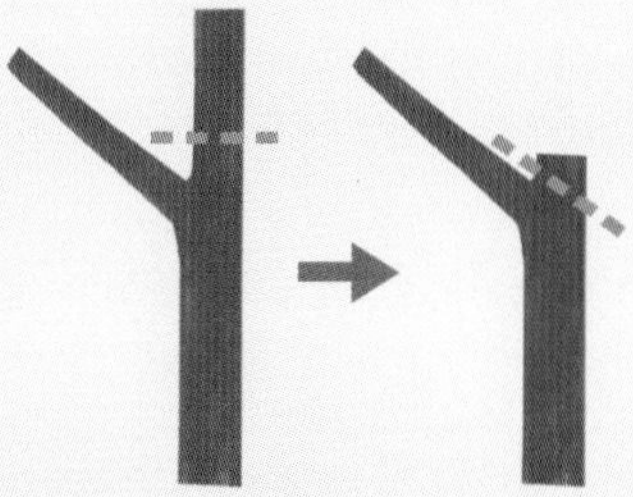

樹木の剪定手順とポイント

適期に間引きと切り戻しを バランスよく行う

剪定で重要なのは、行う時期です。適切な時期でなかったために、花や実がつかない、枝が枯れこむといったトラブルが起きます。樹種によって適期は異なるので、植えつけ前にきちんと確認しておきましょう。

剪定はまず、樹木全体を見て、不必要な枝を切り落とす間引き剪定（⇩Ｐ１５５）から始めます。不必要な枝は「不要枝《ふようし》」と呼ばれ、枯れ枝、徒長枝、絡み枝などいくつか種類があります。枝が混み合っているところも、枝数を減らすように切ります。枝先は軽めに、枝元や木の下のほうはすっきりとさせると、自然に見えます。

樹木の大きさを保つには、切り戻し剪定（⇩Ｐ１５５）を行います。伸びすぎた枝を芽の上で切って、コンパクトにします。背が高くなりすぎた樹木は、主幹を切って芯を止めることで、小さく仕立て直せます。主幹を切るときは、若い枝との分かれ目で切るようにします。

間引き剪定と切り戻し剪定をバランスよく行うことで、美しい樹形を保ちましょう。

最初にチェックするべき不要枝

剪定では最初に不要枝をつけ根から切り落とします。
ただし、枝数が少ない木の場合は、不要枝でも残すことがあります。
全体の枝ぶり、バランスを見て判断しましょう。

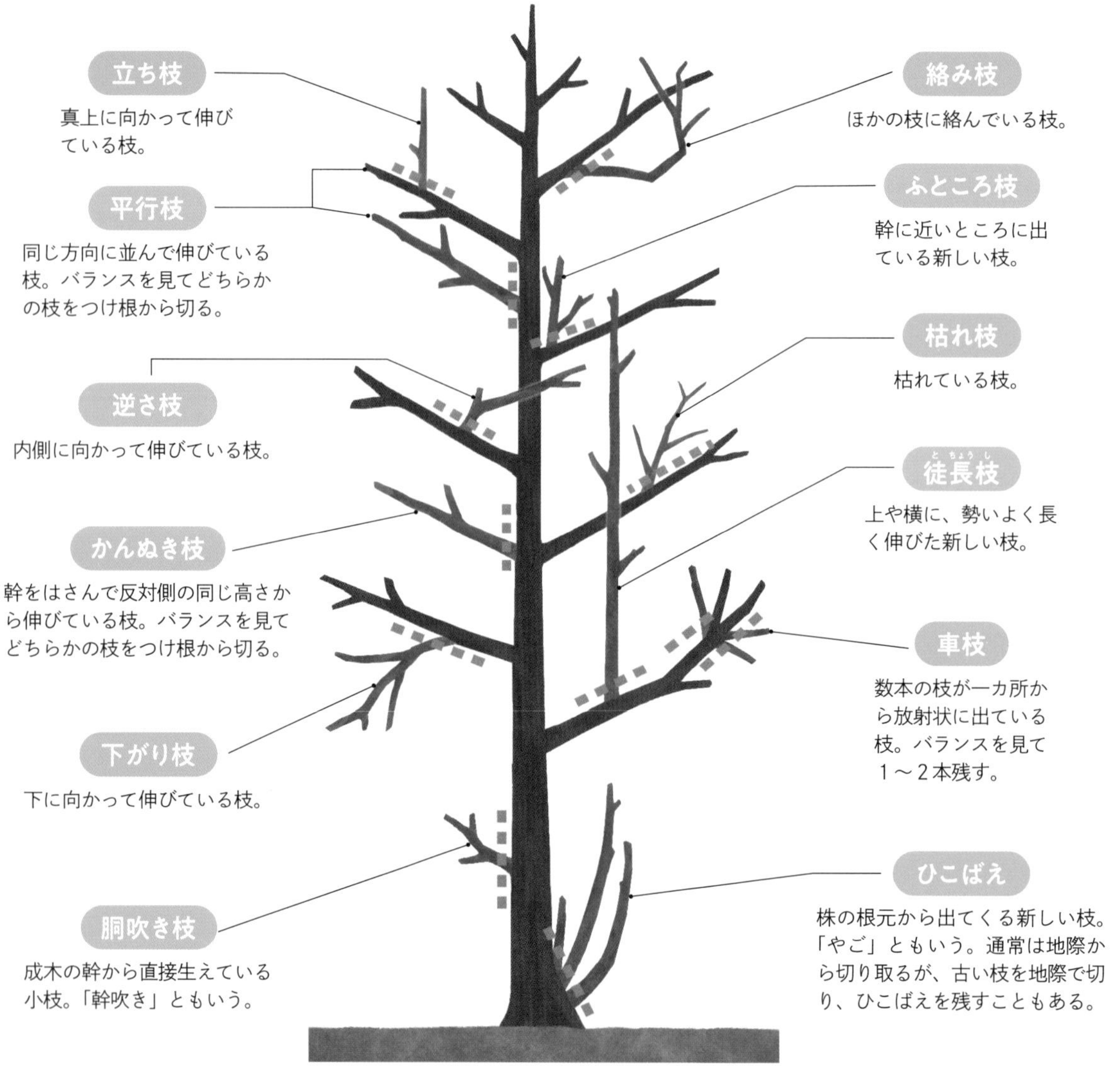
立ち枝
真上に向かって伸びている枝。
平行枝
同じ方向に並んで伸びている枝。バランスを見てどちらかの枝をつけ根から切る。
逆さ枝
内側に向かって伸びている枝。
かんぬき枝
幹をはさんで反対側の同じ高さから伸びている枝。バランスを見てどちらかの枝をつけ根から切る。
下がり枝
下に向かって伸びている枝。
胴吹き枝
成木の幹から直接生えている小枝。「幹吹き」ともいう。
絡み枝
ほかの枝に絡んでいる枝。
ふところ枝
幹に近いところに出ている新しい枝。
枯れ枝
枯れている枝。
徒長枝《とちょうし》
上や横に、勢いよく長く伸びた新しい枝。
車枝
数本の枝が一カ所から放射状に出ている枝。バランスを見て１～２本残す。
ひこばえ
株の根元から出てくる新しい枝。「やご」ともいう。通常は地際から切り取るが、古い枝を地際で切り、ひこばえを残すこともある。

剪定のトラブルを防ぐために

樹木の性質や生育サイクルを無視して剪定をしてしまうと、 いろいろなトラブルが起こります。
トラブルを防ぐためのポイントを覚えておきましょう。

剪定ポイント 1 剪定の適期を知っておく

落葉樹の剪定は休眠期の 12 ～ 2 月がベストです。遅くとも 3 月までには済ませましょう。針葉樹は新芽が活発な 4 ～ 5 月ごろ、逆に常緑広葉樹は新芽の動きが落ち着く 6 ～ 7 月ごろがおすすめです。地域や樹種によって差はありますが、樹木の生長サイクルを知っておけば、おおよその適期がわかります。

剪定ポイント 2 深い切り戻し剪定は少しずつ行う

樹木は、枝の途中で切る切り戻し剪定を行うと、そこから勢いのある強い枝を出す性質があります。そのため、樹木をコンパクトにしたいからと、全体の枝を一気に深く切り戻してしまうと、強い枝が何本もあちこちから出てきて、樹形が乱れます。
切り戻し剪定はやみくもに行わずに、そこから枝がどのように伸びるかを予想しながら、少しずつ行うと自然な樹形が崩れにくくなります。樹木が想定以上に大きくなるのを防ぐためにも、毎年 1 回は、枝葉の様子を確認し、剪定や整枝を行うとよいでしょう。

剪定ポイント 3 花木や果樹は花芽を意識する

花を楽しむ花木は、樹種ごとに花芽がつく位置、花芽ができる時期を理解しておきましょう。花の後に実をつける果樹も同様です。花芽の生育サイクルは樹種によって異なるので、剪定の際は芽の状態を確認しながら行います。花芽を意識し、適切な時期と方法で剪定を行えば、花つきや実つきが悪くなるようなトラブルを防げます。

剪定ポイント 4 太い枝を切ったら癒合剤を塗る

剪定した枝の切り口では、「カルス」という組織が活発になり切り口をふさごうとします。しかし、切り口が大きいとふさがれるまでに時間がかかり、その間に雑菌やウイルスが侵入して病気になってしまうことがあります。直径 2cm 程度以上の切り口には市販の癒合剤を塗っておくと、枝が枯れこむのを予防できます。

花芽のつく位置

花芽のつく位置を知っていれば、 やみくもに剪定して花芽を落としてしまうことを避けられます。

枝の先端のほうにつく

今年伸びた枝の先のほうに花芽がつくタイプは、切る時期に注意します。

年内開花

キョウチクトウ、ヒペリカム‘ヒドコート’、サルスベリなどは、冬の剪定がよい。

翌年開花

サザンカ、シャクナゲ、ツツジ類、ツバキ、モクレン、ハナミズキ、ライラックなどは、花後すぐに剪定するのがよい。

今年伸びた枝の全体に花芽がつくタイプは、枝が伸びる前であれば、どこで剪定しても花には影響がありません。

年内開花

アベリア、ノウゼンカズラ、ハイビスカスなどは、新しい枝が伸びる前の冬に剪定するとよい。

翌年開花

アジサイ、ナツツバキ、ボタンなどは花後すぐなら短く枝を切り詰める剪定ができる。冬は花芽を実際に見ながら剪定できるので、花芽を残せる。

今年伸びた枝のつけ根付近に花芽がつくタイプは、枝を根元から切り落とさなければ、比較的どこで剪定しても問題ありません。ただし、ウメ、フジ、ボケなどは短い枝に花芽がつくので、短い枝は切りません。

年内開花

キンモクセイ、テイカカズラ、ヒイラギ、ハツユキカズラ、ムラサキシキブなどは、冬剪定で、5 月以降は切らない。

翌年開花

ウメ、フジ、ボケ、コデマリ、ハナモモなどは花後に切る。ヤマブキ、ユキヤナギ、レンギョウなどは、花後に長い枝を切り戻すと短い枝ができ、花芽がたくさんつく。

季節に合わせた特別な管理

状況に合わせて植物に
ダメージを与えない管理を

庭の植物は日々の手入れのほかに、季節や気候状況によって、特別な管理を必要とする場合があります。

高温多湿となる夏の暑さ、氷点下の日もある冬の寒さ、雨の続く梅雨に対しては、草花の夏越し・冬越し・雨対策が必要です。コンテナ植えのものなど移動できる植物は、庭の中で置き場所を変えたり、場合によっては室内に取り込んだりするほうがよい場合もあります。地植え植物は、遮光やマルチングなどで、強い日差しや寒さを和らげるようにします。

また、近年大きな被害をもたらすことの多い台風は、倒木のトラブルも増えています。庭だけの問題ではなく、周囲の家や通行人への危険をもたらしかねません。台風の予報が出たら、事前に対策を取っておきましょう。

夏は雑草の悩みも多くなるので、雑草を減らす工夫や、雑草との上手なつき合い方を知っておきましょう。

こういった管理にも気が回ってくるようになれば、植物への愛着がより一層わいてきて、庭仕事がもっと楽しいものになってくるはずです。

夏越し対策

植物は、高温多湿の環境が苦手なものが少なくありません。株内の蒸れは害虫や病気を呼び寄せる原因にもなるので、暑さ、蒸れ対策を行いましょう。

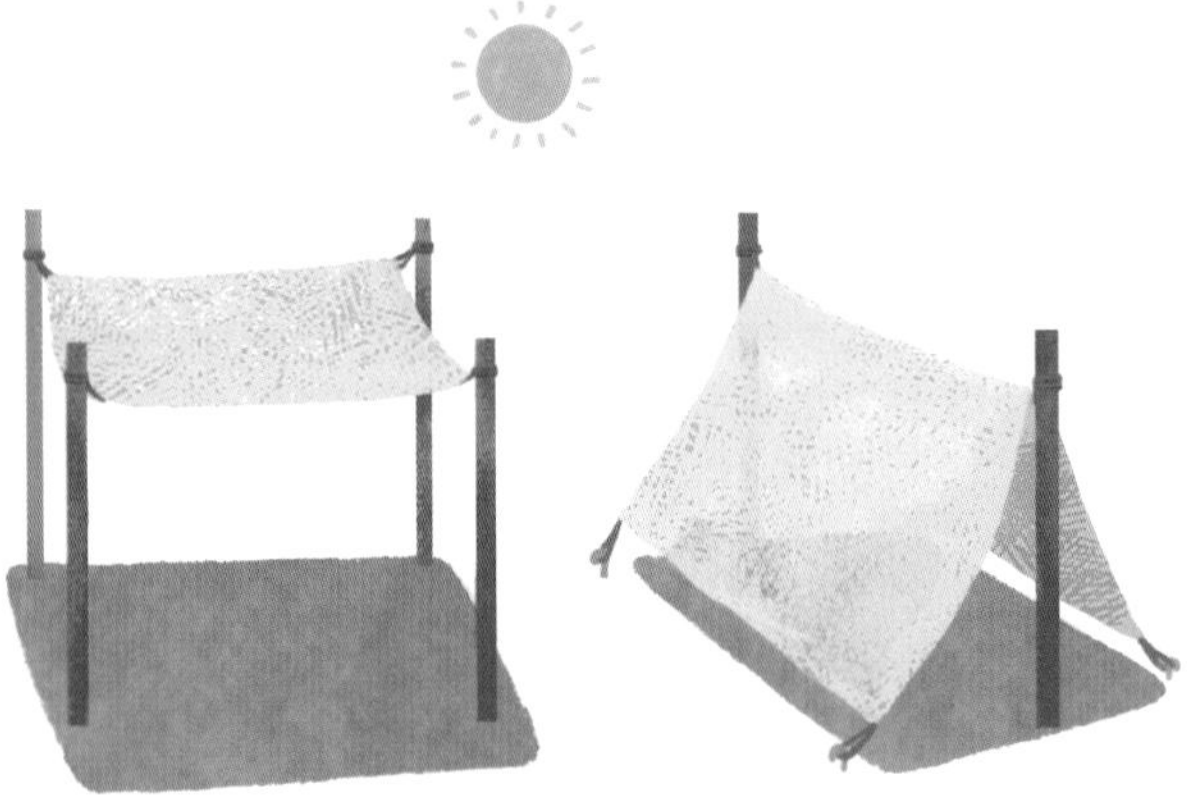

日よけ 直射日光が当たる場所は、支柱を立て、寒冷紗を屋根のようにかけて紐で固定します。壁や樹木を利用してよしずを立てかけてもよいでしょう。

蒸れ予防 花数が少なってきた株や、葉が茂りすぎたグリーンは、夏に半分ほどの高さに切り戻して、株内の風通しをよくします。

地植え

- □茂りすぎた植物は、切り戻して風通しをよくする。
- □直射日光の当たる場所は、寒冷紗で日よけする。
- □土の表面をバークチップなどで覆い、地温が上昇するのをやわらげる。
- □土の表面が乾き、植物に元気がないときは早朝か夕方に水やりをする（⇨ P142）。

鉢植え

- □茂りすぎた植物は、切り戻して風通しをよくする。
- □明るい日陰に移動させる。コンクリートの上には直接置かず、レンガなどに乗せる。
- □移動できないものは、よしずなどをかけて直射日光を遮る。
- □気温の低い時間帯に水やりをする（⇨ P142）。周囲の地面にも水を撒くと気温が下がる。

冬越し対策

寒さに耐えられる温度（耐寒温度）は植物によって違いますが、寒冷地以外でも厳冬期の防寒対策は必要です。冷たい風に当てない工夫をしましょう。

地植え

- 株の根元にバークチップ、腐葉土、落ち葉などを敷いて防寒する。
- 全体を不織布や寒冷紗で覆うと、防寒プラス風よけにもなる。
- 雪で倒れるのを防ぐため、支柱を立て、株全体を紐でゆるく束ねておく。

鉢植え

- 耐寒温度が低いものは、室内の日当たりのよい場所で管理する。
- 乾燥しやすい室内では水切れに注意し、葉の多い植物は葉水を与えるとよい。
- 室内に入れられないものは、不織布やビニールなどで覆い防寒する。地面に直接置かず、レンガに乗せたり、フラワースタンドを使うとよい。

風よけ

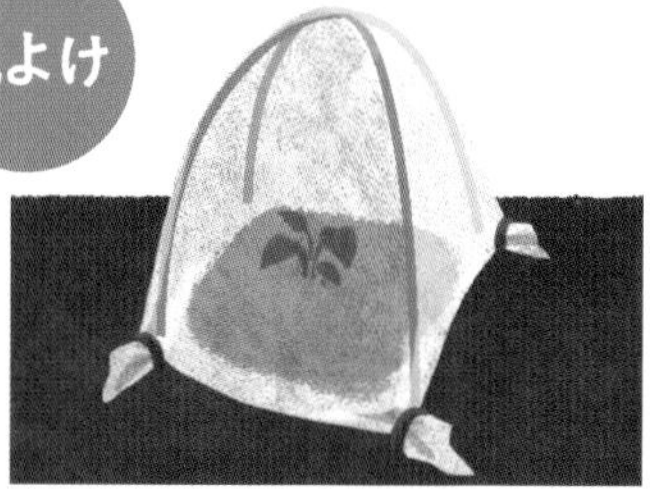

ワイヤーなどでドーム状の支柱をつくり、不織布や寒冷紗をかけます。風で飛ばないようピンなどでしっかりと固定します。

葉水

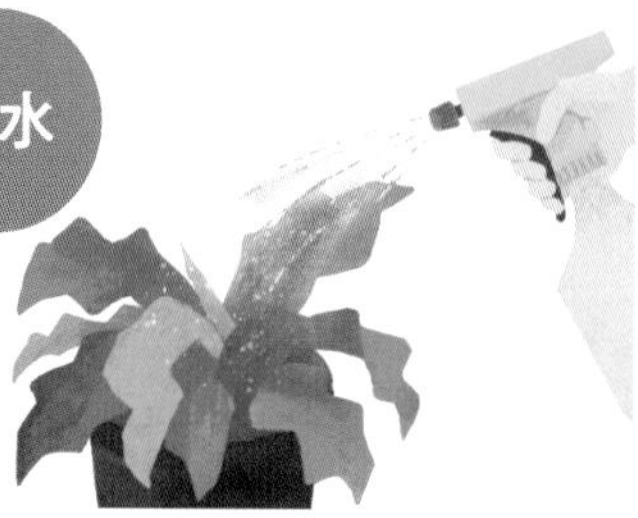

葉水とは霧吹きで葉に水を与えること。冬は水やりを控え目にしますが、暖房で乾燥する室内では葉水を与えましょう。

寒さ対策は秋から行っておく

耐寒温度が 10℃以上の植物は防寒対策をするほうがよいですが、植物自体を寒さに強く育てておくことも大切です。秋口から少しずつ実践しておきましょう。

水やりを減らす

気温が下がると、生長が鈍くなり、休眠に入る植物が多くなります。必要な水分も減るので、乾燥気味に育てるのが基本です。秋から少しずつ水やりの間隔を開けて、乾燥状態に慣らすようにすると、強い株に育ちます。

肥料を減らす

肥料は、秋の生長期にしっかりと施すことで強い株になります。寒くなり始めたら少しずつ減らし、休眠中は与えないようにします。

日によく当てておく

日差しが穏やかな秋は、しっかりと日に当てて管理しておきます。日の当たらない場所の植物は、ひょろひょろと茎ばかりが伸びてしまい、強い株に育ちません。

長雨対策

連日雨が続くと花びらが傷み、そこから病害虫が発生しやすくなります。とくに梅雨の時期は気温も高くなりはじめるため、高温多湿の蒸れで、植物へのダメージが大きくなります。梅雨に入る前に対策しておきましょう。

地植え

- 花がら摘みや枯葉の除去をこまめに行う。
- 茂りすぎた株は間引き剪定で、風通しをよくする。
- 背の高いものには支柱を立てる。
- 泥跳ね予防をしておく。

鉢植え

- 雨の当たらない軒下などに移動し、風通しを確保するため間隔をあけて置く。とくに乾燥を好む植物と花びらが薄く傷みやすい植物は優先して移動。
- 移動できない鉢は、地面に直置きしない。
- 水やりは控えめにし、土の表面が乾いたら行う。

マルチング

泥が跳ねないようにバークチップ、クルミの殻などで土を覆います。梅雨明け後は、そのままの状態で夏越し対策に。

フラワースタンド

鉢を地面に直置きするとナメクジや害虫の住処になるので、スタンドなどを利用します。長雨のときは鉢皿は不要です。

庭の水はけ状況も確認しておく

新築の家などは、庭の排水状況がわかりにくく、大雨になってから水はけが悪い環境に気づくことがあります。

通常の雨のときに、雨どいの排水がきちんと機能しているか、ひと晩で庭の水が引くかといったことを確認しておきましょう。近隣の家よりも水はけが悪い場合は、排水環境に不備があるのかもしれません。施工会社や販売会社に相談しましょう。

強風対策

台風などの強い風は、草花だけでなく樹木への影響も大きくなります。枝が折れたり、倒木の危険が出てきます。雨を伴うことも多いので、雨対策も必要です。

樹木の支柱

支柱は地面に深く差し込み、木に対しておおよそ45度の角度で交差するように紐で結んで固定します。支柱の根元は、支柱を支える根杭を90度の角度で固定します。

木を支柱に固定するときは、幹に杉皮や麻布などを巻き、シュロや麻の縄で結びます。2m以下なら1本、それ以上なら3本の支柱を立てると安心です。支柱3本の場合は、支柱同士が交差する部分も紐で結んで固定します。

暴風雨が通過した後の点検

台風などの暴風雨が通過した後は、庭、家の周りをチェックしておきましょう。

まずは、雨水の排水システムは機能しているか、折れている木や傾いている木はないか、家屋周辺で壊れたところはないかを確認します。折れた枝は、ヒビの影響のない位置でカットし、切り口に市販の癒合剤を塗っておくと、病気の感染などの予防になります。

草花は葉に泥が跳ね上がっていることも多いので、シャワー口のホースで洗い流しておきます。海が近い地域は、塩害を防ぐため、樹木も水で流して置くとよいでしょう。

地植え

- □背の高い草花や植つけて間もない庭木には支柱を立てるか、株全体をロープなどで束ねておく。
- □茂りすぎている庭木は、剪定をして風が通るようにしておく。
- □収穫できる果実は、風で落ちてしまう前に実を取っておく。
- □花がら、枯葉は取り除いておく。
- □周囲の風に飛ばされそうなものは放置せず、片づけておく。

鉢植え

- □風の影響を受けない場所に移動させる。移動できないものは、できるだけ地面に近いところに置くが、雨を伴う場合は泥はね予防をする。
- □移動できないもので背が高いものは、最初から横に倒しておく。
- □ハンギングバスケットなど、吊り下げているものはすべて下ろす。

庭づくりアドバイス

column

雑草とのつき合い方

庭仕事をしていると、「雑草との戦いはなんと果てしないものだろう」と思えることもあります。夏の週末は雑草取りで終わってしまうとなげいている人もいるでしょう。

少しでも雑草を防ぎたいのであれば、まずは庭の中でも人目につきにくい場所、砂利の下になる場所に防草シートを敷くとよいでしょう（⇨ P94）。

グランドカバーなどに使われる匍匐性のある植物には不向きですが、株もの中心であれば植栽スペースにシートを敷くことも可能です。これから庭づくりをする人は計画的に活用しましょう。日の当たらない場所には雑草も生えにくいので、樹木などで遮光してシェードガーデンにするのもおすすめです。

庭主が育てていない植物は雑草とみなされがちですが、本当にじゃまな存在かどうか、冷静に考えてみることも大切です。丈が高くなる、地下茎で増える、茂りすぎるなど、増えて困るものだけ抜く「選択的除草」という考え方もありです。

おすすめは、こだわりを表現したい植栽スペースのほかに、自然と共存するナチュラルスペースをつくっておくこと。こぼれダネなどで草花が増え、手入れもほどほどにしていいナチュラルスペースなら雑草があってもあまり気になりません。

雑草取りが苦痛に感じると庭仕事全体がストレスにつながってしまいます。雑草とうまくつき合う方法を探してみましょう。

part

5

小さな庭に使いやすい植物カタログ

定番のもの、人気のものなど187種類の植物を下記のテーマごとに紹介しています。
植物選び、育て方の参考にしてください。

一年草・二年草 ＊ 多年草・宿根草 ＊ 球根植物 ＊ つる性の植物 ＊ カラーリーフ ＊
日陰に強い植物 ＊ グランドカバー ＊ 寄せ植え向き植物 ＊ ハーブ ＊ バラ ＊ 高木・中木 ＊ 低木 ＊ 果樹

庭のリメイクがしやすい 一年草《いちねんそう》・二年草《にねんそう》

花をつけたあとは枯れてしまうタイプです。毎年違った花を楽しみたい人におすすめです。

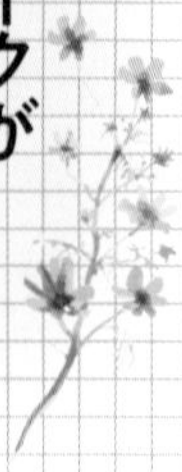

花色 ……

アグロステンマ

Agrostemma

- ナデシコ科
- 草丈：70〜100cm
- 開花期：5〜6月

小さな花が可憐な印象だが、原産地のヨーロッパでは麦畑の雑草として知られるほど丈夫。土質はさほど気にしなくてもよいが、水はけと日当たりがよい環境でよく育つ。こぼれダネで毎年咲く。

花色 ……

フレンチマリーゴールド

Tagetes patula

- キク科
- 草丈：20〜30cm
- 開花期：5〜7月、9〜11月

マリーゴールドの中でも草丈が低いタイプ。暑さに強いが、気温が30℃以上になると花つきが悪くなるので、8月に半分ほどの高さに切り戻すとよい。株が再生し秋にも開花する。

花色 ……

エキウム

Echium

- ムラサキ科
- 草丈：20〜90m
- 開花期：4月下旬〜7月上旬

耐寒性はあるが、日本の高温多湿の夏が苦手なため、秋まき一年草扱いとしている。真夏の西日が当たらない場所で育てるとよい。花穂にたくさんの小花をつけるタイプのものは、花が終わったら花穂《かすい》の下で切り戻す。

花色 …… 複色

オンファロデス

Omphalodes linifolia

- ムラサキ科
- 草丈：20〜40cm
- 開花期：4〜6月

白い小花と銀白色の葉が美しい。乾燥に弱いので植えつけ後は水を切らさないようにするが、水はけもよくしておくことが大切。高温多湿に弱い。真夏の直射日光には当てないよう管理する。寄せ植えにもおすすめ。

花色 …… 複色

ストック

Matthiola incana

- アブラナ科
- 草丈：20〜50cm
- 開花期：10〜5月

本来は多年草だが夏越しができずに一年草扱いとすることも多い。香りがあり、冬の切花としても人気がある。花後は花茎をつけ根から切ると、その後もよく花をつける。耐寒性は強い。

花色 …… 複色

ポーチュラカ

Portulaca

- スベリヒユ科
- 草丈：10〜15cm
- 開花期：5〜10月

日光を好むため、日当たりの悪い場所、悪天候の日は花が咲きにくい。暑さに強く西日が当たる場所でもよく育つ。多肉性の葉や茎が這うように生育するので、グランドカバーにも向いている。

花色 ……

メランポジウム

Melampodium divaricatum

- キク科
- 草丈：20〜60cm
- 開花期：4〜11月

春まきで育てる人気の花。高温多湿に強く丈夫な性質で、暑さが増すごとにぐんぐんと生長する。大株になる品種が多いが、限られた空間にはコンパクトに育つ‘ミリオンレモン’などがおすすめ。

※日本では植栽する地域や環境により一年草・二年草扱いとするが、原産地では多年草のものも含む。　※花色の「複色」はひとつの花に複数の色が入っているもので、花の色を示す独自の表現。

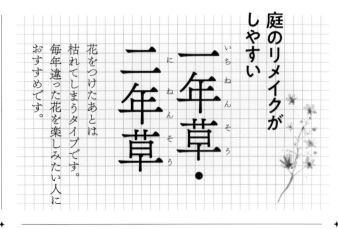

花色 …… 複色

コスモス

Cosmos bipinnatus

- キク科
- 草丈：50〜100cm
- 開花期：5〜11月

丈夫な性質で、日が当たり風通しのよい場所ならよく育つ。肥料が多すぎると大きくなりすぎるので、元肥だけで十分。背が高くなったものは倒れやすくなるため支柱を添えて管理をしておくとよい。

花色 ……

トレニア

Torenia fournieri

- ゴマノハグサ科
- 草丈：20〜25cm
- 開花期：5〜11月

耐寒性があり育てやすいが、真夏は水切れで弱り、病害虫の被害が出やすい。6〜8月に半分ほどの高さに切り戻して株を整えると、秋も花つきよく育つ。肥料が切れると葉色が薄くなる。

花色 ……

センニチコウ

Gomphrena globosa

- ヒユ科
- 草丈：15〜70cm
- 開花期：6〜10月

愛らしい姿の丸い苞《ほう》を鑑賞する植物。観賞時期が長く、7月ごろに葉を残しながら切り戻しをすると、秋の花つきがよくなる。ドライフラワーにしても色が変わりにくい。

花色 ……

トリフォリウム・バニーズ

Trifolium arvense

- マメ科
- 草丈：10〜60cm
- 開花期：4〜5月

小さな白の花が終わると、ピンクをおびたフワフワした愛らしい果穂が株一面につく。クローバーの一種で、手をかけなくてもこぼれダネでよく増える。果穂はドライフラワーにもできる。

花色 ……

オルラヤ・グランディフローラ

Orlaya grandiflora

- セリ科
- 草丈：40〜60cm
- 開花期：4月中旬〜6月

白いレースのような花が可憐な雰囲気で人気のある植物。高温多湿に弱く、暖地ではタネをまき秋まき一年草扱いのことがある。夏は明るい日陰で管理するのがよい。

花色 …… 複色

ジニア

Zinnia

- キク科
- 草丈：20〜80cm
- 開花期：6〜11月

暑さに強く、炎天下でもよく咲くので夏の花壇におすすめの植物。次々と花が咲き、初心者にも育てやすい。本来、乾燥には強いが、乾燥すると花つきが悪くなるので水切れに注意する。別名ヒャクニチソウ。

花色 ……

ハナビシソウ

Eschschoizia california

- ケシ科
- 草丈：30〜40cm
- 開花期：3月中旬〜6月

ラッパのような形の花を上向きにつける。本来は多年草だが、高温多湿に弱いため一年草扱いとすることも多い。移植を嫌うので、苗の植え替えではなく、気温が下がりはじめた秋にタネの直まきにする。別名カリフォルニアポピー。

花色 ……

ラークスパー

Consolida ajaccis

- キンポウゲ科
- 草丈：80〜100cm
- 開花期：4〜6月

まっすぐに伸びた茎の上部に多数の花をつけ、庭を華やかにしてくれる。連鎖障害で立枯病が発生しやすいので、前年と同じ場所への植えつけは避けるようにする。別名チドリソウ。

花色 ……… 複色

パンジー、ビオラ

Viola

- スミレ科
- 草丈:10〜25cm
- 開花期:10月下旬〜5月中旬

日当たりと風通しのよい場所で育てる。水やりは表土が乾いたらやり、過湿に注意する。大輪をパンジー、2cm程度の小輪をビオラという。

花色 ………

イソトマ

Isotoma axillarisu

- キキョウ科
- 草丈:20〜40cm
- 開花期:4〜9月

星型の花が株いっぱいにつく多年草だが、屋外の冬越しができずに日本では一年草扱い。乾燥に強い。風通しよく育て、7月に切り戻しを行うと、10月まで開花する。

花色 ……… 複色

インパチェンス

Impatiens walleriana

- ツリフネソウ科
- 草丈:20〜30cm
- 開花期:5〜11月

こんもりとした形にたくさんの花をつけ、日陰でもよく育つ。品種も多く、八重咲きタイプのものは人気がある。夏の追肥と切り戻しで、その後も長く花を楽しめる。

花色 ……… 複色

ガイラルディア

Gaillardia

- キク科
- 草丈:30〜80cm
- 開花期:5〜10月

テンニンギクと呼ばれるものが一年草、オオテンニンギクは多年草。開花期が長く、暑さに強いため夏の間もよく咲く。高温多湿の蒸れに弱いので、風通しを確保する。

花色 ………

コツラ・バルバータ

Cotula barbata

- キク科
- 草丈:10〜20cm
- 開花期:3〜7月

小指の先ほどの丸く黄色い小花は可憐だがよく目立つ。高温多湿に弱く夏は切り戻して乾燥気味に管理を。寒冷地では多年草として楽しむことも可能。別名ハナホタル。

花色 ……… 複色

バーベナ

Verbena

- クマツヅラ科
- 草丈:15〜20cm
- 開花期:5〜11月

開花期が長く花色が豊富で、花壇では寄せ植えで活躍する。日当たりを好み、夏の炎天下でも旺盛に育つ。宿根性のものは暖地で冬越し可能。別名ビジョザクラ。

花色 ……… 複色

デージー

Bellis perennis

- キク科
- 草丈:10〜20cm
- 開花期:12月下旬〜5月上旬

暑さに弱く夏には枯れ、秋から流通するポット苗で冬から初夏に開花する。日当たりがよければよく育ち、育てやすい。－5℃くらいまでは耐えられる。別名ヒナギク。

花色 ……… 複色

カリブラコア

Calibrachoa

- ナス科
- 草丈:5〜30cm
- 開花期:4〜11月

ペチュニアに似た花だが、ペチュニアより小型で花色が豊富。丈夫な性質で育てやすい。追肥と花がらつみや刈り込みで、次々と花が咲き長く楽しめる。

花色 ………

スイートアリッサム

Lobularia maritima

- アブラナ科
- 草丈:10〜15cm
- 開花期:1月〜6月上旬、10〜12月

ほんのりと甘い香りが特徴。横に這うように広がり、花壇の前列に植えつけると見栄えがする。酸性土を嫌うので植えつけ前には苦土石灰で中和を。寄せ植えにもよい。

花色 ………

ワスレナグサ

Myosotis sylvatica

- ムラサキ科
- 草丈:20〜30cm
- 開花期:3月下旬〜6月上旬

暑さに弱く寒冷地以外では花後に枯れてしまうが、寒冷地では多年草扱い。やや湿り気のある土壌を好み、水不足で弱る。肥料が多すぎると花つきが悪くなる。

花色 ……… 複色

サルビア

Salvia

- シソ科
- 草丈:20〜60cm
- 開花期:5〜11月

原産地では多年草だが、一年草扱いとしている。日当たり、水はけのよい場所を好む。夏の花後に半分ほどに切り詰め、追肥を施すと、秋もよく咲く。暖地は冬越し可。

花色 ……… 複色

ネメシア

Nemesia

- ゴマノハグサ科
- 草丈:15〜30cm
- 開花期:4〜6月、9〜12月

日当たりが悪いと茎が徒長して倒れやすくなる。冬は軒下か室内の窓際で管理し、霜の心配がなくなってから植えつける。一年草のほか、宿根ネメシアもある。

花色 ……

キバナコスモス

Cosmos sulphreus

- キク科
- 草丈：30～100cm
- 開花期：5～11月

日当たりと水はけがよいとよく育つ。水やりは植えつけ前後、鉢植えは土が乾いたときに。花が少なくなったら、切り戻すことでまた花をつける。寄せ植えにも向く。

花色 ……

ハツユキソウ

Euphorbia marginata

- トウダイグサ科
- 草丈：80～100cm
- 開花期：7～8月

夏に小さな白い花を咲かせるが、観賞価値が高いのは涼しげな白い覆輪の葉。草丈を低く抑えたい場合は、5月ごろに先端の芽を摘むと、横に広がるように生育する。

花色 …… 複色

プリムラ・マラコイデス

Primula malacoides

- サクラソウ科
- 草丈：20～40cm
- 開花期：12～4月

大輪性と小輪性がある。大輪性は寒さに弱く冬は防寒が必要。小輪性はこぼれダネでよく増え、秋に日当たりのよい場所に植えると屋外の冬越しも可能。

花色 …… 複色

ヤグルマギク

Centaurea cyanus

- キク科
- 草丈：30～80cm
- 開花期：3月下旬～6月

ヤグルマソウと呼ばれるユキノシタ科の山野草とは別物。日当たりと水はけのよい環境でよく育つ。酸性土の場合は植えつけ前に土を苦土石灰で中和しておく。

花色 ……

ノースポール

Leucanthemum paludosum

- キク科
- 草丈：15～30cm
- 開花期：12～5月

球形状に育つ株に、3cm程度の白い花を一面につける。寒さに強く、冬から初夏まで花が楽しめ、初心者でも育てやすい。こぼれダネでもよく増える。

花色 …… 複色

ニチニチソウ

Catharanthus roseus

- キョウチクトウ科
- 草丈：20～40cm
- 開花期：5～11月

暑さに強く、真夏でも次々と花を咲かせる。過湿が苦手だが、地植えは盛夏以外の水やりは不要。肥料焼けしやすいため、与えるときは規定濃度よりも薄める。

花色 …… 複色

カレンデュラ

Calendula

- キク科
- 草丈：10～50cm
- 開花期：10～5月(品種による)

あまり手をかけなくてもよく育つので、初心者におすすめ。花が咲き終わったあとは、まめに花がらを切ると初夏まで花が楽しめる。冬の間咲き続ける品種もある。

花色 …… 複色

ネモフィラ

Nemophila

- ハゼリソウ科
- 草丈：20cm程度
- 開花期：3～5月

横に広がるように生長し、こんもりと繁った株にたくさんの花をつける。移植を嫌うためポット苗は根を切らないように植えつける。日照が多く冷涼な気候を好む。

花色 …… 複色

ニコチアナ

Nicotiana alata

- ナス科
- 草丈：30～60cm
- 開花期：5～11月

乾燥気味に育てるが、植えつけ後は定着するまで10日ほど毎日水やりをする。花後は切り戻して上手に育てると、晩秋まで花が咲く。別名ハナタバコ。

花色 ……

ロベリア

Lobelia erinus

- キキョウ科
- 草丈：15～20cm
- 開花期：3～6月

暑さが苦手だが、夏越ししやすい品種も出てきている。風通しのよい日なたで上手に管理すると、こんもりとした株に育つ。寄せ植えにも向く。別名ルリチョウソウ。

花色 ……

アスター

Callstephus chinensis

- キク科
- 草丈：20～100cm
- 開花期：5～9月

高温多湿に弱いため、やや乾燥気味に管理するとよい。連作を嫌うので毎年植えつけ場所を変える。酸性土は、苦土石灰を混ぜ込んで中和しておく。別名エゾギク。

花色 …… 複色

ニゲラ

Nigella damascena

- キンポウゲ科
- 草丈：40～100cm
- 開花期：4月下旬～7月上旬

花びらのように見えるものは萼《がく》片《へん》。丈夫で育てやすく、日当たり、風通しのよい場所に植えつけるとよい。花後のタネは、9～10月下旬に直まきできる。別名クロタネソウ。

毎年同じ花を楽しめる 多年草《たねんそう》・宿根草《しゅっこんそう》

植え替えなしで
毎年花を咲かせてくれます。
宿根草は冬に地上部が枯れ、
多年草は枯れずに残ります。

花色 ……

ストケシア

Stokesia laevis

- キク科
- 草丈:30～40cm
- 開花期:6～9月

耐寒性や耐暑性に強い。日当たりと水はけのよい環境を好み、日当たりがよければ放任してもよく育つ。草姿が乱れにくく、初心者でも管理しやすい。

花色 ……

エリゲロン

Erigeron

- キク科
- 草丈:5～50cm
- 開花期:4～10月

初心者にも育てやすく、匍匐して広がり毎年花が咲く。乾燥を好むため水やりは地植えも鉢植えも、植えつけ直後と乾燥が続いたときでよい。よく利用されるエリゲロン・カルビンスキアヌスは別名ゲンペイコギク。

花色 …… 複色

デルフィニウム

Delphinium

- キンポウゲ科
- 草丈:80～150cm
- 開花期:5～6月

華奢な草姿から華やかなものまでさまざまなタイプがある。寒冷地では宿根草だが、日本の暖地では夏越しがむずかしく一年草扱い。花後に取れるタネは、涼しい場所で保管し秋にまく。

花色 ……

ゲラニウム

Geranium

- フウロソウ科
- 草丈:10～30cm
- 開花期:4～10月

草丈が低い品種はグランドカバーにもでき育てやすい。草丈が高い品種は、落葉樹の下草などに使うのがおすすめ。品種によっては秋まで開花するものもある。別名フウロソウ。

花色 ……

ベロニカ

Veronica

- ゴマノハグサ科
- 草丈:5～100cm
- 開花期:4～7月、9～11月

細長い花穂が涼しげで、ボーダー花壇に人気の植物。耐寒性、耐暑性が強く、環境への適応性があるため、草丈の低い品種はグランドカバーにも利用できる。

花色 ……

マロウ

Malva

- アオイ科
- 草丈:30～150cm
- 開花期:5～8月

寒さや暑さには強く、植えっぱなしでも丈夫によく育つ。花が咲き終わったあとは、花茎の根元で花穂ごと切り戻す。宿根草だが、寿命は4～5年ほど。花はハーブティーとしても人気がある。

花色 …… 複色

ジギタリス

Digitalis

- ゴマノハグサ科
- 草丈:30～150cm
- 開花期:5～7月

ラッパ形の花を穂状につける姿が華やか。宿根草だが、暑さに弱いため環境によっては二年草扱いのことも。花がらを切ると二番花が楽しめる。背の高いものは支柱で枝折れを防ぐ。強い西日は避け、日なたか半日陰がよい。

※原産地では多年草だが、日本では植栽する地域や環境により一年草・二年草扱いとするものも含む。

花色 ……… 複色

シャクヤク

Paeonia lactiflora

- ボタン科
- 草丈:60〜120cm
- 開花期:5〜6月

バラのような豪華な花形が人気だが、ツバキに似たシンプルなタイプもある。1本の茎に複数の蕾がつくが、頂点以外のものを摘み取ると大きな花を見られる。香りもとてもよい。

花色 ……… 複色

ガーベラ

Gerbera jamesonii

- キク科
- 草丈:30〜60cm
- 開花期:4〜10月

四季咲き性で春と秋によく咲く。寒さや暑さには強いが、日照が不足すると花が咲きにくい。生育開花には十分な水が必要だが、多湿にならないようにする。うどん粉病にも注意。

花色 ………

ダイアンサス

Dianthus

- ナデシコ科
- 草丈:10〜60cm
- 開花期:4〜11月

秋の七草のひとつ「ナデシコ」の仲間で、園芸品種が多く人気。高温多湿に弱く、砂質土壌など水はけのよいところでよく育つ。日の当たる場所で、風通しよく管理を。

花色 ……… 複色

リクニス・コロナリア

Lychnis coronaria

- ナデシコ科
- 草丈:60〜100cm
- 開花期:5〜8月

白毛に覆われた葉や茎が特徴。旺盛だが高温多湿に弱いため、環境によっては二年ほどで枯れることも。こぼれダネでよく増え、育てやすい。別名フランネルソウ。

花色 ……… 複色

オダマキ

Aquilegia

- キンポウゲ科
- 草丈:10〜50cm
- 開花期:5〜6月

園芸品種が多く、花の形もいろいろで初心者にも育てやすい植物。寒さに強く、日陰でもよく育つ。水はけがよく、有機質に富む土を好む。夏は半日陰になる環境、冬は北風が当たらない場所がよい。

花色 ………

シュウメイギク

Anemone

- キンポウゲ科
- 草丈:30〜150cm
- 開花期:8月中旬〜11月

耐寒性があり、夏は半日陰になるような場所がよい。乾燥すると葉が枯れて見苦しくなるので、夏でも水やりが必要。夏は肥料を避け、春と秋に施す。うどん粉病には注意する。

花色 ………

モナルダ

Monarda

- シソ科
- 草丈:40〜100cm
- 開花期:6〜9月

まっすぐに伸びた茎の先に華やかな花をつける植物。寒さ、暑さに強く育てやすいが、うどん粉病にかかりやすいので、風通しのよい環境を保つようにする。香りがあり、お茶に利用されることもある。別名ベルガモット。

花色 ………

ネコノヒゲ

Orthosiphon aristatus

- シソ科
- 草丈:50〜60cm
- 開花期:6〜11月

上向きにピンと長く伸びたしべが個性的な植物。寒さに弱く、冬越しには10℃以上が必要なため地植えは一年草扱いのことも多い。鉢植えの冬越しは室内管理で。別名オルトシフォン。

花色

アルメリア

Armeria

- イソマツ科
- 草丈：5～60cm
- 開花期：3～5月

細長い茎の先端にボール状の花がつき愛らしい。暑さや寒さ、乾燥に強いが、蒸れに弱い。夏の強い日差しでも問題なく、逆に日当たりが悪いと生育が悪くなる。

花色

オリエンタルポピー

Papaver orientale

- ケシ科
- 草丈：40～100cm
- 開花期：5～6月

色鮮やかで大きな花が特徴。鉢植えよりも地植えに向く。日当たりを好むが、高温多湿を嫌うので、夏は西日を避ける。水はけをよくしておくことが大切。

花色 複色

ガウラ

Gaura lindheimeri

- アカバナ科
- 草丈：30～100cm
- 開花期：5～11月

丈夫な性質で、夏でも次々と開花する。生育期には蝶の群れが飛ぶように群生する。半日以上は日が当たる環境で、植えつけ後は根づくまで乾燥させないよう管理を。

花色

スカビオサ

Scabiosa

- マツムシソウ科
- 草丈：10～120cm
- 開花期：4～10月

開花期が長く、ブルー系の花として親しまれている。冷涼な気候を好み、高温多湿が苦手で、環境によっては一年草や二年草扱い。別名マツムシソウ。

花色

セラスチウム

Cerastium tomentosum

- ナデシコ科
- 草丈：10～20cm
- 開花期：4～6月

シルバーの葉が美しい常緑の多年草。暑さに弱く、暖地では夏越しがむずかしいため、一年草扱いのことも。乾燥気味の環境を好み、夏は風通しのよい半日陰で管理。

花色 複色

クリスマスローズ

Helleborus

- キンポウゲ科
- 草丈：10～50cm
- 開花期：1～3月

花形、花色が豊富で、日陰でも育つ丈夫な性質。初心者にも育てやすく人気のある常緑多年草。落葉樹の下などが適した環境。秋に新芽が出てきたら古い葉を取り除く。

花色

チョコレートコスモス

Cosmos atrosanguineusa

- キク科
- 草丈：30～70cm
- 開花期：5～11月

シックな花色が印象的な球根性の花で、日当たりを好む。寄せ植えのアクセントとしておすすめ。塊根は乾燥すると枯れるので水切れしないようにする。

花色

フィリペンデュラ

Filipendula multijuga

- バラ科
- 草丈：30～100cm
- 開花期：5～7月

茎の先が細かく枝分かれし、そこに小花をたくさんつける。耐寒性があり、日陰でも育つ。日なたの場合は、乾燥させないように管理する。別名シモツケソウ。

花色

コンボルブルス・サバティウス

Convolvulus sabatius

- ヒルガオ科
- 草丈：10cm程度
- 開花期：5～7月

ラッパ状の花が明るいときだけ開花する。花つきがよく放任でもよく育つ。地面を這うようにして成長するので、グランドカバーにも使える。別名ブルーカーペット。

花色

マトリカリア

Tanacetum parthenium

- キク科
- 草丈：15～100cm
- 開花期：5～7月

多年草だが、高温多湿を嫌うため二年草扱い。水はけのよい日なたで管理し、冬は防寒し凍結を防ぐ。高温期は長雨に当てず、半日陰で夏越しを。別名ナツシロギク。

花色 複色

エリシマム

Erysimum

- アブラナ科
- 草丈：20～50cm
- 開花期：2～6月

さわやかな香りでストックに似た花をつける。高温多湿に弱く、多年草性でも一年草扱いが多い。梅雨入り前に半分ほどに刈り込み、水はけをよくすれば、夏越しも可能。

花色 複色

宿根フロックス

Phlox paniculata

- ハナシノブ科
- 草丈：60～120cm
- 開花期：6～9月

まっすぐに伸びた茎の先が円錐状の花序《かじょ》になり、多くの小花をつける。丈夫な性質だが、うどん粉病には注意する。1カ月に1回程度液肥を施す。別名オイランソウ。

花色

アガパンサス

Agapanthus

- ユリ科
- 草丈：30〜150cm
- 開花期：5月下旬〜8月上旬

日当たりと水はけを好むが、環境への適応幅が広いので育てやすい。常緑種は温暖な土地に適し、イナパータス種などの落葉種は耐寒性が強い。過湿には注意。

花色

アスチルベ

Astilbe

- ユキノシタ科
- 草丈：30〜80cm
- 開花期：5〜7月

ふんわりとした花穂は、長雨に当たっても元気で、日陰でも育つ。夏の高温乾燥で株が弱るので木陰、半日陰で乾燥しないように管理するとよい。

花色

エキナセア

Echinacea

- キク科
- 草丈：30〜100cm
- 開花期：6月中旬〜8月

手間もかからず、切り花やドライフラワーで楽しむ人も多い。水はけの悪い環境だと梅雨時に根腐れしやすいので注意する。春か秋にタネまきか株分けで増やす。

花色

リンドウ

Gentiana scabra var. buergeri

- リンドウ科
- 草丈：30〜70cm
- 開花期：9月下旬〜10月中旬

日なたで育てるようにするが、夏は葉焼けを防ぐため、遮光して明るい日陰の状態にするとよい。タネを取らない場合は、花が終わったら花茎のつけ根から摘み取る。

花色

宿根アスター

Aster

- キク科
- 草丈：30〜180cm
- 開花期：6〜11月

コンパクトなものから、1m前後の大型に育つものまでさまざま。暑さ寒さには強いが、日陰では生育が悪い。大型は支柱で倒れるのを防ぐ。別名クジャクアスター。

花色 複色

ブルーファンフラワー

Scaevola aemula

- クサトベラ科
- 草丈：10〜30cm
- 開花期：4〜10月

開花期が長く、次々と花を咲かせ育てやすい。寒さに弱いため冷涼地では一年草扱いだが、暖地では地植えでも冬越しが可能。強い霜が当たらないように注意する。

花色

ディアスキア

Diascia

- ゴマノハグサ科
- 草丈：10〜40cm
- 開花期：3〜5月、10〜12月

寒さに強く、冬でも花を咲かせ花壇を彩ってくれる。梅雨から秋のお彼岸ごろまでは雨がかからない半日陰で管理を。冬の間はよく日の当たる場所がよい。

花色 複色

コレオプシス

Coreopsis

- キク科
- 草丈：20〜100cm
- 開花期：5〜10月

寒さや暑さに強く、荒地でも花を咲かせるワイルドフラワーとして利用される。初心者でも育てやすい。6〜7月ごろ、花が落ち着いたら半分ほどに切り戻す。

花色

ニーレンベルギア

Nierembergia

- ナス科
- 草丈：10〜30cm
- 開花期：5〜10月

グランドカバーに人気のレペンス種、直立するスコパリア種、ドーム状になるセルレア種などがある。スコパリア種とセルレア種は夏に切り戻すと秋もよく咲く。

花色

ブルーデージー

Felicia

- キク科
- 草丈：20〜50cm
- 開花期：3〜5月、10〜12月

高温多湿を嫌うので雨の当たらない半日陰で夏越しさせる。鉢植えが管理しやすいが、地植えなら雨の当たりにくい場所に。梅雨から秋までは、乾燥気味に管理する。

花色 複色

ルドベキア

Rudbeckia

- キク科
- 草丈：40〜150cm
- 開花期：7〜10月

開花期が長く、暑さ寒さに強いため初心者にも育てやすい。大型品種でも、切り戻すことでコンパクトに楽しめる。オオハンゴンソウは特定外来生物として駆除対象。

花色

ミヤコワスレ

Miyamayomena

- キク科
- 草丈：20〜50cm
- 開花期：4〜6月

日本全域に自生するミヤマヨメナの園芸品種。暑さに弱く、強い日差しが苦手なので、夏は半日陰の場所で管理する。ひと通り花が終わった株は、地際から切り戻す。

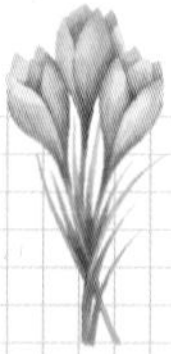

丈夫で育てやすい 球《きゅう》根《こん》植《しょく》物《ぶつ》

季節を感じさせる花が多いのが特徴です。基本的には4～5年ほど植えっぱなしでもOK。

花色……複色

アルストロメリア

Alstromeria

- ユリズイセン科（アルストロメリア科）
- 草丈：10～200cm
- 開花期：5～7月

日当たりと水はけのよい環境を好み、高温多湿を嫌うので、梅雨の時期は軒下で乾燥気味に管理するとよい。花色が豊富で切り花でも楽しめる。

花色……複色

クロッカス

Crocus

- アヤメ科
- 草丈：5～10cm
- 開花期：2～4月

春の訪れを告げる植物で、庭に分散して植えるのがおすすめ。暑さ寒さに強く育てやすい。開花後は追肥を施し球根を太らせるとよい。自然分球で増える。

花色……

イフェイオン

Ipheion uniflorum

- ユリ科（ネギ科）
- 草丈：10～25cm
- 開花期：2～4月、11～12月

植えっぱなしでも春になると星形の花を咲かせ、半日陰でもよく育つ。丈夫で手間がかからないので初心者にもおすすめ。冬に開花する品種もある。別名ハナニラ。

花色……複色

オキザリス

Oxalis

- カタバミ科
- 草丈：5～30cm
- 開花期：品種により異なる

日当たりのよい場所でよく育ち、グランドカバーにも向く。クローバーのような葉をもち、開花期は品種によって異なる。生育旺盛のため、増えすぎたら間引く。極端な乾燥には注意する。

花色……

シラー・カンパニュラータ

Hyacinthoides hispanica

- キジカクシ科（ユリ科）
- 草丈：20～40cm
- 開花期：3～5月

寒さや暑さに強く、半日陰でも育つ。落葉樹の下などがおすすめの環境。地上部があるのは４～６月で、こぼれダネでもよく増える。別名ツリガネズイセン。

花色……複色

スイセン

Narcissus

- ヒガンバナ科
- 草丈：10～50cm
- 開花期：11月中旬～4月

初秋に植えつけ、秋から春まで楽しめる。日当たりと水はけのよい場所で育てるのがよい。花後は、葉を残して花茎をつけ根から切る。葉は完全に枯れてから切る。

花色……

スノーフレーク

Leucojum aestivum

- ヒガンバナ科
- 草丈：20～45cm
- 開花期：3月中旬～4月中旬

下向きにつくベル型の花が愛らしく、水はけのよい場所なら半日陰でも育つ。放任でも問題ないが、群生して増えてきたら、葉が枯れたあとに掘り上げて、乾燥させずにすぐ植えつける。別名スズランズイセン。

※ダリア、アルストロメリアについては多年草に分類することもあるが、本書では学術的分類に沿って球根に分類する。

花色 ……

ヒヤシンス

Hyacinthus orientalis

- キジカクシ科（ユリ科）
- 草丈：15〜20cm
- 開花期：3〜4月

耐寒性があり日陰でも育つが、日に当てるほうが花つきがよくなる。花後は花茎を残して花がらを切る。球根は梅雨前に掘り上げて、常温で秋まで乾燥貯蔵するとよい。芳香あり。

花色 ……

ゼフィランサス

Zephyranthes

- ヒガンバナ科
- 草丈：10〜30cm
- 開花期：5月下旬〜10月

半日陰でも次々と花が咲き、初心者でも育てやすい。密植すると美しいが、4〜5年経って花が咲きにくくなったら、花後に球根を掘り上げる。別名タマスダレ。

花色 …… 複色

チューリップ

Tulipa

- ユリ科
- 草丈：10〜70cm
- 開花期：3月下旬〜5月上旬

花形も色も多種多様なタイプがあり、春に咲く球根の中でももっとも有名で非常に人気がある。球根は大きくて硬く、斑点や発根のないきれいなものを選ぶ。地植えの場合、連作は避ける。植えつけ時に元肥を与えると花つきがよくなる。

花色 ……

ムスカリ

Muscari

- キジカクシ科
- 草丈：10〜30cm
- 開花期：3〜5月中旬

耐寒性が強く、日当たりと水はけを好む。夏休眠中は日陰でもよく、落葉樹の下などが適している。自然分球で増え、植えたままでも毎年よく咲く。

花色 …… 複色

アネモネ

Anemone coronaria

- キンポウゲ科
- 草丈：15〜50cm
- 開花期： 2〜5月

水はけと風通しのよい場所なら、放任していても花をつけるので、初心者にもおすすめ。耐寒性が強い。花がらはこまめに摘み、鉢植えは夏前に地上部が枯れたら水やりをやめ、10月ごろから水やりを再開する。

花色 ……

アリウム

Allium

- ネギ科（ユリ科）
- 草丈：10〜120cm
- 開花期：4月中旬〜6月

直線の茎の先につく丸い花の姿がユニークな植物。日当たり、水はけのよい場所で管理する。ギガンチウムなどの大型種は、花後は球根を掘り上げるようにする。

花色 ……

ガーデン シクラメン

Cyclamen persicum

- サクラソウ科
- 草丈：10〜20cm
- 開花期：10〜3月

一般的なシクラメンよりも耐寒性があるため、暖地では屋外でも冬越しができる。日当たりのよい場所で管理すれば、秋から春まで次々に花を咲かせる。寄せ植えにもおすすめ。

花色 …… 複色

ダリア

Dahlia

- キク科
- 草丈：20〜200cm
- 開花期：6月中旬〜11月

大輪、中輪、小輪と品種が非常に多く、開花期が長い。豪華な花形、豊富な花色は花壇や寄せ植えなど幅広く使え、引き立つ。水はけよく管理するが、水切れにも注意する。

多彩な表情が魅力

つる性の植物

つるの生長具合でさまざまな姿を楽しめます。地植えは繁殖が旺盛になりやすいので、注意しましょう。

花色

カロライナジャスミン

Gelsemium sempervirens

- ゲルセミウム科
- つるの長さ:300cm以上
- 開花期:4〜6月

花つきがよくジャスミンに似た香りをもつが、有毒植物。生育旺盛でつるは比較的まとまった状態で伸び、日なたから半日なたを好む。剪定は花後の５〜６月に行う。

花色

ノウゼンカズラ

Campsis grandiflora

- ノウゼンカズラ科
- つるの長さ:500〜600cm
- 開花期:7〜8月

夏に大輪の花をつける落葉花木。気根で壁や木に這い上る。寒さに強いが日陰だとつぼみをつけても咲かないことがあるため、日当たりのよい場所で育てる。２〜３月の落葉期の剪定で大きさを保つ。

花色 複色

クレマチス

Clematis

- キンポウゲ科
- つるの長さ:30〜300cm
- 開花期:5〜10月

「つる性植物の女王」として親しまれ、自生種だけで 300 種以上がある。過度の乾燥を嫌い、移植は難しい。日差しが弱いと花つきが悪くなる。四季咲き品種は、花後の剪定で１年に２〜４回ほど花を楽しめる。

花色 複色

トケイソウ

Passiflora

- トケイソウ科
- つるの長さ:300cm以上
- 開花期:5〜10月
  （品種により異なる）

鎮静効果のあるハーブとして不眠症の緩和に使われる。南米原産の半常緑性だが耐寒性があり、フェンスなどの被覆に向く。剪定は５〜９月に。別名パッションフラワー。

花色

マンデビラ

Mandevilla

- キョウチクトウ科
- つるの長さ:30〜300cm
- 開花期:5〜10月

色鮮やかな花はよく目立ち、グリーンカーテンにも向く。開花期が長く夏でも花をつけるが、日差しが不足すると開花しないため、日の当たる環境に置く。つるが伸びすぎた場合は、10月ごろに30cm ほど残して切り戻す。

花色

ルコウソウ

Ipomoea quamoclit

- ヒルガオ科
- つるの長さ:300cm以上
- 開花期:7〜10月

星型の花は小さいが、色鮮やかでよく目立つ。丈夫で生育旺盛なためグリーンカーテンなどにも使われる。本来は多年草だが、寒さに弱く一年草扱い。日当たりのよい場所で管理する。

花色

ハゴロモジャスミン

Jasminum polyanthum

- モクセイ科
- つるの長さ:200cm以上
- 開花期:4〜5月

花つきがよく、離れていても漂うほどの強い甘い香りを放つ。暑さに強い半常緑性で、フェンスやアーチ、棚に向く。寒風の当たらない南側の場所に配置するとよい。花後に剪定するとよい。

花色

ルリマツリ

Plumbago auriculata

- イソマツ科
- つるの長さ:30〜300cm
- 開花期:5〜11月

半つる常緑性の低木。丈夫で開花期が長く、初心者でも育てやすい。旺盛になりやすいので、限られたスペースでは鉢植えのほうが管理しやすい。日当たりが悪いと花つきが悪くなる。別名プルンバゴ。

花色

フウセンカズラ

Cardiospermum halicacabum

- ムクロジ科
- つるの長さ:100〜300cm
- 開花期:7〜9月

緑の紙風船のような袋状の実をつける一年草で、グリーンカーテンとして人気がある。つるの先端を摘み取り、横に寝かせるように誘引すると、枝葉が増え密に茂る。タネの模様がハート形でユニーク。

花色

アブチロン

Abutilon

- アオイ科
- つるの長さ:20〜150cm
- 開花期:4〜11月

ランプのような形の花を下向きにつける常緑の熱帯植物。木立性とつる性があり、つる性になるのは「ウキツリボク」と呼ばれるもの。冬の北風が当たらない日なたが最適。大きくなりすぎたものは、4〜5月なら強剪定が可能。

花色

ヘンリーヅタ

Parthenocissus henryana

- ブドウ科
- つるの長さ:30〜1000cm
- 開花期:4〜7月

気根を伸ばし吸着し、登る力がとても強い。壁面に付着するので壁面緑化、パーゴラ、フェンスに向いている。半日陰でも育ち、10〜11月に美しい紅葉が見られる。剪定は落葉期の2〜3月に。

花色 複色

ブーゲンビレア

Bougainvillea

- オシロイバナ科
- つるの長さ:50〜300cm
- 開花期:6〜10月

常緑性の低木で、物に絡みながら伸びていく。初夏から秋まで長く花を楽しめる。比較的寒さに強く本州でも育てやすい品種'エリザベスアンガス'や'ミセスバッド'は地植えにも適している。剪定は花後の6月に行う。

花色

テイカカズラ

Trachelospermum asiaticum

- キョウチクトウ科
- つるの長さ:50〜1000cm
- 開花期:5〜6月

寒さに強い常緑性の低木。光沢のある葉で風車のような小さな花を咲かせる。直射日光よりも、半日陰くらいの環境でよく育つ。旺盛だがつるが細いので、初心者でも扱いやすい。

花色

ツキヌキニンドウ

Lonicera sempervirens

- スイカズラ科
- つるの長さ:300cm程度
- 開花期:6〜9月

甘い香りをもつ花は表側が赤で、内側は咲き進むにつれ白〜黄〜オレンジに変わる。とても丈夫で生育旺盛。常緑花木だが、関東以北では落葉することもある。暖地では冬に冷たい風に当てないようにするとよい。別名ロニセラ。

花色

ツルハナナス

Solanum jasminoides

- ナス科
- つるの長さ:50〜200cm以上
- 開花期:7〜10月

常緑性の低木。夏から秋にかけ、星型の花が枝を覆うように咲く。日当たりと、水はけのよい土を好み、関東以南では屋外での冬越しが可能。剪定は秋か春に。

主役としても使える カラーリーフ

葉の鑑賞価値が高く、葉の色や形を楽しむ植物です。花の少ない時期でも庭を華やかにしてくれます。

花色 …… 複色

カンナ

Canna

- カンナ科
- 草丈：40〜160cm
- 開花期：6〜11月

色鮮やかな大きな花も見事だが、赤、黄、白の斑入り葉やブロンズカラーの葉などの鑑賞価値も高い春植えの球根植物。葉が枯れたら球根を掘り上げ、湿度を保って保存する。暖地なら防寒することで冬越えが可能。

花色 ……

ペンステモン ジギタリス ‘ハスカー レッド’

Penstemon digitalis ‘Husker Red’

- ゴマノハグサ科
- 草丈：60〜80cm
- 開花期：6〜7月

長い花茎に、ツリガネ型の花を連なるように咲かせる。美しい銅葉は、花のない冬も庭の彩りとして重宝する。花が終わったら、花茎の根元から切り取る。

コリウス

Coleus

- シソ科
- 草丈：20〜100cm
- 鑑賞期：5〜10月

赤や黄、ワインレッド、ライムグリーンなど美しい葉色が豊富。花芽を見つけたらすぐに摘み取って花を咲かせないようにしたほうが、葉を長く鑑賞できる。葉の変色を防ぐために、夏は直射日光を避けたほうがよい。

ニューサイラン

Phormium tenax

- キジカクシ科（ユリ科）
- 草丈：60〜150cm

花は数十年に一度しか咲かないといわれ、細長くシャープな葉を扇状に伸ばす姿を楽しむ。赤葉や銅葉、斑入り葉、黒に近い紫葉などがあり、日なたで育てると硬くしっかりとした葉になる。夏は加湿の根腐れに注意。寒冷地では室内で冬越しさせる。

花色 ……

ヒューケラ

Heuchera

- ユキノシタ科
- 草丈：20〜60cm
- 開花期：5〜7月中旬

常緑の葉色が豊富で、1年を通してシックな配色の寄せ植えに欠かせないカラーリーフ。葉だけでなく花も美しい。日陰でも育ち、手がかからない。乾燥に強いが、品種によって直射日光を避ける。

花色 ……

ムラサキゴテン

Tradescantia pallida ‘Purpurea’

- ツユクサ科
- 草丈：10〜30cm
- 開花期：7〜9月

やや肉厚の細長い葉で、輝くような紫色が美しいカラーリーフ。茎は直立性だが生長すると横に倒れ、匍匐しながら伸びる。丈夫で育てやすい。関東以西では戸外で冬越しできる。霜に当たらないようにマルチングで防寒するとよい。

花色 ……

ハツユキカズラ

Trachelospermum asiaticum 'Hatsuyukikazura'

- キョウチクトウ科
- つるの長さ：30〜50cm
- 開花期：5〜6月

テイカカズラの園芸品種で、ピンクや白の斑入り葉がかわいらしい。日当たりが悪いと斑の発色が悪くなるが、夏の直射日光は避ける。グランドカバーにもよい。

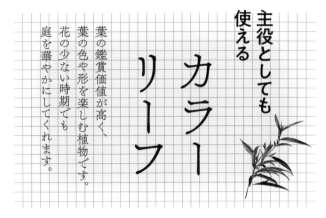

北向きの庭にOK

日《ひ》陰《かげ》に強い植物

北向きの庭、建物わきの通路、大きな樹木の陰になる場所など、日差しの弱い環境でも育ちすい植物です。

花色

シラン

Bletilla

- ラン科
- 草丈:40〜50cm
- 開花期:5〜6月

古くから親しまれているランで、寒さ暑さに強く、丈夫で育てやすいため初心者にもおすすめ。宿根性で、冬は地上部の葉が枯れ、春に再び芽吹く。日当たりを好むが、半日陰でもよく育つ。葉に縞状の斑が入る品種もある。

花色

シャガ

Iris japonica

- アヤメ科
- 草丈:30〜40cm
- 開花期:5〜6月

白の花弁に紫と黄色の独特な模様をつける常緑の多年草。地下茎でよく増え、群生する。やや湿り気のある明るい日陰でよく育つ。水はけがよければ土壌は選ばない。鉢植えは毎年植え替える。

花色

ホタルブクロ

Campanula punctate var.punctata

- キキョウ科
- 草丈:30〜80cm
- 開花期:5月下旬〜7月

ツリガネ型の花を下向きにつける多年草。地下茎でよく増える。直射日光は避け、日なたか明るい日陰で管理するのがよい。ヨトウムシの食害にあいやすいので、5〜6月は注意が必要。

花色

ヤブラン

Liriope muscari

- キジカクシ科(ユリ科)
- 草丈:20〜40cm
- 開花期:8〜10月

細い葉が枝垂れ、開花期には長い穂を伸ばして花をつける常緑多年草。草姿が乱れず、下草として使い道が多い。日陰でもよく育つが、花はやや少なくなる。春に古い葉をつけ根から切り落とすと見た目もよい。

花色

シュウカイドウ

Begonia grandis

- シュウカイドウ科
- 草丈:40〜80cm
- 開花期:7月下旬〜10月上旬

ベゴニアの仲間で球根性の多年草。耐寒性が強く、落葉樹の下など半日陰の環境で管理するのが適している。有機質に富む土を好む。湿り気のある場所なら手をかけなくてもよく育つ。

花色

ツワブキ

Farfugium japonicum

- キク科
- 草丈:20〜50cm
- 開花期:10〜12月

常緑の多年草。日なたでも明るい日陰でもよく育つので、初心者にもおすすめ。秋に花をつけるが、斑入りの葉が美しいものもあり、カラーリーフとして葉の観賞価値も高い。通年楽しめる。

花色

ホスタ

Hosta

- キジカクシ科(ユリ科)
- 草丈:10〜60cm
- 開花期:6〜9月

葉の観賞価値が高く、斑入り葉や葉の形が違う品種が多数ある。地植えは乾燥が激しい土壌は避け、葉がしおれるときは水やりが必要。多年草で、冬には地上部は枯れる。別名ギボウシ。

すき間を埋める グランドカバー

ナチュラルガーデンに欠かせないグランドカバーは ちょっとしたすき間を 埋めてくれる便利アイテムです。

花色 ……

グレコマ

Glechoma

- シソ科
- 草丈：5〜10cm
- 開花期：4〜5月

斑入りのタイプは花よりも葉に鑑賞価値がある。暑さや寒さに強く日陰でも育つが、乾燥には弱い。地植えでは数年に一度植え直すと見栄えを保てる。生長が悪いときは液肥を施すとよい。

花色 ……

ツルニチニチソウ

Vinca major

- キョウチクトウ科
- つるの長さ：100cm以上
- 開花期：3月下旬〜6月上旬

春に花をつけるが、葉も観賞価値があり、通年楽しめる。寒さや暑さに強く、過湿を避ければ育てやすい。小型の仲間ヒメツルニチニチソウは日陰でもよく育つ。

花色 …… 品種により異なる

セダム

Sedum

- ベンケイソウ科
- 草丈：2〜60cm
- 開花期：品種により異なる

育てやすい多肉植物で、さまざまなタイプがある。グランドカバーに向くのは、マンネングサやミセバヤのように、茎が横に這うように伸びて群生するタイプ。

花色 ……

ヒメツルソバ

Persicaria capitata

- タデ科
- つるの長さ：50cm
- 開花期：4〜11月

つる性の多年草で、日陰でも育ち、暑さと乾燥に強い。旺盛になりすぎても引き剝がしは簡単だが、適宜切り戻しながら管理するとよい。寒さに当たると葉が紅葉する。関東以西で越冬が可能。別名ポリゴナム。

花色 ……

ダイコンドラ

Dicondra

- ヒルガオ科
- 草丈：5〜10cm
- 開花期：4〜7月

ハート形の葉をしており、グランドカバーやハンギングに使用される。寒さにやや弱く、乾燥した日なたを好む。銀葉は美しいが、夏の蒸れに弱い。切り戻しを年に数回して葉を密につけさせると見栄えがよい。別名アオイゴケ。

花色 ……

ワイヤープランツ

Muehlenbeckia

- タデ科
- つるの長さ：500cm
- 開花期：5〜7月

つる性で日陰でもよく育つ。乾燥するとつるが伸びにくくなるため、乾燥期は地植えでも水やりを行うとよい。寄せ植えやハンギングバスケットにもおすすめ。関東以西で越冬が可能。

花色 ……

ワイルドストロベリー

Fragaria vesca

- バラ科
- 草丈：10〜20cm
- 開花期：4〜6月

花のあとにつく小さな赤い実は食用も可。暑さ寒さに強いが、水分が不足すると葉が枯れやすくなるので水やりは十分に行う。地植えの場合は施肥は不要。

花色 …… 複色

フクシア

Fuchsia

- アカバナ科
- 草丈:30〜70cm
- 開花期:4〜7月、10〜11月

ドレスを着た人が踊っているような花姿が愛らしい低木。下向きに花をつけるため、ハンギングバスケットなどに使いやすい。高温多湿が苦手なため、夏は風通しのよい半日陰で育てる。冬は室内管理に。高性種のものは 100 〜 150cm 程度まで生育する。

コンテナで美しく 寄《よ》せ植《う》え向き植物

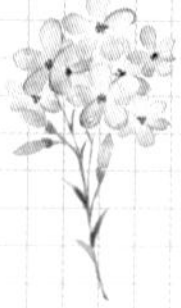

寄せ植えのコンテナは庭のアクセントにもなります。寄せ植えには、こんもりと育つ植物がおすすめです。

花色 …… 複色

アイビーゼラニウム

Pelargonium ivy-leaved Group

- フウロソウ科
- 草丈:15〜30cm
- 開花期:4〜7月中旬、9月〜11月

開花期が長く、春の開花後に切り戻すと秋も開花し、日当たりがよいと冬でも花を楽しめる。茎が下垂するので、ハンギングや寄せ植えなどの下花に植えこむとよい。

花色 ……

バコパ

Sutera

- オオバコ科
- 草丈:10〜20cm
- 開花期:1〜6月、9〜12月

茎が枝垂れる性質のため寄せ植えの縁取りで映える。夏は半日陰で管理し、冬は室内か軒下で管理する。蒸れ防止のため、6 〜 9月に枝に葉が少し残る程度に切り戻すとよい。別名ステラ。

花色 ……

クロウエア

Crowea

- ミカン科
- 草丈:30〜70cm
- 開花期:5〜11月

オーストラリア原産の常緑性の低木。春から初冬まで星型の花を咲かせるが、気温があれば冬でも開花する。高温多湿に弱いため、夏は長雨に当たらない場所、冬は凍らない場所で管理するとよい。別名サザンクロス。

花色 …… 複色

ラナンキュラス

Ranunculus asiaticus

- キンポウゲ科
- 草丈:30〜50cm
- 3〜5月

幾重にも花びらを重ねた丸みのある花形が愛らしい秋植えの球根植物。6月に球根を掘り上げ、乾燥気味に日陰で保存し、10月に植えつけるとよい。暑さや寒さには弱い。酸性土壌の場合は苦土石灰で中和しておく。

花色 ……

シュガーバイン

Parthenocissus

- ブドウ科
- つるの長さ:100cm以上
- 開花期:3〜6月

緑色の五枚葉がいくつも連なって垂れ下がるつる性植物。観葉植物として人気がある。寒さに弱い。葉焼け防止のため盛夏は遮光された場所に置くとよい。剪定は4 〜 10月に伸びたところを切る。

花色 …… 複色

ペチュニア

Petunia

- ナス科
- 草丈:10〜30cm
- 開花期:4〜11月

品種が多くさまざまなタイプのものがあり、丈夫でよく育つため初心者にもおすすめ。水やりや雨の泥はねで病気になりやすく注意が必要。開花中は液肥を月 2 〜 3 回施すと花色がきれいに保てる。

キッチンガーデンに使いたいハーブ

実用性を兼ね備えたハーブは、初心者でも育てやすい植物。すき間スペースを埋めるグリーンとしても便利です。

花色……

シソ

Perilla frutescens

- シソ科
- 草丈:70〜80cm
- 開花期:8〜10月上旬

抗酸化作用、防腐作用、抗アレルギー作用がある。日本では大葉とも呼ばれ、香味野菜として使われる。繁殖力が強いので地植えよりも鉢植えのほうが管理しやすい。基本的に日なたを好むが、夏は半日影の環境がよい。夏に出てくるハダニに注意。

花色……

ジャーマンカモミール

Matricaria chamomilla

- キク科
- 草丈:30〜60cm
- 開花期:3〜5月

ドイツでは薬用として一般的な一年草。抗炎症作用が強く、花粉症、不眠症の緩和に利用される。寒さに強いが暑さにはやや弱く乾燥を好む。リンゴのような甘い香りで、お茶で飲用されることが多い。

花色……

イタリアンパセリ

Petroselinum neapolitanum

- セリ科
- 草丈:20〜30cm
- 開花期:6月中旬〜7月

地中海原産のので寒さに強い二年草扱いのハーブ。栄養豊富で月経促進、美肌作用がある。移植を嫌うので苗の根鉢はくずさないのがコツ。暑さに強いが、夏は乾燥させないように育てる。

花色……

スイートバジル

Ocimum basilicum

- シソ科
- 草丈:30〜60cm
- 開花期:6〜9月

抗炎症作用があり、のどや鼻の痛みを和らげる。葉はスパイスを思わせる強い香りがある。花が咲くと葉が固くなるが香りは強まる。寒さには非常に弱い。乾燥にも弱く水枯れに注意。やわらかな葉を収穫しながら摘芯するとよい。

花色……

オレガノ

Origanum vulgare

- シソ科
- 草丈:40〜80cm
- 開花期:5〜6月

消化促進や炎症緩和、頭痛、咳を抑える作用がある。葉はトマトと相性がよく、料理に使われる。生育旺盛で育てやすい。地植えの場合は、2〜3年ごとに株分けが必要。まめに収穫して蒸れないようにする。

花色……

タイム

Thymus

- シソ科
- 草丈:5〜30cm
- 開花期:4〜6月

殺菌作用が強く、飲用すると風邪やアレルギー性鼻炎、ぜんそくの症状を緩和させる。魚の生臭さを消したり、風味づけに使われる。生育旺盛で育てやすい。茂りすぎて蒸れないよう適度に刈り込みするとよい。

花色……

コリアンダー

Coriandrum sativum

- セリ科
- 草丈:40〜60cm
- 開花期:5〜7月

消化促進と食欲増進に作用する。葉をもむと不快な香りだが、タネはフレッシュでスパイシーな香りがし、カレーに欠かせないスパイスのひとつ。夏は乾燥させないようにする。耐寒性が高く、霜よけで冬越し可能。別名パクチー。

花色 ………

ボリジ

Borago officinalis

- ムラサキ科
- 草丈：30〜100cm
- 開花期：4月中旬〜7月

星型の青く小さな花が多数咲く一年草ハーブ。サラダに散らしたり、砂糖漬けやアイスキューブなどに使われるエディブルフラワー。収穫は開花日の午前中に。高温多湿に弱く、日当たりと肥沃な土を好む。イチゴの実つきをよくするコンパニオンプランツ。

花色 ………

チャイブ

Allium schoenoprasum

- ユリ科
- 草丈：30〜50cm
- 開花期：4〜7月

ネギの仲間で、バラと混植すると害虫を寄せつけないのでおすすめ。かわいらしい花、アサツキのような葉は料理にも使われる。耐寒性はあるが、高温乾燥には非常に弱い。冬に地上部が枯れても根は生きているので適宜水やりは必要。

花色 ………

ミント

Mentha

- シソ科
- 草丈：5〜100cm
- 開花期：7〜9月

鎮静作用にすぐれ、胸やけ防止や乗り物酔いの緩和、消化促進作用がある。お茶で飲むと食後の口の中を爽やかにしてくれる。変種が多く、香りや草姿はさまざま。丈夫で繁殖力が強いため、鉢植えのほうが管理しやすい。

花色 ………

チャービル

Anthriscus cerefolium

- セリ科
- 草丈：20〜60cm
- 開花期：5〜7月

発汗や消化促進、デトックス作用があり、どんな料理に合わせても相性がよい。デリケートな香りで春に白いレースのような花を咲かせる。風通しがよく、明るい日陰を好む。直まきで育て、間引き収穫をするとよい。

花色 ………

レモンバーム

Melissa officinalis

- シソ科
- 草丈：30〜60cm
- 開花期：6月中旬〜7月

心を活性化し元気にする作用があるため「若返りのハーブ」とも呼ばれる。葉は甘いレモンの香りで、気分を爽やかにしてくれる。日当たりを好むが、直射日光は苦手なので、明るい日陰で管理する。丈夫で育てやすい。別名セイヨウヤマハッカ。

花色 ………

ディル

Anethum graveolens

- セリ科
- 草丈：60〜100cm
- 開花期：5〜7月

古代エジプト時代より「魚のハーブ」と呼ばれ、魚料理や酢漬けに利用される。耐寒性が高く、高温乾燥に弱い。移植を嫌うのでタネの直まきか、植えつけでは根をくずさないようにする。

花色 ………

ローズマリー

Rosmarinus officinalis

- シソ科
- 草丈：30〜150cm
- 開花期：11〜5月

血行促進、消化促進、頭をスッキリさせる作用がある。指でこすると樟脳のような香りで、頭をスッキリさせるのでモーニングティーにおすすめ。立ち性と匍匐性の品種がある。乾燥を好む。枝が老化しないよう、こまめな収穫や剪定で新芽を出させるとよい。

花色 ………

ナスタチウム

Tropaeolum majus

- ノウゼンハレン科
- 草丈：20〜30cm
- 開花期：4〜7月

マスタードのようなぴりっとした辛みがあり、葉はビタミンCと鉄分が豊富で、美肌効果や貧血改善の作用がある。高温多湿が苦手なため、夏は風通しよく乾燥気味に管理を。うまく夏越しすると秋にも開花する。別名キンレンカ。

庭を華やかにする バラ

ひと株でも華やかさの出るバラ。さまざまなタイプがあるので自分の庭に合う品種を探してみましょう。

フレグラント・アプリコット

Fragrant Apricot

- 系統：フロリバンダ、四季咲き
- 樹形・樹高：直立・120cm
- 花径：半剣弁高芯咲き10cm

やさしいアプリコットの花色が魅力。フルーティーな強い芳香がある。株はコンパクトだが房咲きとなりコンテナにも向く。連続開花し初心者でも栽培しやすい。

イヴ・ピアッチェ

Yves Piaget

- 系統：ハイブリッド・ティー、四季咲き
- 樹形・樹高：半横張り・120cm
- 花径：シャクヤク咲き14cm

ラベンダーがかったローズピンクの花色、切れ込みがありフリルのような花弁が特徴。強いダマスク香がある。房咲きで存在感がある大輪花。年々枝を増やし株を充実させ花数が増すと非常に豪華。

フレンチ・レース

French Lace

- 系統：フロリバンダ、四季咲き
- 樹形・樹高：半直立・130cm
- 花径：半剣弁咲き9cm

分枝が多く花つきがよい。花弁縁が波打つ。ティー系のよい香り。高温期には下葉が黄変しやすい。枝は細く、トゲはやや大きめ。「ピンク・フレンチレース」もある。

プリンセス・アレキサンドラ・オブ・ケント

Princess Alexandra of Kent

- 系統：シュラブ、四季咲き
- 樹形・樹高：開帳・120cm
- 花径：カップ咲き〜ロゼット11cm

色も形も美しく、花びらがぎっしりと詰まった大輪。ティーの香りにフルーツ香が混じる。樹形が広がりやすい品種。

ボレロ

Bolero

- 系統：フロリバンダ、四季咲き
- 樹形・樹高：半横張り・100cm
- 花径：ロゼット咲き10cm

3〜4輪の房咲きで、香りの強い人気品種。茎が細くやや下向きになる姿が繊細な雰囲気だが、病気に強く育てやすい。コンパクトなため鉢植えにもおすすめ。

バーガンディ・アイスバーグ

Burgundy Iceberg

- 系統：フロリバンダ、四季咲き
- 樹形・樹高：半横張り・140cm
- 花径：丸弁半八重咲き8cm

白バラの名花「アイスバーグ」の枝変わりで、花色はベルベットのような深みのある赤紫色。房咲きとなり大人っぽい印象。アイスバーグと同じく、丈夫でよく咲く信頼性のある品種。

プリンセス・ドゥ・モナコ

Princesse de Monaco

- 系統：ハイブリッド・ティー、四季咲き
- 樹形・樹高：半横張り・120cm
- 花径：半剣弁高芯咲き12cm

ふくよかな花形で花弁の縁が桃色となり可愛い印象。葉は美しい照り葉で、花とのバランスがよく一輪でよく映える。香りは中程度。日当たりで丈夫に育ち強権。

つる
サマー・スノー

Summer Snow, Climbing

- 系統：クライミング、
　フロリバンダ、一季咲き
- 樹形・樹高：つる・300cm
- 花径：丸弁半八重咲き5cm

花もちがとてもよく、満開時は株を覆いつくすほど咲く。トゲのないしなやかな枝で、初心者でも誘引しやすい。ピンク系の花に「ピンク・サマースノー」がある。

つる
アイスバーグ

Iceberg, Climbing

- 系統：クライミング、
　フロリバンダ、一季咲き
- 樹形・樹高：つる・400cm
- 花径：丸弁半八重咲き8cm

純白の清楚な花がうつむき加減に房となり咲く人気品種。非常に花つきがよく、パーゴラなどに誘引して、見上げるように仕立てると見ごたえがある。

ピエール・ドゥ・
ロンサール

Pierre de Ronsard

- 系統：ラージ・フラワード・クライマー、
　弱い返り咲き
- 樹形・樹高：つる・300cm
- 花径：ロゼット咲き9～12cm

中心がピンク、外側が白い花色の人気品種。1～3輪が房になりうつむいて咲く。生育旺盛で花もちがよい。うどん粉病などで葉を落としても枯れることはない。

キモッコウバラ

Rosa banksiae

- 系統：野生種（スピーシーズ）、
　一季咲き
- 樹形・樹高：つる・400cm
- 花径：八重ロゼット咲き3cm

花弁が多く小さい花が房となる早咲き。枝は細く多数分枝し、枝全体を覆うように咲く。トゲがなく、常緑で扱いやすい。ほのかに香る。清楚な白花（モッコウバラ）も人気。

ロイヤル・
サンセット

Royal Sunset

- 系統：ラージ・フラワード・
　クライマー、四季咲き
- 樹形・樹高：つる・300cm
- 花径：丸弁八重咲き10cm

濃いアプリコット色で咲き進むと色が薄くなる。花弁はゆるく波打ち、フェンスに誘引すると秋もよく咲き優秀。ダマスク系の強い芳香。枝は硬いが切り詰めても咲く。

ニュー・ドーン

New Dawn

- 系統：ラージ・フラワード・
　クライマー、返り咲き
- 樹形・樹高：つる・350cm
- 花径：半剣弁高芯咲き8cm

房咲きでソフトピンク、花形は丸みを帯びる。ほのかな香りは清楚な印象だが、日陰などの悪条件でも旺盛に茂り病気にも強い。しっかりした照り葉。北側の庭でのフェンス、壁面で活躍する強権種。

ラズベリー・
ロイヤル

Raspberry Royal

- 系統：シュラブ、四季咲き
- 樹形・樹高：半横張り・80cm
- 花径：カップ咲き4cm

数輪が房となりボリュームがある品種で、地植えでもこんもりとまとまりやすい。花つきがよく、うどん粉病や黒星病にも強いため、初心者にもおすすめ。

チョコ
フィオーレ

Cioccofiore

- 系統：ミニチュア、四季咲き
- 樹形・樹高：直立・80cm
- 花径：剣弁半咲き7cm

オレンジがかった濃いブラウン系の花色が個性的なバラで、3～5輪の花が房咲きになる。花つきは普通だが、花もちがよく、咲き進むとピンクに変わっていく。

シンボルツリーになる

高木《こうぼく》・中木《ちゅうぼく》

庭の中心となる2m以上に生長する樹木です。
小さな庭で上手に管理するには定期的な剪定が必要です。

花色

ヒメシャラ

Stewartia monadelpha

- ツバキ科
- 樹高：7〜15m
- 開花期：6〜7月
- 剪定時期：12〜2月

ツバキに似た2cmほどの白い花をつける落葉高木。あまり手をかけなくても樹形が整いやすく、雰囲気のある枝ぶりが和洋どちらの庭にも合う。乾燥気味になると葉が垂れ下がり、枝先から傷み出すことがあるので注意する。

花色

アオダモ

Fraxinus lanuginose f. serrata

- モクセイ科
- 樹高：5〜15m
- 開花期： 4〜5月
- 剪定時期：12〜2月

名前の由来は水につけると水が青色になることから。春になると白い小さな花が煙るように咲き、秋は葉が黄色に紅葉する落葉高木。生長は遅く、乾燥・耐暑に強くて管理しやすい。

花色

アメリカザイフリボク

Amelanchier canadensis

- バラ科
- 樹高：3〜5m
- 開花期：3〜4月
- 剪定時期：12〜2月

北米原産の落葉高木。白い五弁花を枝一面に群開させる。6月、赤紫色の実はジャムや果実酒に利用されることも多い。日当たり、水はけのよい場所で育てる。丈夫で手入れがしやすい。別名ジューンベリー。

花色 ………

ソヨゴ

Ilex pedunculosa

- モチノキ科
- 樹高：5～10m
- 開花期：5～6月
- 剪定時期：3月下旬～5月上旬、7月下旬～8月上旬

関東以南で栽培可能な常緑広葉樹。葉が小さく、風を受けて軽やかにそよぐ常緑樹として人気が高い。雌株であれば秋に赤い実をつける。生長が遅いため剪定はさほど必要ない。耐寒性があり、日陰でもよく育つ。

花色 ………

シマトネリコ

Fraxinus griffithii

- モクセイ科
- 樹高：5～15m
- 開花期：5～7月
- 剪定時期：4月～11月

関東以南で栽培が可能な常緑広葉樹。葉が小さくて色も明るいため、常緑樹特有のほの暗さがなく爽やかな印象の高木。白い花が密に咲く。生長が早く生命力が強いため、一年ごとに剪定が必要。潮風や乾燥にも強い。

花色 ………

エゴノキ

Styrax japonicus

- エゴノキ科
- 樹高：4～10m
- 開花期：5～6月
- 剪定時期： 10～2月

北海道から沖縄まで幅広く栽培が可能な落葉高木。初夏に白やピンクのベル状の花を吊り下げて咲かせる。果皮に有毒成分がある。日当たりを好むが西日は避ける。やや日陰の湿った場所でも育つ。

花色 ………

ハナミズキ

Cornus florida

- ミズキ科
- 樹高：5～10m
- 開花期：4～5月
- 剪定時期：11～2月

北米原産の落葉高木で、紅葉も美しい。花言葉の『返礼』は 1912 年に日本がアメリカに桜を贈ったお礼として贈られたことから。紅色品種は生長が遅く、樹高もさほど高くならないため管理がしやすい。耐寒性は高い。別名アメリカヤマボウシ。

庭の印象を決める 低《てい》木《ぼく》

おおよそ2m程度まで生長する低めの樹木です。
葉を楽しむもの、花を楽しむもの好みで選びましょう。

アオキ

Aucuba japonica

- アオキ科
- 樹高：100〜300cm
- 開花期：3〜5月
- 年中（生長が遅いので必要に応じて剪定）

花色 ………

日本原産の常緑低木。斑が入る品種は種類豊富でカラーリーフとして庭のアクセントになる。艶のある葉と秋から冬に赤く色づく実も観賞価値が高い。半日陰〜日陰でよく生育し、耐寒性・耐暑性がともに高い。

ヒペリカム

Hypericum patulum

- オトギリソウ科
- 樹高：50〜100cm
- 開花期：5〜6月
- 剪定時期：2〜3月

花色 ………

半常緑の低木で、垂れた枝先にカップ状の五弁花をつける。耐寒性が高いが、寒冷地で落葉する。日当たりがよく、保水力のある土地を好む。地植えは基本的に水やり不要だが、盛夏には必要。花後につく赤い実も愛らしい。別名キンシバイ。

アベリア

Abelia × grandiflora

- スイカズラ科
- 樹高：100〜200cm
- 開花期：5〜10月
- 剪定時期：2〜3月、9〜10月

花色 ………

中国原産の常緑低木。夏から秋にかけて長く花を咲かせ、生育旺盛で育てやすい。萌芽力が強く、剪定は強めに刈り込んで樹形を整える。日当たりがよく水はけのよい土地を好む。葉の美しい斑入り種もある。

花色 ………

ウツギ

Deutzia crenata

- アジサイ科（ユキノシタ科）
- 樹高：100〜200cm
- 開花期：5〜6月
- 剪定時期：6〜7月、12〜2月

全国に自生する落葉低木。名の由来は枝が中空であることから。庭木には小ぶりな「ヒメウツギ」や八重咲きの園芸品種「シロバナヤエウツギ」がおすすめ。明るく湿り気のある環境を好み、丈夫で育てやすい。落葉後は乾燥気味に育てる。別名ウノハナ。

花色 ………

アジサイ

Hydrangea

- アジサイ科（ユキノシタ科）
- 樹高：100〜200cm
- 開花期：5月下旬〜7月上旬
- 剪定時期：7〜8月（花後すぐ）

梅雨の時期の花として知られる落葉低木。乾燥を嫌い、半日陰の水はけのよい場所を好む。耐寒性はあるが寒風には弱い。花は、酸性土壌では青に、中性または弱アルカリ性の土壌では赤になる。葉がカシワの葉に似るカシワバアジサイ（下）は、花が円錐状となる。

花色 ………

ドウダンツツジ

Enkianthus perulatus

- ツツジ科
- 樹高：100〜300cm
- 開花期：4〜5月
- 剪定時期：9〜10月、5〜6月

日本原産の落葉低木。新芽のあと、1〜5輪の小さなつぼ状の花が吊り下がるように咲く。秋には紅葉も楽しめる。強い刈り込みにも耐え、丈夫で育てやすいので初心者向きの庭木。半日陰でも生育するが花つきが悪くなる。

花色 ………

コデマリ

Spiraea cantoniensis

- バラ科
- 樹高：100〜150cm
- 開花期：4〜5月
- 剪定時期：5月〜6月（花後すぐ）

中国南東部原産の落葉低木。白やピンクの五弁花が手毬のように花序を形成し、細く弓なりになった枝に無数につく。日当たりのよい土地を好むが、乾燥に弱いので水やりに注意。耐寒性・耐暑性ともに高く、剪定は花後すぐに行うとよい。

収穫を楽しめる 果《か》樹《じゅ》

花を楽しんだあとは実が熟すのを待ち、収穫が楽しめる植物です。季節の味覚を味わいましょう。

花色 ………

ブルーベリー

Vaccinium

- ツツジ科
- 樹高：100〜300cm
- 開花期：4〜5月
- 収穫期：6〜9月上旬
- 剪定時期：11〜3月

北米原産の落葉低木。実は食用として知られ、葉には老化防止や動脈硬化予防などの抗酸化作用がある。暑さに強いラビットアイ系と寒さに強いハイブッシュ系がある。鹿沼土やピートモスを混ぜた酸性の土を好み、鉢植えの場合は２〜３年ごとに植え替える。

花色 ………

キウイフルーツ

Actinidia deliciosa

- マタタビ科
- 樹高：つる性300cm以上
- 開花期：5〜6月
- 収穫期：10月下旬〜11月中旬
- 剪定時期：1〜2月

落葉つる性木本。雌雄異株のため、雄株と雌株が必要。人工授粉なら確実だが、自然受粉でも問題ない。日当たりのよい場所を好み、棚仕立てで育てるとよい。収穫時の果実は青く固いが、２週間ほど追熟することで甘みが出る。

花色 ………

ブラックベリー

Rubus fruticosus

- バラ科
- 樹高：150〜300cm
- 開花期：5〜6月
- 収穫期：6〜9月
- 剪定時期：12〜2月

北米、ヨーロッパ原産の落葉低木。立ち性とつる性があり、一本で結実する。生育旺盛で丈夫かつ病害虫も少ないので初心者でも育てやすい。日当たりと風通しのよい場所がベスト。実が熟すころは直射日光を避け、収穫前は雨避けをする。生け垣にも向く。

果樹

花色

ラズベリー

Rubus idaeus

- バラ科
- 樹高：100〜150cm
- 開花期：3〜4月
- 収穫期：6〜7月
- 剪定時期：1〜2月、7月

北米、ヨーロッパ原産の落葉低木。立ち性とほふく性がある。ほふく性の場合、つる性植物のようにシュートを伸ばしてフェンスや壁に誘引するとよい。生長が早く、半日陰でも育つ。水やりは土の表面が乾いたらたっぷりと与える。別名キイチゴ。

花色

ブドウ

Vitis

- ブドウ科
- 樹高：つる性300cm以上
- 開花期：4〜6月
- 収穫期：8〜10月
- 剪定時期：12〜2月

日本全国で生育できる落葉つる性木本。耐暑性・耐寒性ともに高く、水はけのよい土地を好む。ヨーロッパ原産のものと北米原産のものがあるが、初心者には北米原産のほうが育てやすい。生長が早いので適宜誘引・剪定が必要。

花色

ユズ

Citrus junos

- ミカン科
- 樹高：150〜200cm
- 開花期：5〜6月
- 収穫期：9〜12月
- 剪定時期：3月〜4月上旬

柑橘類の中では比較的に寒さに強い常緑低木で、－7℃まで耐寒性がある。乾燥に強いが、冬の低温乾燥は嫌う。水はけ水持ちのよい土地を好む。鉢植えの場合は大型コンテナに植え、日当たりのよい場所に置いて一年ごとに整枝をするとよい。

花色

レモン

Citrus limon

- ミカン科
- 樹高：200〜400cm
- 開花期：5〜10月
- 収穫期：10〜4月（6〜8月は摘果）
- 剪定時期：2〜3月

インド原産の常緑低木で寒さに弱い。気温が3℃以下になる地域では鉢植えで育てるほうがよい。苗木では結実するまで数年かかる。枝ばかり伸びると実がつきにくいため、重なり合った枝はつけ根から間引く剪定をする。

知っておきたい庭づくり用語

あ

赤玉土《あかだまつち》
赤褐色をした玉のような粒状の土。関東ローム層の火山灰の一種で黒土の下にある赤土をふるいにかけてつくる。鉢植えなどで使う一般的な土。

浅植《あさう》え
苗や球根を植えつける際、通常の位置よりも浅めに植えつけること。

アプローチ
道路から門扉をへて玄関までのスペースで、通路や前庭をふくめた空間をさす。

一年草《いちねんそう》
タネをまいたあと開花して実をつけて枯れるまでが一年以内の草花。一年生植物ともいう。この期間が2年におよぶものを二年草という。

一季咲《いっきざ》き
一年のある決まった季節に開花する植物のこと。また、その性質を持った植物。

枝透《えだす》かし
剪定方法のひとつで、密集した枝葉を切り、日当たりや風通しをよくすること。間引きともいう。

お礼肥《れいごえ》
花や実をつけたあとの植物に肥料を与えること。消耗した株を充実させることができる。

か

外来種《がいらいしゅ》
その地域にもともとなく、ほかの地域から持ち込まれた植物のこと。生態系や人体に悪影響をおよぼすものは特定外来種と呼ばれる。

化成肥料《かせいひりょう》
化学的に合成した化学肥料で、窒素、リン酸、カリのうち2種類以上が混ぜ合わされた複合肥料。

鹿沼土《かぬまつち》
栃木県鹿沼市で産出される黄色い火山性の土。酸性の土で山野草やツツジ科の植物に向く。

株立《かぶだ》ち
樹木の生え方、仕立て方の種類のひとつで、幹の根元から複数の幹が立ち上がっている樹形。

株分《かぶわ》け
大きくなった植物の株（親株）を切り分けて複数の株（子株）に増やすこと。

カラーリーフ
シルバーやブロンズカラー、斑入りなどの鑑賞価値の高い美しい葉をもつ植物の総称。

緩効性肥料《かんこうせいひりょう》
ゆっくりとした効き目が一定期間持続する肥料。

寒肥《かんごえ》
冬の休眠期に花木や果樹などに施す肥料。

休眠期《きゅうみんき》
植物が生長を止めている時期。

切《き》り戻《もど》し
伸びすぎた枝を途中で切り落とす剪定方法。 草姿や樹形を整え、わき芽の生育を促すために行う。

苦土石灰《くどせっかい》
マグネシウム（苦土）が含まれた石灰。土壌をアルカリ性寄りに調整するために使われる資材。

グランドカバー
土の表面を覆うために植えつける植物。匍匐性の植物や生育が旺盛な植物を使うことが多い。

原種《げんしゅ》
交配や選抜などによって改良された栽培品種のもとになっている野生種のこと。

コニファー
針葉樹の総称。とくに円錐形や半球形，あるいは匍匐形に仕立てたものをさすことが多い。

コンパニオンプランツ
近くに植えることで、病害虫の予防や結実促進など互いの生長によい影響を与えあう植物のこと。

コンポスト
生ゴミや枯葉などの有機物を、微生物の力で分解発酵させた堆肥。またはそれをつくる容器。

さ

在来種《ざいらいしゅ》
ある地域にもともと土着している植物や、同じ地域で伝統的に栽培されてきた植物のこと。

さし木《き》
切り取った枝や茎、葉、根などを用土にさして、根や芽を出させる繁殖方法のひとつ。

直《じか》まき
花壇や畑、コンテナなどに直接タネをまくこと。発芽したものは移植せずに、そのまま育てる。

四季咲《しきざ》き
季節を問わず、1年中花芽をつけて何回でもくり返して花を咲かすこと。また、その性質をもつ植物。

宿根草《しゅっこんそう》
多年草の一種で、休眠期に地上部が枯れるもの。地下部は生きているので翌年また開花する。

受粉《じゅふん》
雌しべに雄しべの花粉がつくこと。同じ個体内で受粉が起こることを自家受粉、別の個体同士の受粉を他家受粉という。

シンボルツリー
住まいの象徴となる樹木のこと。 庭のシンボルとして、庭の設計の中心となることが多い。

すき込《こ》み
肥料や堆肥などを加えながら耕すこと。

雑木《ぞうき》
資材などにならない雑多な木のことで、広葉樹を指すことが多い。

速効性肥料《そっこうせいひりょう》
効き目が早い肥料。効果は持続しにくい。

た

堆肥《たいひ》
動物のフンや骨粉、生ゴミ、枯葉や木くずなどの有機物を微生物によって分解発酵させたもの。

多年草《たねんそう》
一度植えると毎年花を咲かせる草花や球根植物のこと。

追肥《ついひ》
必要に応じて追加して与える肥料のこと。

定植《ていしょく》
育苗箱やポリポットで育てた苗を、観賞のために花壇やコンテナなどに植え替えること。

底面潅水《ていめんかんすい》
コンテナごと水に浸して底面から給水する水やり。多湿を好む植物に向く。夏場に長期間不在するときなどに行ってもよい。

摘果《てきか》
実が若いうちに間引くこと。残った実が大きく育ったり、甘くなったりする。

深《ふか》植《う》え　苗や球根を通常よりも深めに植えつけること。苗は茎の部分まで埋めることをいう。

覆土《ふくど》　タネまきをした後に、上から薄く土をかけること。

腐葉土《ふようど》　落葉樹の落ち葉などが腐ってできた用土。堆肥の一種でもある。植物栽培の土壌改良用土としてよく使われる。

分枝《ぶんし》　わき芽が出て枝分かれしている様子。たくさんわき芽が出て、枝が多く出る性質を分枝性という。

ま

間引《まび》き　新芽の中から生命力が強く太いものを選び、それ以外は土から引き抜くこと。または剪定で混み合った枝を切り取ること（間引き剪定）。

マルチング　植物を植えた地表面をウッドチップやバーク（樹皮）などで覆うこと。土の温度を上げ、保温をよくし、水の蒸発や害虫、病気を防ぐ効果がある。

実生《みしょう》　タネから育てた植物のこと。

無機肥料《むきひりょう》　鉱物から精製されたり、工業的に合成されたりした肥料。室内管理の観葉植物などに使われる。

芽《め》かき　徒長や不必要な着花を防ぎ、形を整えるために不必要な芽を取り除くこと。 わき芽だけをのぞくと頂芽に栄養分が集中し、大きなよい花を咲かせる。

元肥《もとごえ》　植えつけや植え替えのときに施す肥料のこと。生育期間を通して効果が持続するよう、堆肥などの遅効性の有機肥料や緩効性の化成肥料を使う。

や

八重咲《やえざ》き　花びらが幾重にも重なって咲く花の咲き方。またはその状態の花。

誘引《ゆういん》　茎や枝を伸ばしたい方向に導きながら、フェンスや支柱に結びつけて固定すること。

有機肥料《ゆうきひりょう》　牛フン、骨粉、鶏フンなど動植物由来の資源を原料とした肥料のこと。

寄《よ》せ植《う》え　ひとつのコンテナの中に、複数の植物を植えつけること。異なる種類の植物を寄せ植えする場合は、生育環境の似ているものを選ぶとよい。

ら

ランナー　親株から地上近くを這うように長く伸びた茎のことで、節から発根して子株になる。走出枝ともいう。

わ

矮性《わいせい》　通常のものに比べても草丈、樹高がいちじるしく低い品種のこと。矮化剤処理や接ぎ木によって人為的に矮化を行うこともある。

わき芽《め》　茎の先端以外の葉のつけ根や幹や茎の途中から出る芽のこと。側芽ともいう。わき芽を摘みとることをわき芽摘み、芽かきという。

天地返《てんちがえ》し　花壇を掘り起こし、上層の土と下層の土をひっくり返して土質を改善すること。1～2月に行うと害虫や病原菌が寒さにさらされ死滅する。

床《とこ》まき　ポリポットや育苗箱にタネをまくこと。発芽し苗の状態になったら、植え替える（⇨定植）。

土留《どど》め　花壇の土が流れるのを防ぐため、レンガや石、木材などでつくった壁のこと。横に根を張る植物を植えて土を固め、土留めにすることもある。

トピアリー　西洋庭園で樹木をいろいろな形に刈り込み、立体的に仕立てた造形物の総称。

な

根腐《ねぐさ》れ　根が腐ってしまうこと。水や肥料のやりすぎ、高温・低温などが原因となる。

根鉢《ねばち》　草木で根が土を抱えるようにしっかりと張って固まりとなったもの。植物を鉢から抜いたり、地面から掘り上げたりしたときに出てくる部分。

は

培養土《ばいようど》　数種類の用土を一定の割合で混ぜ合わせた用土。市販の培養土には、草花用、野菜用、山野草用など栽培する植物に適した配合で売られているものがあり、園芸初心者には扱いやすい。

花《はな》がら摘《つ》み　咲き終わった花（花がら）を摘み取ること。次の花を咲きやすくしたり、病気予防になる。

葉水《はみず》　霧吹きスプレーを使って、葉に直接水を吹きかけること。室内管理の観葉植物で好むものが多く、病害虫の予防にもなる。

葉焼《はや》け　強い日差しにより、葉が部分的に変色すること。もともと葉焼けしやすい植物はあるが、日陰で管理されていたものが、急に日なたに置かれたときなどにも起こりやすい。

半日陰《はんひかげ》　1日の中で日の当たる時間が決まっている場所や部分的に日が当たる場所のこと。また木の根元など葉で光が遮られ木漏れ日が当たる場所。

ピートモス　ミズ苔などが堆積して腐植化した泥炭を乾燥させた用土。保水性がよく土質を酸性寄りにし、土をやわらかくする効果がある。

一重咲《ひとえざ》き　花びらが重ならずに咲く花の咲き方。またはその状態の花。

ピンチ　茎や枝の先端の芽を摘み取ること。分枝が促進され、花や葉の数が増える。摘心ともいう。

斑《ふ》　葉や花びらなどに出る本来の色と異なる色。緑色の葉の一部に白や黄色、赤などの斑が入ったものを斑入り植物という。斑が入ることで鑑賞価値が高くなることもあるが、原種（斑がない）と比べると性質的に弱い。

植物索引

監修者　**E&G アカデミー**

(株)ユニマットリックが運営するエクステリア&ガーデンデザインの知識と技能が体系的に学べる日本で唯一の専門校。1998 年に開校後、現在は東京と大阪にて開校。現役で活躍する講師陣の指導により、教室での座学だけではなく見学授業や CAD 操作、ガーデンショー出展など体験を通した学びの場を提供している。授業の一環で取り組む「日比谷公園ガーデニングショー」では国土交通大臣賞、「全国造園デザインコンクール」ではランドスケープコンサルタンツ会長賞を受賞するなど、今までに多くの受賞実績がある。

東京校　〒103-0015　東京都中央区日本橋箱崎町 4-3 国際箱崎ビル 5F　https://www.eandg.co.jp

芦川 美香
（あしかわ・みか）

(株)アフロとモヒカン代表取締役。1級エクステリアプランナー。グリーンアドバイザー。自然素材と植物のある心地よい住空間を大切にしながら、暮らしを便利に快適にする数値計算に基づいたデザイン・設計を得意とする。「街を暮らしを商いを楽しくプロデュース！」をモットーに自らも現場で作業するスタイルで顧客からの信頼も厚い。E&Gアカデミー卒業生。
http://afro-mohican.com

有福 創
（ありふく・はじめ）

ガーデナーとして経験を積んだあと、2006 年にガーデンの設計施工を行う「アトリエ朴」を設立。植物を使ったナチュラルテイストで、「国際バラとガーデニングショウ」「丸の内中通りガーデンコンテスト」でそれぞれ大賞を受賞。ジャパンガーデンデザイナーズ協会（JAG）理事。NHK 趣味の園芸にガーデンマスター講師として出演するなど多方面で活動。
https://atelierboku.net

大嶋 陽子
（おおしま・ようこ）

ガーデンデザイナー。1 級造園施工管理技士。種苗会社や園芸専門店でのガーデナー経験を活かし、個人邸や施設・公共空間においてバラや宿根草などを中心としたナチュラルな植栽のプランニングから施工・メンテナンスを行う。一般社団法人日本エクステリア学会正会員、日本ランドスケープフォーラム会員。各地の園芸講座の講師、植栽プロデュース業務でも活動。

小林 裕子
（こばやし・ひろこ）

エクステリア&ガーデン設計事務所アトリエ ナナ代表。1級エクステリアプランナー。植物の個性を活かし魅力的で無理のない植物との暮らしを推奨。首都圏エクステリア協会（MEX）副会長。ジャパンガーデンデザイナーズ協会（JAG）会員。第18 回「国際バラとガーデニングショウ」で大賞受賞。翌年平野レミのキッチンガーデン『レミ・アン・ローズ』を手掛ける。
http://atelier-nana.net

DIY協力　坂井 也寸志（さかい・やすし）
造園家。株式会社つりばな代表取締役。一級造園施工管理技師。日本およびアメリカにおいてランドスケープ技術を培い、植物重視の考え方を実践しながら、個人邸の庭から公共空間のランドスケープまでトータルで設計・施工を行う。　http://tsuribana-sakai.sakura.ne.jp

取材協力　井口幸三、池澤理恵子、大谷 功・まさ子、金沢啓子、金子幸江、栗原 實・邦子、近藤友子、
　　　　　齋藤京子、里見 優、高杉 忍、田口秀子、西村 理・容子、橋本景子、福田澄明、吉田陽子、渡辺 昭

写真協力　株式会社ペレニアル
　　　　　株式会社アルスフォト企画
　　　　　ディノス　　　　　　　　　　　　TEL 0120-343-774
　　　　　藤原産業株式会社　園芸事業部　TEL 0794-86-8203
　　　　　尾上製作所　　　　　　　　　　TEL 079-232-1261

撮影　　　牛尾幹太（KantaOFFICE）、森田裕子（Office Wani）、倉本由美
イラスト　カミグチヤヨイ、山下晶代、Getty Images
デザイン　井上 篤（100mm design）
DTP　　　高 八重子
執筆協力　森田裕子（P42〜80）、小石めぐみ、倉本由美、高橋正明
校正協力　木下奈保子（ガーデンスタジオ）
編集協力　倉本由美（プライズヘッド）

素敵に彩る小さな庭づくり
ガーデニングの基本からDIYまで

監修者	E&G アカデミー
発行者	若松和紀
発行所	株式会社 西東社
	〒113-0034　東京都文京区湯島 2-3-13
	https://www.seitosha.co.jp/
	電話　03-5800-3120 （代）

※本書に記載のない内容のご質問や著者等の連絡先につきましては、お答えできかねます。

ISBN　978-4-7916-2586-4